企业高技能人才职业培训系列教材

城轨信号工
CHENGGUIXINHAOGONG（三级）

编审委员会

主　　任	张　岚	黄卫来				
副 主 任	叶华平	杜晓红				
委　　员	顾卫东	葛恒双	孙兴旺	葛　玮	李　晔	刘汉成	李　益
执行委员	李　晔	瞿伟洁	夏　莹	梁晓燕	姚晓荣	林　宏	李　缨
	王炜民					
主　　编	黄浩强					
编　　者	王备军	王　诚	王春龙	傅　宇	陆鑫源	陆海峰	陈星宇
	赵清华	张铁英	徐建军	付金鹏	黄湘兵	黄浩强	
主　　审	吴启东					

中国劳动社会保障出版社

图书在版编目(CIP)数据

城轨信号工:三级/人力资源和社会保障部教材办公室等组织编写. -- 北京:中国劳动社会保障出版社,2017
企业高技能人才职业培训系列教材
ISBN 978-7-5167-3234-2

Ⅰ.①城… Ⅱ.①人… Ⅲ.①城市铁路-铁路信号-职业培训-教材 Ⅳ.①U239.5

中国版本图书馆 CIP 数据核字(2017)第 287623 号

中国劳动社会保障出版社出版发行
(北京市惠新东街 1 号 邮政编码:100029)

*

三河市华骏印务包装有限公司印刷装订 新华书店经销
787 毫米×1092 毫米 16 开本 15.25 印张 257 千字
2017 年 12 月第 1 版 2017 年 12 月第 1 次印刷
定价:37.00 元

读者服务部电话:(010)64929211/84209103/84626437
营销部电话:(010)84414641
出版社网址:http://www.class.com.cn

版权专有 侵权必究

如有印装差错,请与本社联系调换:(010)50948191
我社将与版权执法机关配合,大力打击盗印、销售和使用盗版图书活动,敬请广大读者协助举报,经查实将给予举报者奖励。
举报电话:(010)64954652

内容简介

本教材由人力资源和社会保障部教材办公室、中国就业培训技术指导中心上海分中心、上海市职业技能鉴定中心、上海申通地铁集团有限公司轨道交通培训中心依据城轨信号工（三级）职业技能鉴定细目组织编写。教材从强化培养操作技能、掌握实用技术的角度出发，较好地体现了当前最新的实用知识与操作技术，对于提高从业人员基本素质，掌握城轨信号工（三级）的核心知识与技能有直接的帮助和指导作用。

本教材以既注重理论知识的掌握，又突出操作技能的培养，实现了培训教育与职业技能鉴定考核的有效对接，形成一套完整的城轨信号工（三级）培训体系。本教材内容共分为4章，主要包括：信号与信号基础设备、联锁与闭塞、列车自动控制（ATC）系统、信号电源及电缆等。

本教材为城轨信号工（三级）职业技能培训与鉴定考核教材，可作为本职业从业人员岗位培训教材，也可供全国中、高等职业院校相关专业师生参考使用。

企业技能人才是我国人才队伍的重要组成部分,是推动经济社会发展的重要力量。加强企业技能人才队伍建设,是增强企业核心竞争力、推动产业转型升级和提升企业创新能力的内在要求,是加快经济发展方式转变、促进产业结构调整的有效手段,是劳动者实现素质就业、稳定就业、体面就业的重要途径,也是深入实施人才强国战略、科教兴国战略和建设人力资源强国的重要内容。

国务院办公厅《关于加强企业技能人才队伍建设的意见》指出,当前和今后一个时期,企业技能人才队伍建设的主要任务是:充分发挥企业主体作用,健全企业职工培训制度,完善企业技能人才培养、评价和激励的政策措施,建设技能精湛、素质优良、结构合理的企业技能人才队伍,在企业中初步形成初级、中级、高级技能劳动者队伍梯次发展和比例结构基本合理的格局,使技能人才规模、结构、素质更好地满足产业结构优化升级和企业发展需求。

高技能人才是企业技术工人队伍的核心骨干和优秀代表,在加快产业优化升级、推动技术创新和科技成果转化等方面具有不可替代的重要作用。为促进高技能人才培训、评价、使用、激励等各项工作的开展,上海市人力资源和社会保障局在推进企业高技能人才培训资源优化配置、完善高技能人才考核评价体系等方面做了积极的探索和尝试,积累了丰富而宝贵的经验。企业高技能人才培养的主要目标是四级(高级)、二级(技师)、一级(高级技师)等,考虑到企业高技能人才培养的实际情况,除一部分在岗培养并已达到高技能人才水平外,还有较大一批人员需要从基础技能水平培养起。为此,上海市将企业特有职业的五级(初级)、四级(中级)作为高技能人才培养的基础阶段一并列入企业高技能人才培养评价工作的总体框架内,以此进一步加大企业高技能人才培养工作力度,提高企业高技能人才培养效果,更好地实现高技能人才

培养的总体目标。

为配合上海市企业高技能人才培养评价工作的开展,人力资源和社会保障部教材办公室、中国就业培训技术指导中心上海分中心、上海市职业技能鉴定中心联合组织有关行业和企业的专家、技术人员,共同编写了企业高技能人才职业培训系列教材。本教材是系列教材中的一种,由上海申通地铁集团有限公司轨道交通培训中心负责具体编写工作。

企业高技能人才职业培训系列教材聘请上海市相关行业和企业的专家参与教材编审工作,以"职业导向、能力本位"为指导思想,以先进性、实用性、适用性为编写原则,内容涵盖该职业的职业功能、工作内容的技能要求和专业知识要求,并结合企业生产和技能人才培养的实际需求,充分反映了当前从事职业活动所需要的核心知识与技能。教材可为全国其他省、市、自治区开展企业高技能人才培养工作,以及相关职业培训和鉴定考核提供借鉴或参考。

新教材的编写是一项探索性工作,由于时间紧迫,不足之处在所难免,欢迎各使用单位及个人对教材提出宝贵意见和建议,以便教材修订时补充更正。

企业高技能人才职业培训系列教材

编审委员会

第1章 信号与信号基础设备

PAGE 1

知识要求 ··· 3
  1.1 信号基础知识 ··· 3
    1.1.1 城市轨道交通信号技术发展历程和趋势 ················ 3
    1.1.2 信号图表应用 ··· 4
  1.2 信号基础设备 ··· 7
    1.2.1 信号继电器机械特性及主要电气特性 ···················· 7
    1.2.2 信号机的技术要求 ······································· 11
    1.2.3 外锁闭道岔的基本要求 ··································· 15
    1.2.4 轨道电路技术要求 ······································· 18
    1.2.5 计轴器、应答器的作用与工作原理 ······················ 20

技能要求 ··· 25
  继电器正反向保持力的调整 ······································· 25
  JSBXC-850 继电器时间测试时的挡位调整 ······················ 28
  JSBXC-850 继电器工作值偏差的调整 ··························· 30
  JYJXC-135/220 继电器簧片根断裂更换 ·························· 31
  ZYJ7-GZ 式液压道岔锁闭框调整 ································ 33
  ZYJ7-GZ 道岔失表故障排除 ····································· 36
  ZDJ9 道岔定位失表故障排除 ····································· 39
  移位接触器安装 ··· 44
  自动开闭器和表示杆装入整机 ····································· 50
  对 50 Hz 相敏轨道电路一送二受轨道电压调整测试 ············· 53

理论知识复习题 ··· 56
理论知识复习题答案 ·· 60

第2章 联锁与闭塞

PAGE 61

知识要求 ··· 63

2.1 联锁概述 ………………………………………………………………… 63
  2.1.1 联锁的概念 ………………………………………………………… 63
  2.1.2 联锁的特殊检查 …………………………………………………… 64
2.2 区间闭塞 ………………………………………………………………… 64
  2.2.1 城轨区间闭塞应用 ………………………………………………… 64
  2.2.2 改变闭塞方向 ……………………………………………………… 65
技能要求 ……………………………………………………………………… 67
  对调车进路的联锁验证 ………………………………………………… 67
理论知识复习题 ……………………………………………………………… 76
理论知识复习题答案 ………………………………………………………… 78

第3章 列车自动控制（ATC）系统　　PAGE 79

知识要求 ……………………………………………………………………… 81
3.1 ATC（GRS）系统的各子系统 ………………………………………… 81
  3.1.1 轨旁 ATP/ATO（GRS）子系统 ………………………………… 81
  3.1.2 车载 ATP/ATO（GRS）子系统 ………………………………… 93
  3.1.3 中央 ATS（GRS）系统 …………………………………………… 105
3.2 ATC（USSI）系统的各子系统 ………………………………………… 105
  3.2.1 轨旁 ATC（USSI）系统 ………………………………………… 105
  3.2.2 车载 ATC（USSI）系统 ………………………………………… 107
  3.2.3 中央 ATS（USSI）系统 ………………………………………… 110
3.3 ATC（ALSTOM）系统的各子系统 …………………………………… 113
  3.3.1 轨旁 ATC（ALSTOM）系统 …………………………………… 113
  3.3.2 车载 ATC（ALSTOM）系统 …………………………………… 119
  3.3.3 中央 ATS（ALSTOM）系统 …………………………………… 121
技能要求 ……………………………………………………………………… 125
  轨道电路调谐 …………………………………………………………… 125
  配置轨道电路信息 ……………………………………………………… 134
  轨道电路故障分析 ……………………………………………………… 137
  修改主辅 ATP 模块内的 PVID（列车永久编号）、车长、轮径 …… 143

目录

  测出安全输入板 1 上各安全信息电压 149
  测出车载 ATC 系统向车辆输出牵引制动量 154
  用示波器测量 TWC 发送/接收板上发送接收电压值 157
  GRS 静态测试模式下的超速点和制动检查 160
  轨旁无源标志线圈信息检测出错故障排除 165
  NVLE 新版 ATS 软件发布 168
  ATS 系统查看联锁报告 174
 理论知识复习题 178
 理论知识复习题答案 185

第 4 章 信号电源及电缆   PAGE 187

 知识要求 189
  4.1 信号电源概述 189
    4.1.1 信号电源屏的技术指标 189
    4.1.2 不间断电源 UPS 193
  4.2 信号电缆线路和防雷设备 199
    4.2.1 信号电缆特性 199
    4.2.2 信号防雷的测量技术 200
 技能要求 203
  电源输出中断告警故障处理 203
 理论知识复习题 204
 理论知识复习题答案 208

理论知识考试模拟试卷及答案 209
操作技能考核模拟试卷 220

第 1 章

信号与信号基础设备

学习目标
- 了解城轨信号技术发展历程和趋势
- 能看懂信号图表的标识和相互关系
- 掌握信号基础设备的相关特性
- 掌握信号基础设备的基本技术参数

知识要求

1.1 信号基础知识

1.1.1 城市轨道交通信号技术发展历程和趋势

城市轨道交通信号系统是指挥列车运行、保证行车安全、提高运输效率的关键设备。只有在列车运行前方的轨道区段没有列车占用、道岔位置正确、敌对或相抵触的进路没有建立等条件满足，才允许向列车发出允许前行的信号。列车只要严格遵循信号的指示行车，就能确保列车安全运行，反之将导致事故。

城市轨道交通信号系统中，已经普遍采用基于计算机实时控制的列车自动控制（ATC）系统。ATC 系统是自动控制技术、计算机技术和数据通信技术在信号系统中的集中体现，也可以说是现代化信息技术在城市轨道交通信号系统中的综合应用。利用 ATC 系统的列车运行实时数据信息，可以实现乘客导向系统的列车信息预报，列车和站台实时信息广播；尤其在城市轨道交通网络化运行时，实现城市轨道交通网的综合监控和统一调度。

随着信息技术的不断发展，特别是计算机技术、现代网络技术、无线和移动通信技术，以及一体化的信息控制技术等现代化技术的广泛应用，信号系统发生了革命性的变化，轨旁的地面信号已由车载信号所替代，其信号的内容也已经发生根本性的变化，列车接收的目标速度、目标距离或进路地图，由车载计算机直接控制列车自动运行，实现列车超速防护和车站的程序定位停车。尤其是近几年，基于无线通信的列车自动控制系统（CBTC）已在城市轨道交通信号系统中运用，为信号系统中摆脱传统的轨道电路和地面信号，为进一步缩短行车间隔，真正实现列车自动运行，奠定了基础。

1.1.2 信号图表应用

1. 信号图绘图方法及图形符号含义

（1）设备符号见表1—1。

表1—1　　　　　　　　　　设备符号

符号	含义	符号	含义
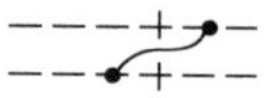 ----•-+-•-+----	轨条连接线	φ	端子
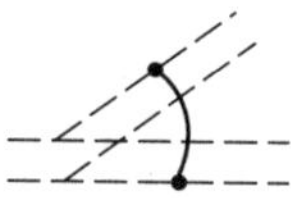 道岔跳线图	道岔跳线	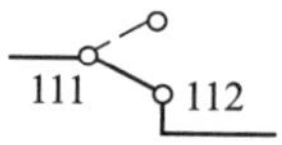 111 ⌒ 112	极性定位接点闭合
 单开道岔直向开通图	单开道岔直向开通	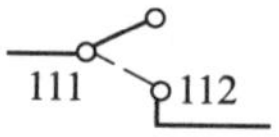 111 ⌒ 112	极性定位接点断开
单开道岔侧向开通图	单开道岔侧向开通	111 ⌒ 113	极性反位接点闭合
信号楼图	信号楼	111 ⌒ 113	极性反位接点断开

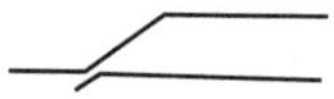

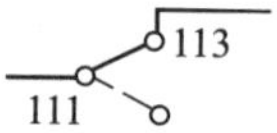

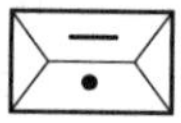

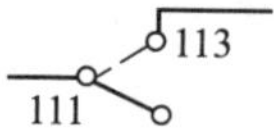

（2）设备平面布置图（见图1—1）。信号平面布置图时应包括以下内容：

1）信号楼及设置位置，并标出公里标以及其外墙至最近线路中心的距离。

2）联锁区的全部线路以及与联锁区有密切联系的非联锁区线路的入口。

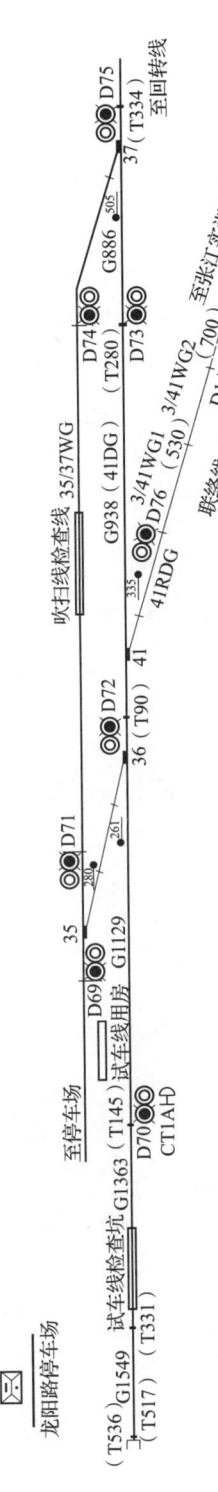

图1—1 设备平面布置图示例

3）联锁区的全部道岔,并应标出每组道岔的岔间距信号楼中心的距离。

4）信号机的布置及每架信号机的坐标点。

5）股道上及咽喉区内与信号机有关的,及侵入限界的绝缘节处的警冲标位置。

6）分割轨道区段的轨端绝缘节,并应标明绝缘节的坐标（与信号机同一坐标的渡线上的绝缘节除外）。

7）车站股道应以箭头表示其接车方向。当某一股道仅作为接车线时,在图中应与同时具有接、发车性质的线区分开;正线应以粗线条表明;各股道间要表明间距;如为机车运行线或股道上接发超限货物列车时都要表明相应符号。

8）对集中道岔、色灯信号机、股道及轨道电路区段均应标出编号和名称。

9）进站信号机外方制动距离内进站方向为超过0.6%的下坡道时,应画出接近车站的制动距离内线路坡道示意图。

10）如有局控道岔时,应将局控道岔用圆圈标出,并标明局控盘的坐标。

11）应附有道岔类型及股道有效长度的统计表。

2. 限界标准的设定和测量方法

（1）发车表示器采用混凝土机柱安装时,机构中心距所属线路轨面的高度不得小于 5 800 mm。安装在站台风雨棚下采用吊装方式时,机构中心距所属线路轨面高度不得小于 3 500 mm,机构中心距所属线路轨面高度不得小于 3 500 mm,距所属线路中心不得小于 2 576 mm。

（2）发车线路表示器,基础顶面距所属线路轨面为 200～300 mm,基础埋深不得小于 500 mm,机构中心距所属线路中心不得小于 2 029 mm。

（3）道岔转辙握柄,握柄底座面距轨底为 142 mm,握柄中心距邻近线路中心：电锁器一侧靠近线路时,不得小于 2 046 mm；另一侧靠近线路时,不得小于 1 921 mm。

（4）道岔表示器、脱轨表示器的安装限界尺寸要求

1）带柄大型或无柄大型表示器安装在正线或通过超限列车的站线时,表示器中心距所属线路中心的距离,不得小于 2 565 mm。

2）带柄大型或无柄大型表示器安装在不通过超限列车的站线时,表示器中心距所属线路中心的距离,不得小于 2 275 mm。

3）带柄小型或无柄小型表示器的中心距所属线路中心的距离,不得小于 2 020 mm。

4）脱轨表示器的中心距所属线路中心的距离,不得小于 2 020 mm。

（5）继电器箱、区间设备箱、靠近线路侧的基础螺栓距线路中心的距离,不得小于 2 800 mm。

(6) 变压器箱中心距所属线路中心的距离，不得小于 2 100 mm。
(7) 电缆盒中心距所属线路中心的距离，不得小于 1 900 mm。
(8) 扼流变压器箱中心距离所属中心不得小于 1 900 mm。

如图 1—2 所示，"h" 为轨面至最下方（引导）机构下端挡板的距离；"ab" 为梯子包箍的安装螺栓或梯子上的安装螺栓至线路中心的距离，以距离小的为准，一般测量最下面的包箍；"cd" 为距线路最近机构（引导）挡板线路侧边缘至线路中心的距离。限界的测量，以往一般只测量最凸出边缘（梯子在机柱上包箍的固定螺栓）到线路中心一个数据，这样的测量方法不能检查对限界的要求，需要测量不同高程的限界值：对于 200 km/h 以下线路，如果 h 的高度大于 5 500 mm，只需要测量 ab 的长度就可以；如果 h 的高度在 4 500～5 500 mm 之间，则需要测量 ab 的长度（直线区段需要大于 2 440 mm）和 cd 的长度（直线区段需要大于 2 000 mm）。

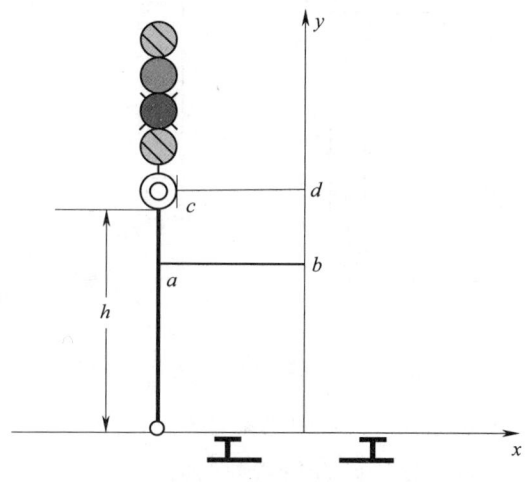

图 1—2　高柱信号机限界测量示意图

1.2　信号基础设备

1.2.1　信号继电器机械特性及主要电气特性

1. 信号继电器机械特性

继电器是特殊的开关，它的类型很多，性能各不相同，结构形式各种各样，但大都由电磁系统（由线圈、固定的铁芯和轭铁以及可动的衔铁组成）和触点系统（由动触点和静触点组成）两大主要部分构成。

继电器的基本工作原理是：在线圈中通入一定数值的电流后，由电磁作用或感应产生电磁吸引力，吸引衔铁，衔铁带动触点系统，改变其状态，从而反映输入电流的状况。

最简单的电磁继电器如图1—3所示。它就是一个带触点的电磁铁，其动作原理也与电磁铁相似。给线圈中通以一定数值的电流后，在衔铁和铁芯之间就产生一定数量的磁通，该磁通经铁芯、衔铁、轭铁和气隙形成一个闭合磁路，铁芯对衔铁就产生了吸引力。吸引力大小取决于所通电流的大小。当电流增大到一定值，吸引力增大到能克服衔铁向铁芯运动的阻力时（主要是衔铁自重），衔铁就被吸向铁芯。由衔铁带动的中触点（随衔铁一起动作的触点）也随之动作，与动合触点（也叫"前触点"，以下称"前触点"）接通。此状态称为继电器励磁吸起。

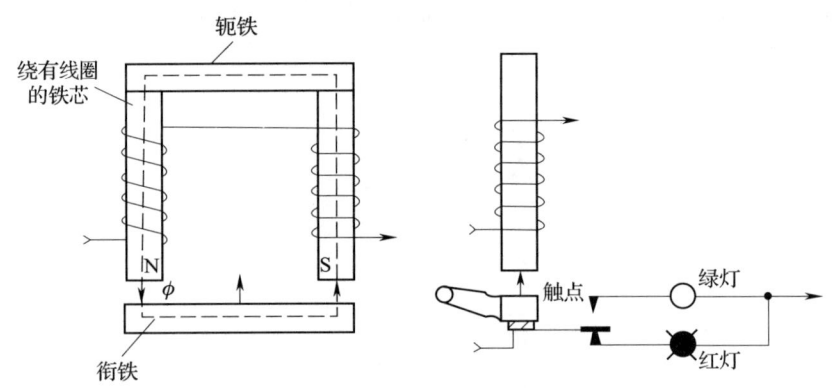

图1—3　电磁继电器的基本原理

吸引力随电流的减小而减小。当吸引力减小到不足以克服衔铁重力时衔铁靠自重落下（称为"释放"），衔铁带动中触点与前触点断开，与动断触点（也叫"后触点"，以下称"后触点"）接通。此状态称为继电器失磁落下（以下简称"落下"）。

继电器工作的动作流程如下：接通线圈电源→产生磁通（衔铁、铁芯）→产生吸引力→克服衔铁阻力→衔铁吸向铁芯→衔铁带动中触点动作→与前触点闭合、与后触点断开。继电器失磁落下的流程如下：电流减少→吸引力下降→衔铁依靠重力落下→中触点与前触点断开、与后触点闭合。由此可见，继电器具有开关特性。利用其触点的通、断电路，可构成各种控制电路和表示电路。例如可构成图1—3右侧的信号点灯电路：前触点接通时点亮绿灯，后触点接通时点亮红灯。

2．信号继电器主要电气特性

直流继电器的电气特性是指关于继电器的输入电压或电流与继电器工作状态的一

组参数。必须根据这些参数合理地使用继电器。常用的参数定义如下：

（1）吸起值。使继电器中触点与前触点接通，所需的最小电压或电流值。

（2）工作值。使继电器动作，并满足规定的触点压力的电压或电流值。

（3）额定值。继电器工作时的电源电压或电流值，一般为工作值与安全系数之积。

（4）释放值。向继电器线圈供以过负载值的电压或电流，使前触点闭合后，再逐渐降低电压或电流，当前触点刚断开时的电压或电流值。

（5）过负载值。继电器线圈不受损坏，电气特性不受影响的最大允许接入的电压或电流值。此值一般为工作值的4倍。

（6）安全系数。额定值与工作值之比。此值越大，继电器工作越稳定。

（7）返还系数。释放值与工作值之比。返还系数范围在0.2~0.99之间。返还系数越大，继电器对于电压或电流的变化反应越灵敏。

3. 时间继电器电路分析

城轨信号系统使用的时间继电器主要有两种，分别是JSBXC-850型和JSBXC1-850型继电器，都是属于电子缓吸时间继电器，使用方通过改变不同的接线方式即可以获得180 s、30 s、13 s、3 s四种延时，以满足信号电路的需要。时间电路控制单元组目前有两种，一种以单结晶体管为核心组成的脉冲延时电路。另一种是由单片机、晶体振荡器、分频器组成。JSBXC-850型继电器采用单晶管的延时电路，主要是靠电阻、电容来实现功能。由于电阻、电容受温度影响较大，另外电容易老化，延时时间很容易漂移，需定期检修和调整时间参数。JSBXC1-850型采用微电子技术，可通过软件设定不同的延时时间，所以延时精度高，不用调整，电路安全可靠，是比较理想的新一代时间继电器。目前JSBXC1-850型作为新型继电器正在逐步取代原有的JSBXC-850型继电器。

可编程时间继电器，其时间特性由可编程时间控制器实现，为可编程控制器提供时钟频率的是石英晶体振荡器。石英晶体振荡器的振荡频率非常准确，它为可编程时间控制器提供了准确的时钟频率，由此保证可编程时间控制器输出频率非常准确，从而保证继电器延时的准确性。因此，可编程时间继电器的时间特性无须调整。其继电器延时精度可由JSBXC-850型的±15%提升到JSBXC1-850型的±5%。

可编程时间继电器主要功能是完成4个延时功能（如JSBXC1-850继电器的四个时间为3 s、13 s、30 s、3 min）。它有4个时间选择端子（52、61、63、83），可以根据需要将其中一个端子与51端子跨接，将延时时间固定。

继电器工作时如图1—4所示，从73、62端子加直流24 V电源。由于继电器的后圈（JSBXC1-850继电器的480线圈）通过51、53端子与电源连接，而51、53端子

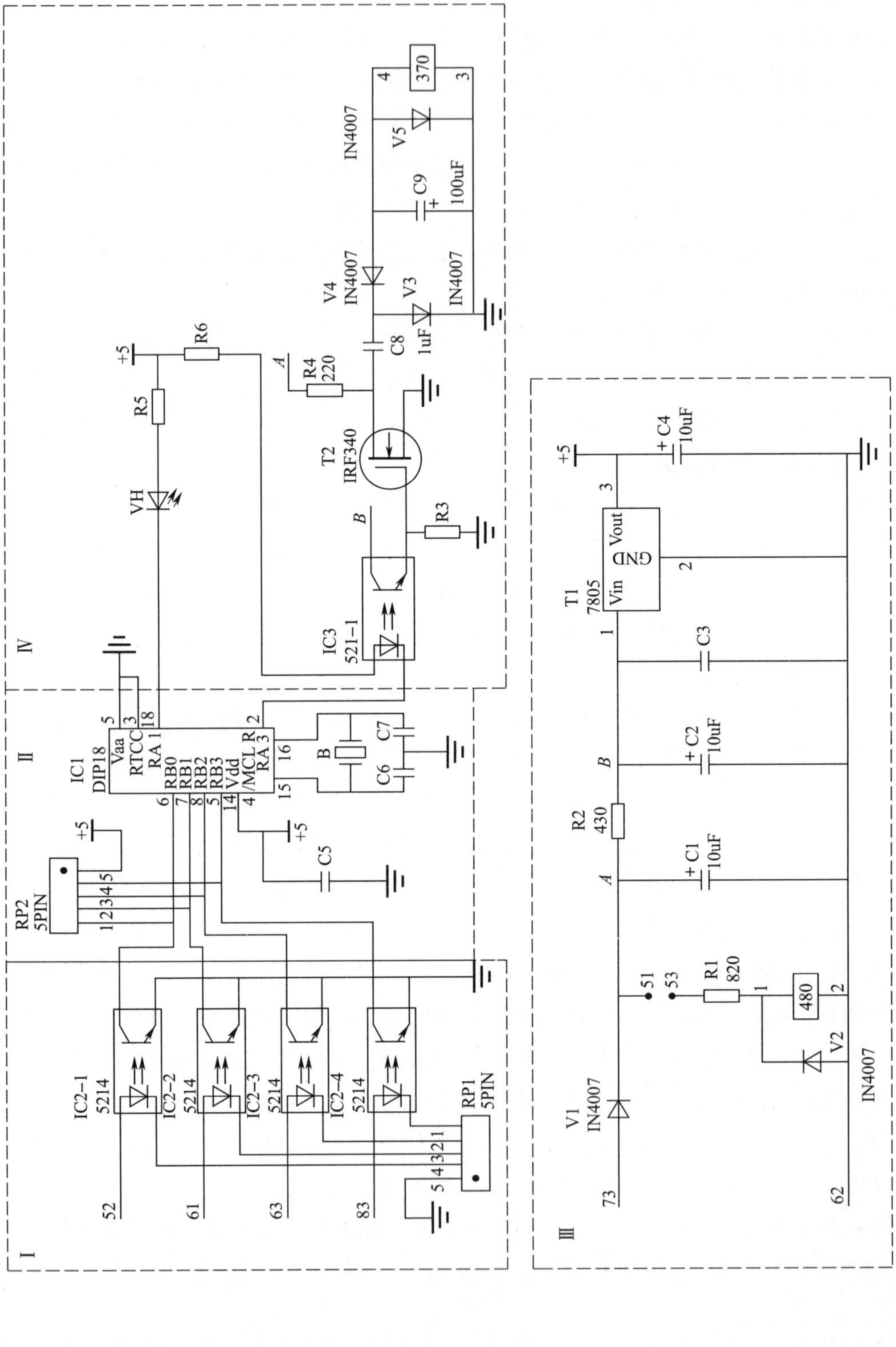

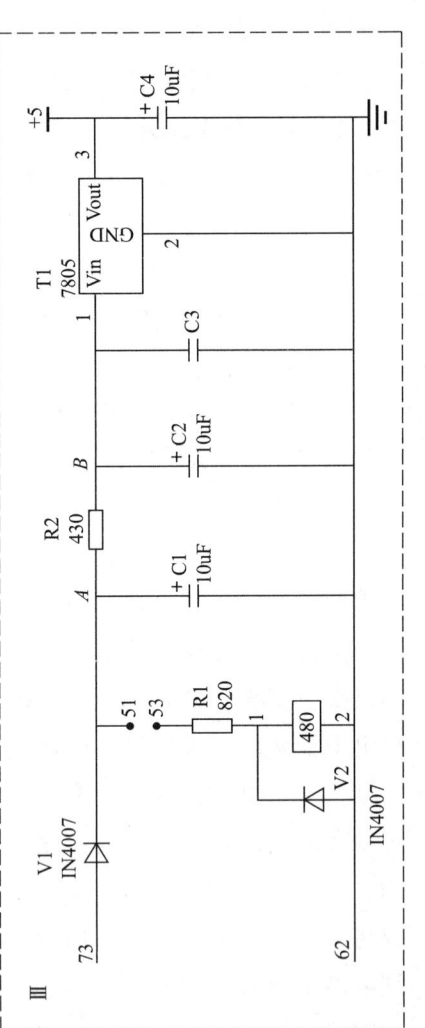

图1—4 JSBXC1-850 可编程时间继电器电路原理

受继电器自身一组动合触点（11、12）的控制，在延时时间未到时继电器触点不动作，因而 51、53 端子是断开的，后圈没有电流通过。三端稳压器 7805 将 24 V 输入变为 5 V 输出电压，供给单片机的工作电源。单片机检测时间选择端子的连线关系，并开始延时。当 52、61、63、83 四个触发端中任一个出现一个约 5 V 以上（不要超过 30 V）的高电平信号时，IC2（IC 为集成电路中的光电耦合单元）中的一个光耦导通，对应 RB0～RB3 中的一端被拉为低电平。

程序检测到该信号，且该信号被连续检测到一定次数后，启动单片机内的计数器，同时驱动 LED 指示灯（发光二极管），进行每秒 1 次的闪烁。计数过程中，程序仍不断检测触发端上的电平。若计数完成前触发信号消失，则程序返回初始待机状态等待触发。若计数正常达到预先为该触发端确定的计数值时，单片机的 RA3 脚将输出一定时间（程序设定）、一定频率（程序设定）的 TTL 电平（晶体管–晶体管逻辑电平）方波信号。经 IC3 隔离，推动 MOS 管（场效应管）T2 和其他二极管、阻容件组成的动态驱动电路。计数完成时，LED 也由闪烁亮转为完全点亮。

IC3 和 T2 不导通，C8 通过 R4 和 V3 充电。IC3 和 T2 导通的同时，C8 通过 T2、V4、C9 放电，即对 C9 充电，当 C9 上电压累加达到一定值时，将使前圈（370 线圈）通过的电流产生足够的电磁力，从而使继电器衔铁吸合，继电器的动合触点 11、12 闭合，使 51 与 53 连通，480 线圈通过电流使继电器自保，从而达到延时动作的目的。

1.2.2 信号机的技术要求

1. 信号机的设置原则

（1）在 ATC 控制区域的线路上应设道岔防护信号机或道岔状态表示器。道岔防护信号机以显示禁止信号为定位，其他类型的信号机可根据需要设置。

（2）具有出站性质以外的道岔防护信号机应设引导信号。具有两个及两个以上运行方向的信号机可设进路表示器。

（3）信号机等应采用白炽灯或其他光源构成的色灯式信号机。

（4）车站应设发车指示器或发车计时装置。

（5）信号机应设于列车运行方向右侧。城市轨道交通采用右侧行车制，其地面信号机设于列车运行方向的右侧，在地下部分一般安装在隧道壁上。特殊情况（如因设备限界、其他建筑物或线路条件等影响）可设于列车运行方向的左侧或其他位置。

（6）信号机柱的选择。高柱信号机具有显示距离远、观察位置明确等优点，因此车辆段的进段、出段信号机（以及停车场的进场、出场信号机）均采用高柱信号机。

而其他信号机由于对显示距离要求不远,以及隧道内安装空间有限,一般采用矮型信号机。

(7) 信号机限界。信号机不得侵入设备限界,设备限界是用以限制设备安装的控制线,直线地段的设备限界是在直线地段车辆限界外扩大一定安全间隙后形成的:车体肩部横向向外扩大 100 mm,边梁下端横向向外扩大 30 mm,接触轨横向向外扩大 185 mm,车体竖向加高 60 mm,受电弓竖向加高 50 mm,车下悬挂物下降 50 mm,曲线地段设备限界应在直线地段设备限界的基础上,按平面曲线不同半径过超高或欠超高引起的横向和竖向偏移量,以及车辆、轨道参数等因素计算确定。

(8) 各种地面信号机及表示器的显示距离规定

1) 行车信号和道岔防护信号应不小于 400 m。

2) 调车信号和道岔状态表示器应不小于 200 m。

3) 引导信号和道岔状态表示器以外的各种表示器应不小于 100 m。

2. 信号机的显示及含义

(1) 信号和发车表示器的显示制度

1) 红色——停车,ATP(列车自动防护)速度命令为零。

2) 绿色——运行前方道岔在直股(定位),按 ATP 速度命令运行。

3) 月白色——运行前方道岔在侧股(反位),按 ATP 速度命令运行,一般限制为 30 km/h。

4) 红色加月白色——引导信号,准许列车在该信号机处继续运行,但需准备随时停车,仅对防护站台的信号机设引导信号。

5) 站台还设有发车表示器,发车前 5 s 闪白光,发车时间到亮白色稳定光,列车出清后灭灯。

(2) 进场信号机信号显示

1) 一个黄色灯光——准许列车进道岔直向位置,进入车场内准备停车。

2) 两个黄色灯光——准许列车进道岔侧向位置,进入车场内准备停车。

3) 一个红色灯光——不准列车越过该信号机。

4) 一个红色灯光一个月白色灯光——引导信号,准许列车以规定速度越过该架信号机进站场,并准备随时停车。

(3) 进场复示信号机信号显示

1) 一个绿色灯光——前方进场信号机显示开放信号。

2) 一个黄色灯光——前方进场信号机显示红灯或引导信号,准许列车越过并在前一架信号机前停车。

（4）接车兼调车信号机信号显示

1）一个白色灯光——准许列车越过，进入车场规定位置停车。

2）一个红色灯光——不准列车越过该信号机。

（5）出场信号机信号显示

1）一个红色灯光——不准列车越过该信号机。

2）一个绿色灯光——准许列车按规定速度运行至信号机所防护的位置。

3）一个红色灯光加一个月白色灯光——引导信号。

（6）发车兼调车信号机信号显示

1）一个红色灯光——不准列车越过该信号机。

2）一个绿色灯光——准许列车按规定速度运行至信号机所防护的位置。

3）一个月白色灯光——准许列车越过信号机调车。

（7）调车信号机信号显示

1）一个月白色灯光——准许列车越过信号机调车。

2）一个蓝色灯光——不准列车越过该信号机。

（8）单显示阻挡信号机信号显示

一个红色灯光——不准列车越过该信号机。

3．信号机的电气参数

（1）透镜式色灯信号机。透镜式色灯信号机采用直丝信号灯泡，配套定焦盘式灯座，以及点灯和灯丝转换装置。信号灯泡是色灯信号机和信号表示器的光源，目前均采用铁路直丝信号灯泡。其灯丝为双螺旋直丝，光衰小，显示距离长，维修工作量小。

透镜式色灯信号机用的直丝灯泡为 TX $\frac{12-25}{12-25}$A 型，$\frac{12-25}{12-25}$ 表示双丝灯泡，均为 12 V 25 W。T 表示铁路，X 表示信号，其外形和主要尺寸如图1—5所示。

主灯丝和副灯丝呈直线状且平行。主灯丝在下，其轴心线与灯头的中心线相垂直。副灯丝在上，其轴心线距离主灯丝轴线（2.5±0.5）mm。主灯丝在前，副灯丝在后，间距为2.5 mm，以防止副灯丝挡住主灯丝的光。主灯丝在下可避免主灯丝断丝时，灯丝落下碰到副灯丝，影响副灯丝正常工作，有利于安全使用。与直丝信号灯泡配套的灯座是定焦盘式信号灯座。定焦盘灯座三维（上下、左右、前后）可调，可调整光源位置，使主灯丝位于透镜组的焦点上，获得最佳显示效果。定焦盘灯座具有以下特点：

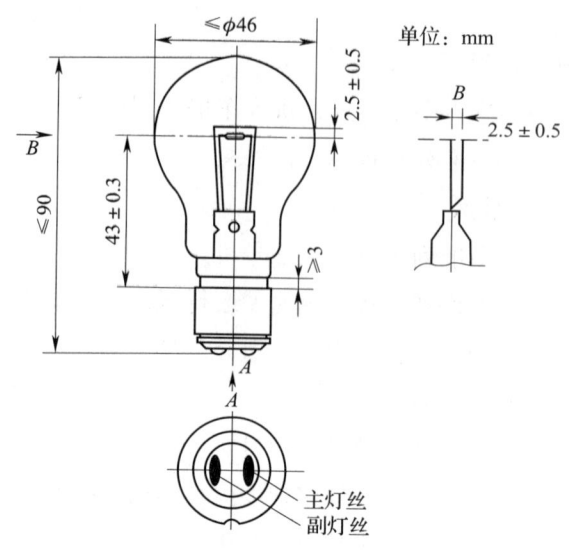

图 1—5 TX $\frac{12-25}{12-25}$A 型信号灯泡

1）灯泡和灯座是平面接触，可以基本上保证光中心高度的一致性。

2）灯头冲压成翻边结构，一般不会变形，从而提高了灯泡和灯座的配合精度。

3）防止电接触片受过压造成变形或弹力减小，从而避免电接触片与灯泡的接触不良或发热、熔化等故障。

4）灯座与灯泡的连接，用内六角螺钉固定，灯口不易移位。

5）更换灯泡时，一般不用重新调整显示，信号显示比较稳定。

（2）LED 信号机。LED 色灯信号机构大小同透镜式色灯信号机，机构采用铝合金材料，信号点灯单元由发光二极管构成，外形如图 1—6 所示。LED 色灯控制系统，在与现有点灯控制电路兼容、LED 驱动电路与二极管供电方式的设计方面已取得突破，在机械结构到电路的安全可靠性以及现场安装、操作、更换等方面，经不断完善、改进，已形成系列产品。

用发光盘取代信号灯泡具有以下的显著优点：和老式机构有很强的兼容性；显示距离超过 1.5 km；使用寿命可长达 105 h，日常维护少；节能；聚焦稳定；光度性好；无冲击电流；可用性强；性能价格比高；组合灵活；安装简便；机构表面采用电泳或喷塑处

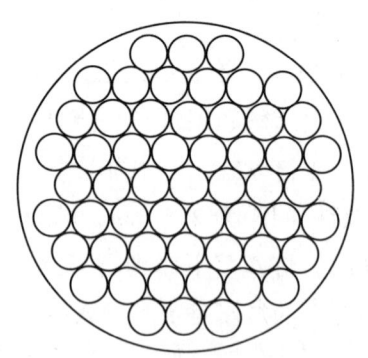

图 1—6 LED 色灯信号机

理等。

主要技术参数：

1) 大气压力不低于 70 kPa（海拔高度不超过 3 000 m）。
2) 周围空气温度 −40 ~ 70℃。
3) 空气相对湿度不大于 95%（当周围空气温度为 25℃）。
4) 振动频率 10 ~ 200 Hz，加速度幅值 10 m/s^2（相当于一个重力加速度 g）。
5) 周围无引起爆炸危险的有害气体。
6) 信号机光轴方向的发光强度不低于表 1—2 中数值的 10%。

表 1—2　　　　　　　　　　光 强 度 表

灯光颜色		红	黄	绿	蓝	月白
光强度（cd）	矮型、引导	1 600	3 200	2 200	250	2 800
	高柱	2 100	3 900	2 800	400	3 200

7) 电快速瞬变脉冲群抗扰度 3 级。
8) 静电放电抗扰度 3 级。
9) 单灯质量：矮型 7.5 kg，高柱 10 kg。
10) 防水等级 IP53。
11) 绝缘电阻大于 100 MΩ。

1.2.3　外锁闭道岔的基本要求

1. 外锁闭道岔的机械解锁、转换、锁闭工作原理

分动道岔钩型外锁闭动作原理：

钩型外锁闭装置由锁闭杆、锁钩、尖轨连接铁、锁闭铁、锁闭框五部分组成。图 1—7 为分动道岔钩型外锁闭的工作原理图。锁闭杆 1 与转辙机动作杆连接是转辙机转换道岔的传动环节，同时又通过杆上的凸起部分与锁钩配合完成锁闭功能。锁钩 5 通过尖轨连接铁与尖轨固定连接，锁钩移动即带动尖轨移动。锁钩可以连接轴为中心上下转动，与锁闭杆配合完成锁闭或转换道岔功能。锁闭铁 2 通过锁闭框 3 与基本轨连接，锁闭铁的位置相对于基本轨是固定的。保证尖轨与基本轨密贴就是由锁钩与锁闭铁配合实现的。

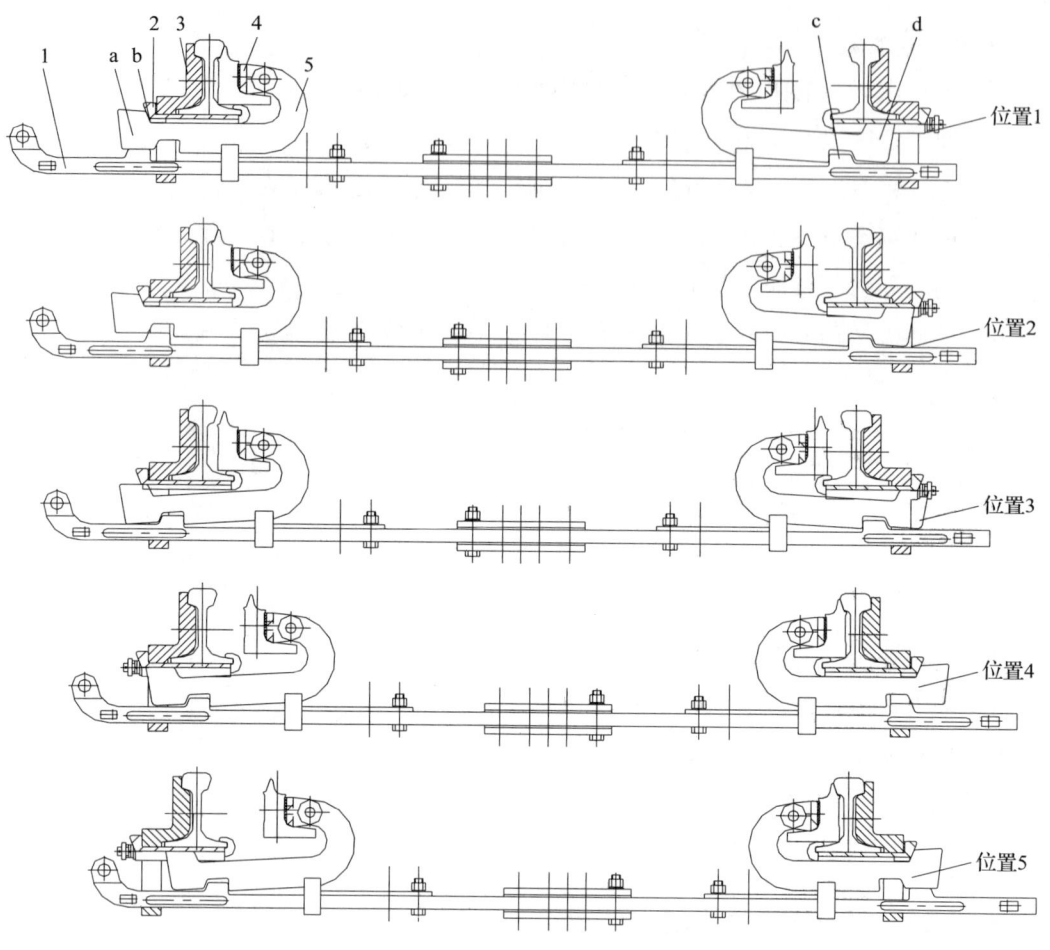

图 1—7　分动道岔钩型外锁闭动作原理
1—锁闭杆　2—锁闭铁　3—锁闭框　4—尖轨连接铁　5—锁钩

位置 1 左尖轨密贴，右尖轨保持规定开口。由图 1—7 可见，左侧尖轨处外锁闭锁钩头部 a 被锁闭杆左凸起顶住不能向下转动而锁钩头部 a 与锁闭铁 2 在斜面 b 处密贴，使锁钩也不能向右移动，也就是尖轨不能向右移动，起到了把左尖轨锁在密贴位置的作用。而右侧尖轨处，锁钩头部 d 上平面与锁闭铁下平面密贴，锁钩下部的缺口被锁闭杆右凸起 c 卡住不能左右移动，也就是把右侧斥离轨锁在规定开口位置。

位置 2 是转辙机带动锁闭杆向右移动，锁闭杆右凸起带动右锁钩向右移动，也就是斥离轨开始转换。与此同时锁闭杆左凸起在左尖轨锁闭铁下平面下滑行至左尖轨锁钩底部的缺口。

位置 3 是锁闭杆凸起对准锁钩缺口后锁闭杆凸起右侧拨动锁钩，由于锁钩头部与锁闭铁在 b 处是斜面接触，所以锁钩头部沿斜面下滑直到滑出锁闭铁斜面，同时锁闭杆凸起完全插入锁闭杆缺口。

位置 2 和位置 3 是密贴尖轨解锁过程。位置 4 是转辙机通过锁闭杆带动两根尖轨同时转换而且右侧尖轨开始密贴的过程。右尖轨密贴以后转辙机带动锁闭杆继续向右移动，由于尖轨已经密贴锁钩不能继续右移，此时锁闭杆右凸起通过与锁钩的接触斜面将锁钩头部向上推起，直到锁钩头部上斜面与右尖轨锁闭铁斜面完全密贴，达到锁闭状态。此时左尖轨由密贴向斥离转换，但尚未达到规定开口。

位置 5 是右锁钩抬起以后，转辙机带动锁闭杆继续向右移动。此时，左锁钩带动左尖轨继续右移直到达到规定开口，锁闭杆有凸起的上平面将沿右锁钩头部下平面滑行一段距离，这时锁闭杆右凸起将托住右锁钩头部，使其不能下转，保证右锁钩与右锁闭铁完全锁闭。至此，完成了一次道岔的解锁、转换、锁闭的全过程。

解锁：从位置 1 到位置 2，锁闭杆向右移动带动锁钩，并通过尖轨连接铁使斥离尖轨向密贴方向移动；同时对密贴尖轨，锁闭杆凸台滑入锁钩缺口。

转换：从位置 2 到位置 3，密贴尖轨解锁，两尖轨同时移动。

锁闭：从位置 3 到位置 4，原斥离尖轨密贴并开始锁闭，原密贴尖轨继续移动；从位置 4 到位置 5，原斥离尖轨锁闭完毕，原密贴尖轨继续移动并到达规定位置，外锁闭完成一个解锁、转换、锁闭过程。

2．钩型外锁闭装置的安装标准

（1）用直径 20 mm 的螺栓、放松垫、弹簧垫圈、螺母将锁闭框装于基本轨上（可不拧紧螺母）。

（2）用直径 20 mm 的螺栓、放松垫、弹簧垫圈、螺母将尖轨连接铁装于尖轨上。

（3）将锁闭杆装入锁闭框内后，将锁钩放在锁闭杆上，并在锁钩孔内涂上润滑脂。

（4）拨动锁闭杆，当锁钩孔对上尖轨连接铁的孔后，穿上销轴，并用直径 20 mm 的平垫圈、弹簧垫圈和螺母拧紧后，穿入开口销，将锁闭铁插入锁闭框方孔内，固定螺栓一头钩住基本轨底部，另一头穿入锁闭框和锁闭铁孔内，带上平垫圈、弹簧垫圈和螺母。

（5）撬动尖轨是装有锁闭铁侧处于密贴状态，另一侧处于自然状态，由手托起锁钩，拨动锁闭杆位置。

（6）按照序号 3、4 的方法安装另一侧锁钩、销轴、固定螺栓和锁闭铁。

（7）通过左右拨动锁闭框调整锁闭杆与转辙机动作杆平行后，拧紧固定锁闭框的螺母，并通过安装装置的动作拉杆将锁闭杆与转辙机的动作杆连接在一起。

（8）通过在锁闭铁和锁闭框中间增减调整片保证基本轨与尖轨密贴，且尖轨与基本轨在锁闭杆中心处留有 0.2~0.8 mm 的间隙。

（9）检查道岔开口。首先通过调整安装装置动作拉杆使两侧开口相差不超过 3 mm，然后检查道岔开口符合规定要求，若开口大于规定值时，可以通过减少密贴调整片，同时在尖轨连接铁和尖轨中间加调整垫进行调整，如一动左侧开口为 161 mm 时，可通过减少 2 mm 密贴调整片，加 2 mm 调整垫将道岔开口调整为 159 mm。

（10）检查在各牵引点锁闭杆中心处，插入 4 mm 厚、20 mm 宽的钢板，外锁闭装置不得锁闭，且不得接通转辙机内表示接点；在相邻两牵引点间任一位置插入 10 mm 厚、20 mm 宽的钢板，不得接通转辙机内表示接点，若不满足要求可通过增减调整片调整，满足要求后拧紧固定锁闭铁的螺母。在 160 km/h 以上线路上的道岔，两牵引点间采用密贴检查器做夹异物检查，检查标准为 5 mm。

（11）在锁闭框上装定位螺栓和弹簧垫圈，并将限位块和可调限位块用 M12 螺栓和弹簧垫圈紧固在锁闭杆上，可调限位块与锁闭框间应留有 1~3 mm 的间隙，保证其不影响道岔开口，将限位铁用 M20×65 的螺栓固定于锁闭杆上。

（12）销轴及各摩擦面涂润滑油。

（13）将防松片分别穿在锁闭框、尖轨连接处的螺栓和放松片上后加开口销；固定螺栓头部装防松盖，并通过平垫圈调整螺母插入防松盖的深度大于 5 mm。

3. 液压转辙机主要技术参数（见表 1—3）

表 1—3　　　　　　　　　　液压转辙机技术参数

型号	电源电压 AC 三相（V）	额定转换力（N）	动程（mm）	工作电流（A）	动作时间（s）	单线电阻（Ω）	动作压强（MPa）	溢流压强（MPa）
ZYJ7GZ－220＋140/1810＋4070	380	1 810/4 070	220/140	≤1.8	≤8.5	≤54	≤7.5	11~13
ZYJ7－220＋140/2500＋4200	380	2 500/4 200	220/140	≤1.8	≤7.5	≤54	≤7.5	11~13

1.2.4　轨道电路技术要求

1. 轨道电路的区段划分和命名

（1）信号机的前后，应划分成不同的区段。

（2）凡是能平行运行的进路，其间应设钢轨绝缘把它们分开。

(3) 在一个轨道电路区段内，单动道岔最多不超过 3 组，复式交分道岔不得超过 2 组。

(4) 在作业繁忙区段，为提高通过能力，可将轨道电路区段适当划短。

(5) 轨道电路区段的命名：道岔区段用道岔号码加 DG 表示，如 5 DG、9-15 DG、17-23 DG。

(6) 无岔区段中差置信号机之间的无岔区段以差置信号机两端的道岔编号用分数形式加 WG 表示，如 1/19 WG。

(7) 进站口及出站口的无岔区段以直向开通的股道号码加咽喉区（下行为 A、上行为 B）及 G 表示，如 ⅠAG、ⅡBG。

(8) 尽头型信号机外方的接近区段用该信号机加 G 表示，如 D2G。

(9) 股道用股道号码 G 表示，如 5G。

2．轨道电路常用的专业术语

(1) 列车分路电阻。列车占用轨道电路时，列车轮跨接在轨道电路的两根钢轨上，构成轨道分路，这个分路的轮轴电阻就是列车分路电阻，它是由车轮和轮轴本身的电阻和轮缘与钢轨头部表面的接触电阻组成，由于轮缘与钢轨头部表面的接触电阻很大，车轮和车轴形成的电阻比接触电阻小很多，因此可以忽略不计。实际上列车分路电阻就是轮缘与钢轨头部的接触电阻，它是纯电阻。

列车分路电阻与钢轨上分路的车轴数，车辆的载重情况，列车的行驶速度，轮缘装配质量，钢轨表面的洁净程度（是否生锈，有无撒沙及其他油质、化学绝缘层）等因素均有关系，它的变化范围很大，可以从千分之几欧姆变化到 0.06 Ω。

(2) 分路灵敏度。当轨道电路被列车车轮或其他导体分路，恰好使轨道电路继电器线圈电流减少到落下值时的列车分路电阻值（或导体的电阻值）就是该轨道电路的分路灵敏度。

(3) 极限分路灵敏度。在轨道电路上各点的分路灵敏度不同，对于某一具体轨道电路来说，它的分路灵敏度应该以最小的分路灵敏度为准，称为极限分路灵敏度。

(4) 标准分路灵敏度。我国现行规定标准分路灵敏度为 0.06 Ω，和国际上规定的分路灵敏度是一致的。任何轨道电路在分路状态最不利的条件下，用 0.06 Ω 电阻进行分路时，轨道继电器应释放衔铁（连续式轨道电路）或不吸起（脉冲式），否则不能保证分路状态的可靠工作。

3．轨道电路的影响技术参数因素

(1) 道砟电阻。轨道电路在电能传输中，电流会由一根钢轨经过枕木、道砟以及大地漏泄到另一根钢轨上,这一漏泄线路的电阻,称为道砟电阻。目前城市轨道交通基本采用整体道床,但是跟碎石道床一样,也有道砟电阻的存在。

道砟电阻与道砟材料,道砟层的厚度、清洁度,枕木的材质和数量,土质以及空气温度、湿度等有很大的关系,在气候变化时,道砟电阻也会随之变化。对某一轨道电路来说,它的道砟电阻受外界影响可以从 $1\sim2\ \Omega/km$ 变化到 $100\ \Omega/km$,通常在湿热的夏季,降雨后 $8\sim10\ min$ 时的道砟电阻最低,而严冬季节道砟冰冻时的道砟电阻最高。

(2)钢轨阻抗。钢轨阻抗包括钢轨条本身阻抗和两节钢轨连接处的各种阻抗。

在钢轨阻抗构成的各个元素中,各连接处的接触电阻随着接触面的大小、清洁程度、接触压力等因素而变化,它在整个接头阻抗中占主要成分,在直流和低频交流时,不易精确计算。实际上钢轨阻抗只能通过多次实际测量来确定,我国目前采用的单位钢轨阻抗标准值见表1—4。

表1—4   钢 轨 阻 抗

接续线型式	电源种类	钢轨阻抗(Ω/km)	
		区间	车站
塞钉式	交流(50 Hz)	1.0	1.2
	直流	0.6	0.8
焊接式	交流(50 Hz)	0.8	0.8
	直流	0.2	0.2
焊接长钢轨	交流(50 Hz)	0.65	0.65

1.2.5 计轴器、应答器的作用与工作原理

1. 计轴器的作用

每个区间(两个站之间)划分为若干个闭塞区段,在每个闭塞区段的始端和终端都安装计轴设备,目的是检测每个区段的占用情况,其功能与轨道电路相似。如图1—8所示,正线两个相邻的轨道区段,在轨道区段的入口处和出口处,分别设置计轴传感器,而A轨道区段和B轨道区段的交界点的计轴传感器可共用一个。然而反映轨道区段状态的轨道继电器必须分别设置。图中CH1和CH2是A轨道区段的两个检测点;

CH2 和 CH3 为 B 轨道区段的两个检测点；其中 CH2 为 A 轨道区段的出口（入口）检测器，同时也是 B 轨道区段的入口（出口）检测器；这两个轨道区段共用一个运算单元（EU），根据 CH1 和 CH2 两个检测点的输出数据，判断 A 轨道区段状态的轨道继电器（AGJ）工作状态，反映 A 轨道区段的占用情况；同理，运算单元 EU 通过判断 CH2 和 CH3 两个检测点的输出数据，判断 B 轨道区段状态的轨道继电器（BGJ）工作状态，以确定 B 轨道区段的占用情况。

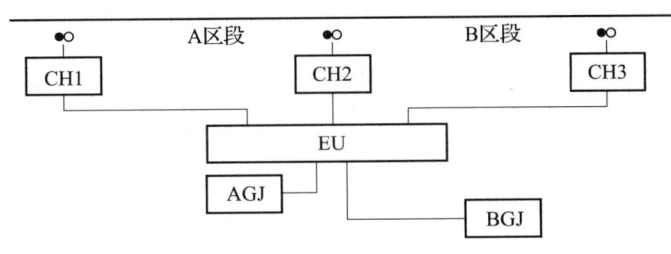

图 1—8　计轴器的设置

2．计轴器的工作原理

计轴系统是一种类似轨道电路的列车占用检测设备，所不同的是通过对物理轮轴的检测，来表示轨道区段的空闲、占用和受扰三种状态。物理轮轴的检测是通过置于轮轨旁的两个计轴头之间的磁场干扰来实现的。

计轴器通常用两个并排紧靠的圆来表示，这是因为计轴器物理形状就是类似的图形，是并排紧靠安装在轮轨旁的两个圆盘，如图 1—9 所示。除了对通过它所在位置的轮轴进行计数，计轴器还可以轮轴数的正负符号来指出轮轴通过的方向。如图 1—10 所示，Sk1 和 Sk2 对应一个计轴点并列的两个磁头，两个磁头对切割磁力线的信息反馈相差 1/4 相位，室内评估器通过对相位的检测来对轮对计数并确定行驶方向。

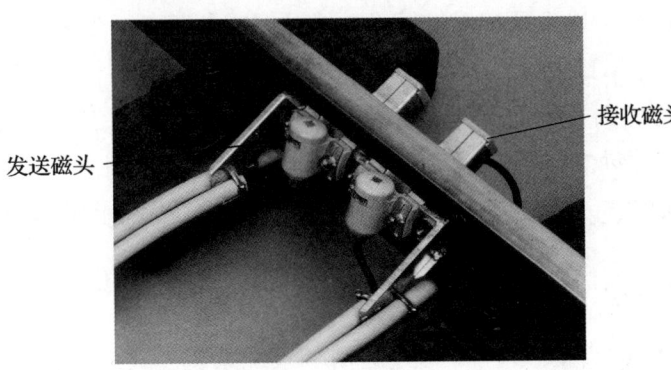

图 1—9　计轴器

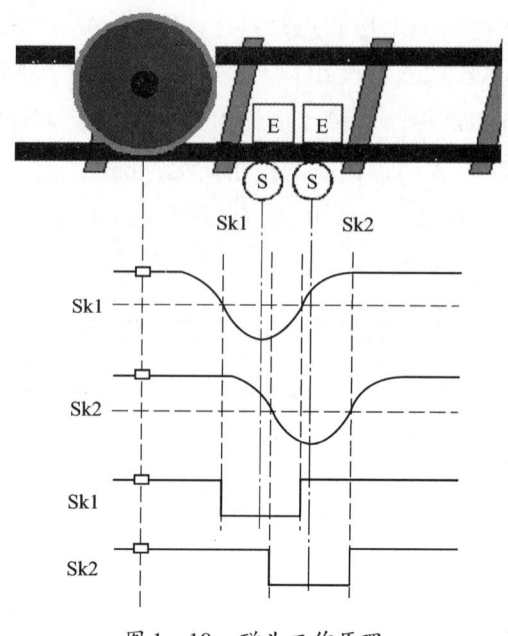

图 1—10 磁头工作原理

3. 应答器（信标）的作用

应答器（信标）是安装在线路沿线，反映线路绝对位置的物理标志。当列车通过这些应答器及信标上方时，它能够在进路地图中将自己的位置重新定义，同时列车接收相应的轨道数据。相应的应答器（信标）拥有一个唯一的独立的标识符，它能够被列车读出。轨道数据通过应答器（信标）从轨旁发送给列车。发送给列车的数据还包括信号机点灯状态、前方进路情况、停车点的状态（停或不停），每点设置的状态（正向或反向）等。从这些数据中列车按照接收到的命令做出相应的操作，并且能够沿着给定的方向运行。

应答器（信标）可以为列车提供精确的绝对位置参考点（也可以提供线路的坡度、弯度等其他信息）。由于应答器（信标）提供的位置精度很高，达厘米量级，常用应答器（信标）作为修正列车实际运行距离的手段，采用应答器（信标）定位技术的信息传递是间断的。即当列车从一个信息点获得地面信息后，要到下一个信息点才能更新信息。若其间地面情况发生变化，就无法立即将变化的信息实时传递给列车。因此，应答器（信标）定位技术往往作为其他定位技术的补充手段。

4. 应答器（信标）的工作原理

上海轨道交通6、7、8、9、11号线的信号系统采用美式应答器（信标），由封装在结实的塑料材质内的单个印刷电路板组成。印刷电路板由调制高频信号和将信号反射回车载系统的天线电路所组成。应答器（信标）通过应答器（信标）编程器将包含有 60 个数据位的代码存储在内存中。应答器（信标）底部的编程端口用插塞或 O 形圈密封，分为两类：无源应答器（信标）A – TAG、接近盘和有源应答器（信标）B – TAG。

（1）A – TAG。在轨旁设备布置图中，A – TAG 用"TT – ××××"来表示，它安装在金属板上。每个应答器（信标）均刻有唯一的 ID 代码，与预先编程的 ID 代码相对应。它在 CBTC 或是 Fallback 模式（后备模式）下对所有类型列车都有效，有两种类型：

1）定位 TAG。当一列非通信列车驶过两个连续的定位 TAG 后，VOBC（车载控制器）就可以通过查询内置轨旁数据库实现如下三个功能：确定列车在轨旁的位置，确定列车行驶方向，建立与轨旁设备的通信。

建立定位后，列车即可获得最高 17 km/h 的限速，此后，列车每经过一个定位 TAG，都会在数据库中进行比较，比对正确后，列车会实时调整其位置不确定性，更新列车在轨道上的位置。在两个应答器之间，列车位置由速度传感器确定。

2）校验 TAG。校验 TAG 在轨旁设备布置图中用"C"作为标示。其作用是校验列车的轮径，当列车行走了两个校验 TAG 之间的距离（用列车轮径计算的距离为：轮径×圈数），列车会比较这两个距离之间的差值，当这两个差值在运行范围内时，系统即认为列车建立了轮径，从而可以使列车获得当前线路上的最大速度。

A – TAG 安装在反射板上，与轨道中心的运行轨道保持平行。这些应答器（信标）由查询天线纵向读取。反射板将信标安装到道床结构上并提供了必要的高频反射，如图 1—11 所示。

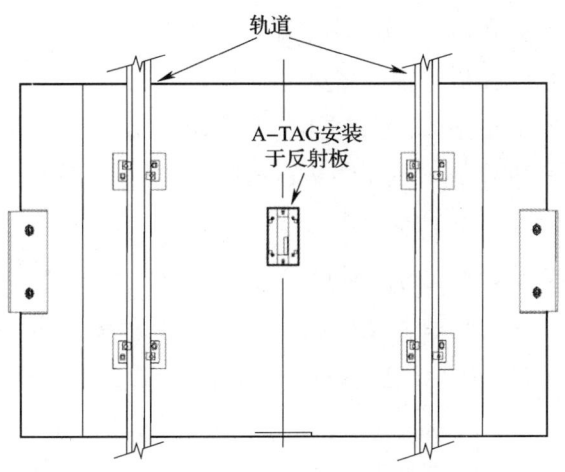

图 1—11　A – TAG 安装在反射板上

(2) 接近盘。接近盘是安装在停车点轨道上的金属板,如图1—12所示。接近盘与车载的接近传感器协同工作,以提供正确的对准信息并支持精确的车站停车。每列车配备一个接近传感器。接近传感器用于检测轨旁安装的接近盘。VOBC通过接近传感器确认列车是否与车站或存车线完全对准。VOBC事先接收到将打开哪一侧的列车门的信息,在确认对准信息后及零速信息后,将提供开站台/列车门功能。每个站有四个接近盘。

图1—12 接近盘

(3) B-TAG。在轨旁设备布置图中,B-TAG用"BT-××××"来表示,在CBTC模式下,仅对非受控列车有效,由交流电源从外部供电。它有两种类型:

1) 允许信号B-TAG。在所有的信号机处,都装有允许信号B-TAG,分为绿灯的B-TAG和白灯的B-TAG,并根据信号机的显示情况,有如下四种安装情况:单独的绿灯B-TAG;单独的白灯B-TAG;绿灯和白灯的B-TAG;两个白灯的B-TAG。

对于WSP(轨旁信号保护)模式的列车,只有检测到该B-TAG后,才能按照规定的速度通过该信号机,否则列车立即EB(紧急制动)。

2) 进路B-TAG。进路B-TAG安装在道岔之前,以便让VOBC监督司机遵照制动曲线接近道岔位置。有如下几种情况:

PMI向控制道岔或联锁区域的信号机发送"绿色"信号显示命令,进路B-TAG将激活,指示VOBC可以按照最大允许速度通过道岔。PMI(计算机联锁)发送"白色"信号显示命令或没有发送允许显示命令(如信号机红色),进路B-TAG将为非激活,这时系统会认为开通道岔侧向进路,VOBC将产生到信号机的制动曲线并警告司机减速。在道岔接近区段没有检测到允许进路B-TAG(比如故障),将指示VOBC必须将速度降至道岔侧向速度。

技能要求

继电器正反向保持力的调整

操作准备

1. 实训设备及工具（见表1—5）

表1—5　　　　　　　　继电器检修工具

序号	名称	规格	单位	数量
1	一字旋具		把	1
2	内六角套筒		把	1
3	安全型继电器	JYJXC－135/220	台	1
4	测力计	5 N	把	1
5	调整钳		把	1
6	塞尺		把	1
7	六角扳手		把	1
8	毛刷		把	1
9	砂纸		块	1
10	麂皮		块	1

2. 准备工作

（1）一字旋具：将继电器底部4个螺钉卸下。

（2）测力计：测量继电器上下触点压力。普通触点上触点约为150 mN，普通触点下触点约为150 mN，加强触点上触点约为2 200 mN，加强触点下触点约为2 200 mN。

（3）调整钳：根据测力计测量的数据调整继电器触点压力大小。

（4）塞尺：测量继电器触点间的间隙，普通触点间隙不小于4.5 mm，加强触点间隙不小于7 mm，普通触点的托片间隙不小于0.35 mm。

（5）毛刷：用毛刷刷继电器触点，然后将继电器放进烘箱。

（6）麂皮：从烘箱取出继电器后，用麂皮清洁触点。

（7）砂纸：对于用麂皮无法清除的触点氧化层，需用砂纸摩擦去除。

（8）调整钳：调整触点压力。

（9）内六角套筒：使用内六角套筒将底座上的锁定板用六角螺母紧固。

（10）六角扳手：当继电器定反位转极值不合格时，需使用六角扳手对衔铁上的止钉或正向磁钢上的六角螺钉进行调整。

操作步骤

步骤1　测力计测试位置准确：水平。

步骤2　保持力标准的判断：大于等于4 N，如图1—13、图1—14所示。

图1—13　正向状态下测试正向保持力

图1—14　反向状态下测试反向保持力

步骤3　保持力的调整，当正反向保持力不标准时，应调整相对应的加强触点压力，如图1—15～图1—18所示。

注意：图1—16、图1—17中所对应的位置必须正确，有一个位置反掉，通电测试后的结果即为错误结果。

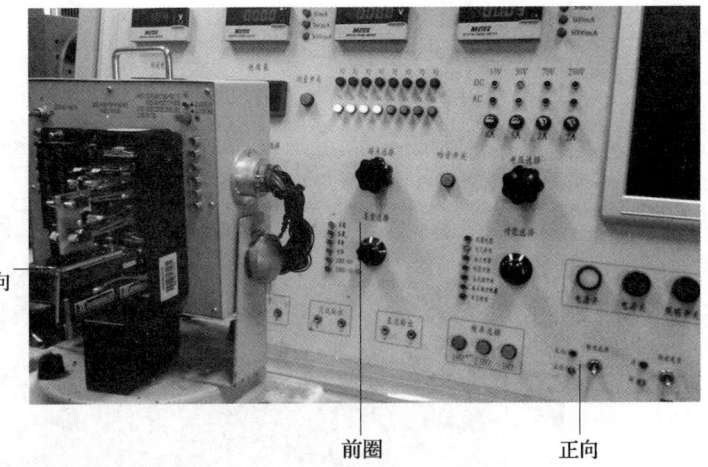

图 1—15　衔铁正向时测试台按钮相应位置

图 1—16　衔铁反向时测试台按钮相应位置

图 1—17　扳动动作簧片（一）

图 1—18 扳动动作簧片（二）

注意：以上 2 张图中所标示的即为正反向保持力的调整方法。

步骤 4　继电器封装。检查外罩的完整度，并用干布将外壳擦拭，将外罩套上继电器，再使用一字旋具将继电器底部 4 个螺钉封装起来，在继电器底部螺钉洞口加封印。

JSBXC－850 继电器时间测试时的挡位调整

操作准备

1. 实训设备及工具（见表 1—6）

表 1—6　　　　　　　　继电器检修工具

序号	名称	规格	单位	数量
1	继电器测试台	XAJ－6 A 型	台	1
2	脉动试验台	XAJ－7 型	台	1
3	安全型继电器	JSBXC－850	台	1
4	调整钳		把	1
5	测力计	0.5 N	把	1
6	麂皮		块	1
7	工业毛刷		把	1

2．准备工作

（1）毛刷：用毛刷刷继电器触点，然后将继电器放进烘箱。

（2）麂皮：从烘箱取出继电器后，用麂皮清洁触点。

（3）砂纸：对于采用麂皮无法清除的触点氧化层，需用砂纸摩擦去除。

（4）调整钳：调整触点压力。

操作步骤

步骤1　时间继电器测试位置准确：水平。

步骤2　继电器时间测试时的电源挡位选择"断开"。

步骤3　继电器时间测试时的电流挡位选择"50 mA"。

步骤4　继电器时间测试时的电压挡位选择"DC 30 V"，并调压器上升至 DC 24 V。

步骤5　继电器时间测试时的时间挡位选择"缓吸时间"，秒数选择 3 s、13 s、30 s、180 s。

步骤6　将电源开关从"断开"切到"接通"，时间电秒表自动跳动—吸合—断开，如图 1—19 所示。

图 1—19　步骤 1~6 测试台按钮相应位置

注意：当时间电秒表出现异常现象时，观察是否挡位按钮选择错误或者是漏步骤、跳步骤，时间继电器要求比较严格，稍有疏忽就会造成异常及烧毁元器件。

步骤7　继电器封装。检查外罩的完整度，并用干布将外壳擦拭，将外罩套上继电器，再使用一字旋具将继电器底部4个螺钉封装起来，在继电器底部螺钉洞口加封印。

JSBXC–850 继电器工作值偏差的调整

操作准备

1. 实训设备及工具

同表1—5。

2. 准备工作

（1）一字旋具：将继电器底部4个螺钉卸下。

（2）测力计：测量继电器上下触点压力，触点压力上触点大于等于250 mN，下触点压力大于等于150 mN。

（3）调整钳：根据测力计测量的数据调整继电器触点压力大小。

（4）塞尺：测量继电器触点间的间隙，托片间隙大于等于0.35 mm，触点间隙大于等于1.3 mm。

（5）毛刷：用毛刷刷继电器触点，然后将继电器放进烘箱。

（6）麂皮：从烘箱取出继电器后，用麂皮清洁触点。

（7）砂纸：对于用麂皮无法清除的触点氧化层，需用砂纸摩擦去除。

（8）调整钳：调整触点压力。

（9）内六角套筒：使用内六角套筒将底座上的锁定板用六角螺母紧固。

操作步骤

步骤1　正确选用合适的测力计。

步骤2　如果压力值偏小，用调整钳在簧片根部向下压；如果压力值偏大，用调整钳在簧片根部向上提。

步骤3　调整普通触点的间隙，搬动拓片根部可以向上或向下打开触点间隙及托片间隙。

步骤4　使用调整钳通过电气性能的测试来调整压力和间隙，并使其达到标准范围（见图1—20，前触点压力大于等于250 mN，后触点压力大于等于150 mN）。

图 1—20 调整簧片根部

步骤 5 继电器封装。检查外罩的完整度,并用干布将外壳擦拭,将外罩套上继电器,再使用一字旋具将继电器底部 4 个螺钉封装起来,在继电器底部螺钉洞口加封印。

JYJXC – 135/220 继电器簧片根断裂更换

操作准备

1. 实训设备及工具

同表 1—5。

2. 准备工作

(1) 一字旋具:将继电器底部 4 个螺钉卸下。

(2) 测力计:测量继电器上下触点压力。普通触点上触点约为 150 mN,普通触点下触点约为 150 mN,加强触点上触点约为 2 200 mN,加强触点下触点约为 2 200 mN。

(3) 调整钳:根据测力计测量的数据调整继电器触点压力大小。

(4) 塞尺:测量继电器触点间的间隙,普通触点间隙不小于 4.5 mm,加强触点间隙不小于 7 mm,普通触点的托片间隙不小于 0.35 mm。

(5) 毛刷:用毛刷刷继电器触点,然后将继电器放进烘箱。

(6) 麂皮:从烘箱取出继电器后,用麂皮清洁触点。

(7) 砂纸:对于用麂皮无法清除的触点氧化层,需用砂纸摩擦去除。

（8）调整钳：装卸钢丝卡。

（9）内六角套筒：使用内六角套筒将底座上的锁定板用六角螺母紧固。

（10）六角扳手：当继电器定反位转极值不合格时，需使用六角扳手对衔铁上的止钉或正向磁钢上的六角螺钉进行调整。

操作步骤

步骤1　准备完好的新簧片，如图1—21所示。

图1—21　新簧片

步骤2　将断裂的簧片从继电器上正方向卸下，如图1—22～图1—24所示。

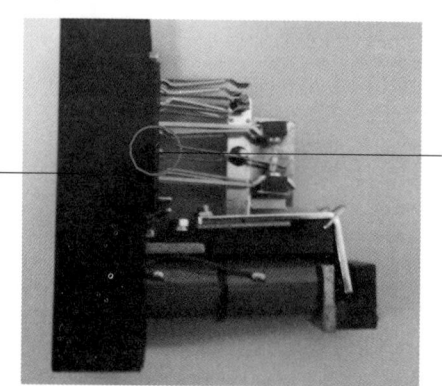

图1—22　断裂簧片

图1—23　与底座分离

图 1—24 卸下螺钉

步骤 3 按反方向将新簧片装上。

步骤 4 调整 JYJXC-135/220 继电器的各项机械指标,主要是将簧片压力和触点间隙、托片间隙调到标准要求。

步骤 5 查看 JYJXC-135/220 继电器的各项电气性能,按该型号特有极性要求,对照前圈-正向、后圈-反向的状态来通电测试。

步骤 6 继电器封装。检查外罩的完整度,并用干布将外壳擦拭,将外罩套上继电器,再使用一字旋具将继电器底部 4 个螺钉封装起来,在继电器底部螺钉洞口加封印。

ZYJ7-GZ 式液压道岔锁闭框调整

操作准备

实训设备及工具见表 1—7。

表 1—7 转辙机检修工具

序号	名称	规格	单位	数量
1	木柄圆头锤	24 oz	把	1
2	钢丝钳	7 in	把	1
3	尖嘴钳	6 in	把	1
4	斜口钳	6 in	把	1
5	迷你扁口钳	4.5 in	把	1

续表

序号	名称	规格	单位	数量
6	钢卷尺	5 m × 19 mm	把	1
7	橡塑美工刀		把	1
8	一字旋具	5 mm × 100 mm	把	1
9	一字旋具	8 mm × 200 mm	把	1
10	十字旋具	5 mm × 100 mm	把	1
11	十字旋具	8 mm × 200 mm	把	1
12	活扳手	200 mm	把	1
13	活扳手	300 mm	把	1
14	双开口扳手	22 mm × 24 mm	把	1
15	两用扳手	10 mm	把	1
16	两用扳手	17 mm	把	1
17	两用扳手	30 mm	把	1
18	平头内六角扳手	3/8 in	把	1
19	油壶	KENNEDY－540－120 K	只	1
20	活扳手	450 mm × 55 mm	把	1
21	梅花扳手	SPERO 700（27 mm × 30 mm）	把	1
22	医用钳		把	1
23	套筒扳手	17 mm × 19 mm	把	1
24	万用表	数字式或指针式	台	1
25	手摇把	专用	把	1
26	卸销器	专用	把	1
27	道岔钥匙	专用	把	1
28	套筒	4 mm	支	1
29	套筒	5 mm	支	1
30	套筒	6 mm	支	1

注：1 oz 约为 28.3 g；1 in 约为 2.54 cm。

操作步骤

步骤1　联系登记要点。在车控室向车站值班员联系讲清作业内容、作业地点、作业时间，经车站值班员同意，并在施工登记簿上登记，由车站值班员签字后，方可进入现场作业。

步骤2　接入油压表。在液压站内启动油缸正确接入2块油压表（定、反位各一块，见图1—25），测试动作压力是否符合标准（≤7 MPa）。

图1—25　接入油压表

步骤3　判断出动作不畅的原因。结合动作压力，电操道岔目测锁闭杆、锁钩在锁闭框内动作状态，并判断出动作不畅的原因（动作正常状态：锁闭杆在锁闭框内动作时不别劲、不侧磨；锁钩动作平稳，在尖轨锁闭时锁钩准确到位，动作平顺不迟滞），如图1—26所示。

查看锁闭杆在锁闭框内的左右间隙和锁闭杆侧面磨损情况，正常情况下锁闭杆与锁闭框两边的左右间隙应该是相等的。发现锁闭杆在锁闭框内的左右间隙不一致或锁闭杆侧面有磨损情况，就需要调整锁闭框的位置。

步骤4　调整锁闭框安装位置。结合动作压力及目测情况，正确调整锁闭框安装位置，保证锁钩和锁闭杆在锁闭框内动作时顺畅无卡阻，测试动作压力符合标准。

首先松开固定锁闭框和锁闭铁的四个固定螺钉，用锤子敲击锁闭框侧面，这时锁闭框会左移或右移。调整到所需要的位置，观察锁闭杆在锁闭框内左右间隙是否一样，调整完毕后紧固四个固定螺钉，如图1—27所示。

图 1—26　查看锁闭框状态

图 1—27　调整锁闭框

操纵道岔观察锁闭杆在锁闭框内动作情况和动作油压（≤7 MPa），如不符合要求还需重新调整。

ZYJ7－GZ 道岔失表故障排除

操作准备

实训设备及工具同表 1—7。

操作步骤

步骤1 联系登记要点。在车控室向车站值班员联系讲清作业内容、作业地点、作业时间，经车站值班员同意，并在施工登记簿上登记，由车站值班员签字后，方可进入现场作业。

步骤2 故障查找。观察继电器动作顺序，反操道岔，观察1DQJ、2DQJ、1DQJF、BHJ动作情况。故障时观察到1DQJ吸起、2DQJ转极、1DQJF吸起、BHJ并未动作，然后1DQJ和1DQJF分别落下，如图1—28所示。

图1—28 查看继电器状态

步骤3 操纵道岔确认2DQJ转极后，用万用表在分线盘测量380 V启动电压（X1和X3或X4）。不停操纵道岔，这时用万用表测出X1和X4有瞬间380 V电压，X1和X3之间无电压，应该是C相室内断路，如图1—29所示。

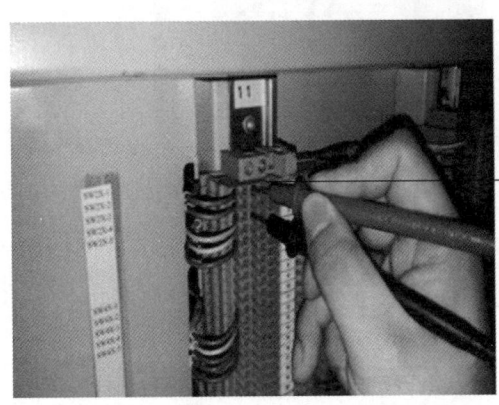

图1—29 测量启动电压

步骤4 用万用表在组合的侧面测量1DQJ11和2DQJ121之间的电压，如图1—30所示。

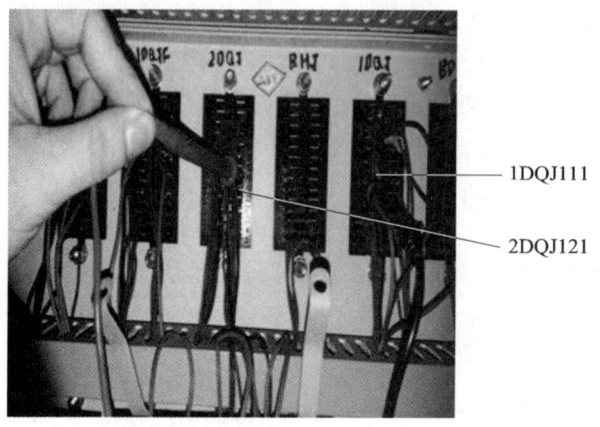

图1—30 测量1DQJ11和2DQJ121之间的电压

步骤5 用万用表在组合侧面测量1DQJ11和2DQJ123之间的电压，如图1—31所示。

图1—31 测量1 DQJ11和2 DQJ123之间电压

测得1DQJ11和2DQJ121之间有瞬间380 V电压，1DQJ11和2DQJ123之间无电压。所以故障点为2DQJ121-123触点开路，造成C相电压没有送出，故在分线盘X1和X3或X4和X3之间无电压。

步骤6 根据测量结果故障查找，确定故障点2DQJ121-123下触点配线断线，如图1—32所示。

图 1—32　确认配线断线故障

步骤 7　焊接后故障排除，如图 1—33 所示。

图 1—33　焊接配线

步骤 8　操动道岔试验反位动作，若表示正常，可交付使用。

ZDJ9 道岔定位失表故障排除

操作准备

实训设备及工具见表 1—8。

表 1—8　　　　　　　　　ZDJ9 转辙机检修工具

序号	名称	规格	单位	数量
1	转辙机	ZDJ9	台	1
2	活扳手	450 mm×55 mm	把	1
3	活扳手	150 mm	把	1
4	活扳手	250 mm	把	1

续表

序号	名称	规格	单位	数量
5	活扳手	300 mm	把	1
6	一字旋具	2 mm×75 mm	把	1
7	一字旋具	3 mm×150 mm	把	1
8	一字旋具	5 mm×200 mm	把	1
9	十字旋具	1 mm×100 mm	把	1
10	铜手锤	2.0 lb（约0.9 kg）	把	1
11	医用钳	直头	把	1
12	套筒	6 mm	支	1
13	套筒	自制套筒	支	1
14	尖嘴钳	6 in	把	1
15	钢丝钳	7 in	把	1
16	手摇把	ZD6型专用	把	1
17	直柄内六角扳手	6 in	把	1
18	弯柄内六角扳手	6 in	把	1
19	内六角扳手	8 in	把	1
20	万用表		台	1

操作步骤

步骤1　联系要点，按故障处理流程第一时间做好到达登记工作，在车控室了解确认故障范围。

步骤2　判断故障，观察DBJ吸起情况，确定故障机器，如图1—34所示。

图1—34　观察BDJ状态

步骤3　用万用表在分线盘测 X1 和 X2 之间交、直流电压,如图 1—35 所示。

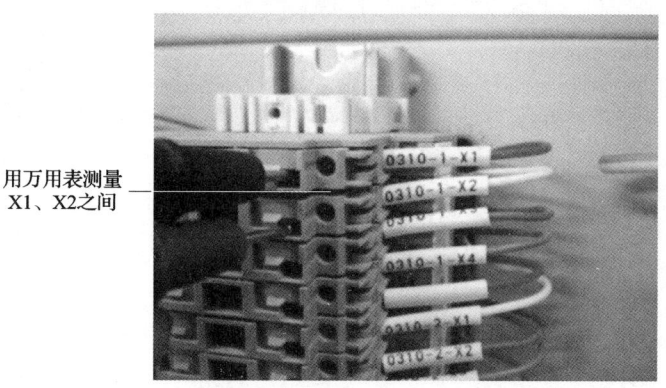

图 1—35　测量 X1 和 X2 之间交、直流电压

步骤4　测得 X1、X2 之间交流电压 110 V 左右,无直流电压,X1、X4 之间交流电压 110 V 左右,无直流电压,判断室外 X1 线开路,如图 1—36 ~ 图 1—39 所示。

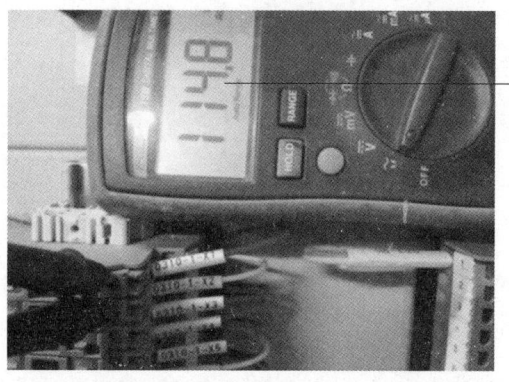

图 1—36　X1、X2 之间交流电压 110 V 左右

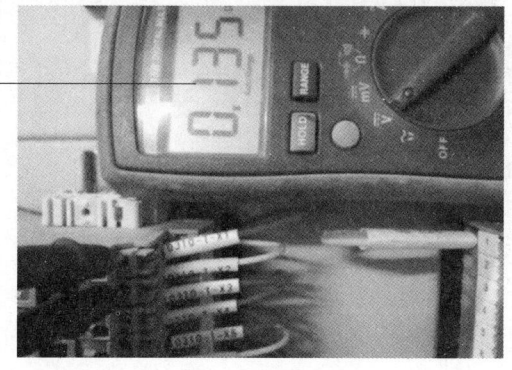

图 1—37　X1、X2 之间无直流电压

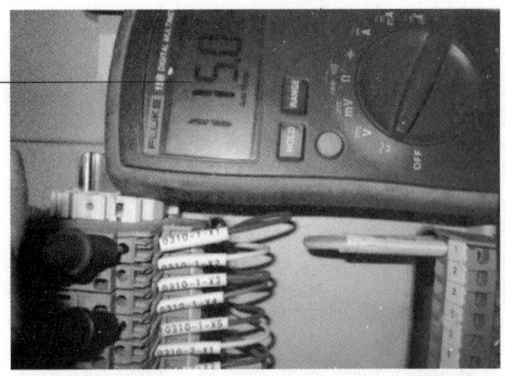

图 1—38　X1、X4 之间交流电压 110 V 左右

图 1—39　X1、X4 之间无直流电压

步骤 5　室外启动箱测得 X1、X2 之间有 110 V 电压，排除电缆故障，如图 1—40 ~ 图 1—43 所示。

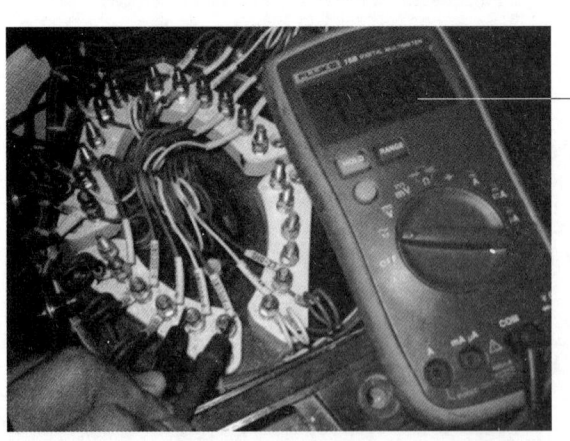

图 1—40　启动箱 X1、X2 之间交流电压 115 V

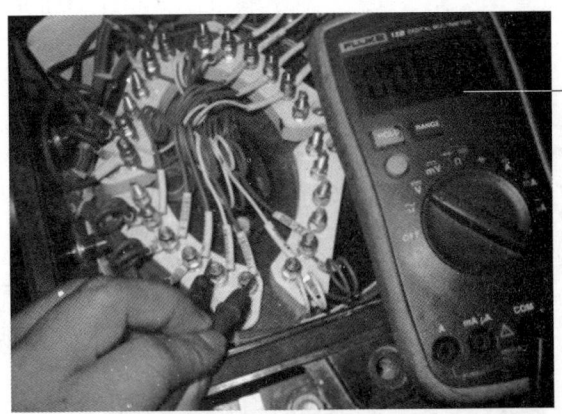

图1—41　启动箱X1、X2之间无直流电压

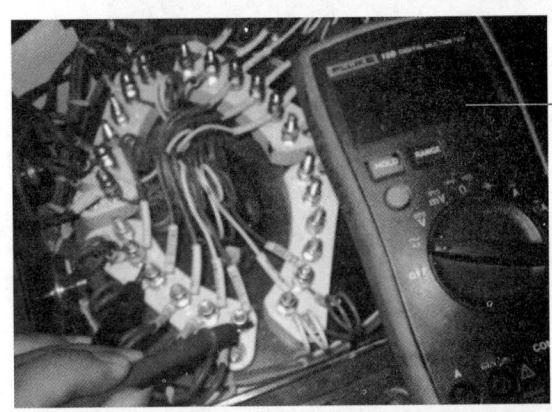

图1—42　启动箱X1、X4之间交流电压116 V

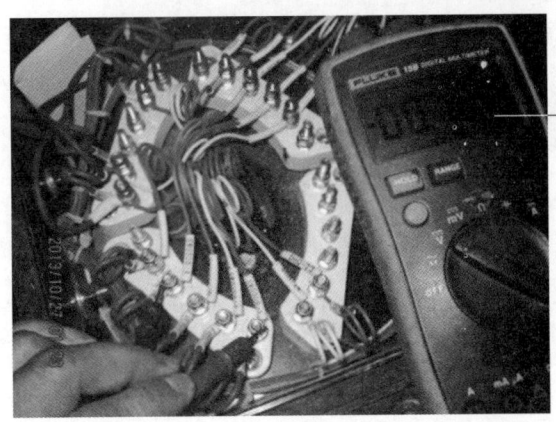

图1—43　启动箱X1、X4之间无直流电压

步骤6 转辙机菲尼克斯端子测 X1、X2 之间无电压，判断转辙机至启动箱软线断线，如图 1—44 所示。

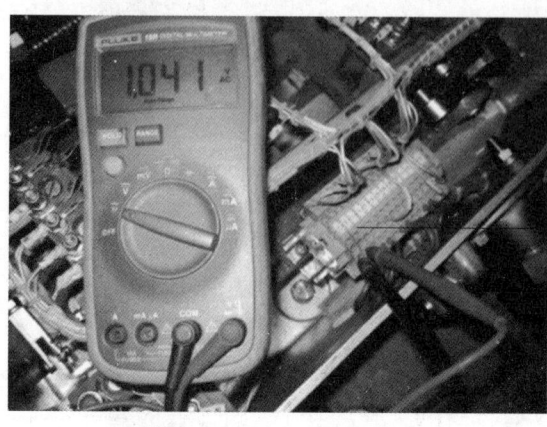

图 1—44 X1、X2 之间无电压

步骤7 判断菲尼克斯端子 X1 接触不良。

步骤8 更换菲尼克斯端子内 X1 不良线头，故障排除，如图 1—45 所示。

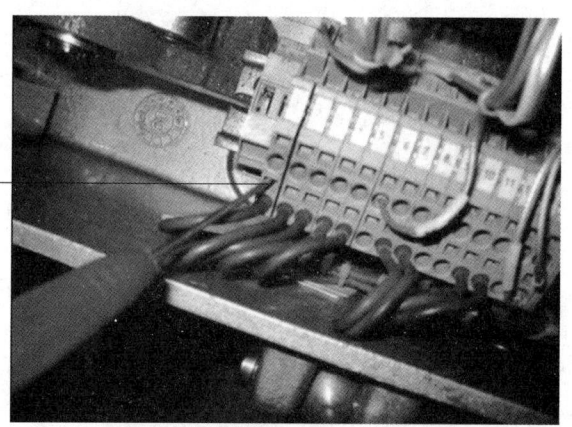

图 1—45 再次测量 X1、X2 之间电压

步骤9 试验复查，操动道岔确认设备恢复正常，撤销记录，交付使用。

移位接触器安装

操作准备

实训设备及工具见表 1—9。

表1—9　　　　　　　　　　ZD6转辙机检修工具

序号	名称	规格	单位	数量
1	ZD6转辙机	D型	台	1
2	棘轮扳手	8~10 mm	把	1
3	移位专用测具	2.5 mm	个	1
4	移位专用测具	1.5 mm	个	1
5	塞尺	0.03 mm	个	1
6	调整支架		个	1
7	卸销器		根	1
8	专用摇把		个	1

操作步骤

步骤1　用棘轮扳手拆除移位接触器上的3个螺栓，如图1—46所示。

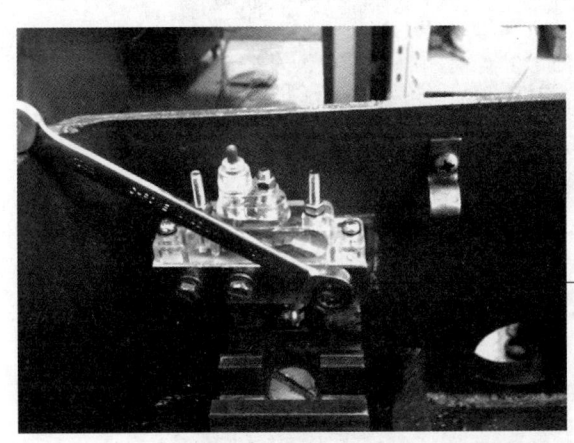

用棘轮扳手10mm头拆除螺栓

图1—46　拆除移位接触器上的螺栓

步骤2　准备两个检修好的移位接触器，如图1—47所示。

步骤3　把移位接触器固定在转辙机内两边机壳上，并装好调整支架，如图1—48所示。

步骤4　将2.5 mm的移位专用测具放入齿条块顶杆上。

步骤5　用摇把将齿条块上方的2.5 mm的移位专用测具摇至移位接触器触头下，并确保移位在没有断开状态，如图1—49所示。

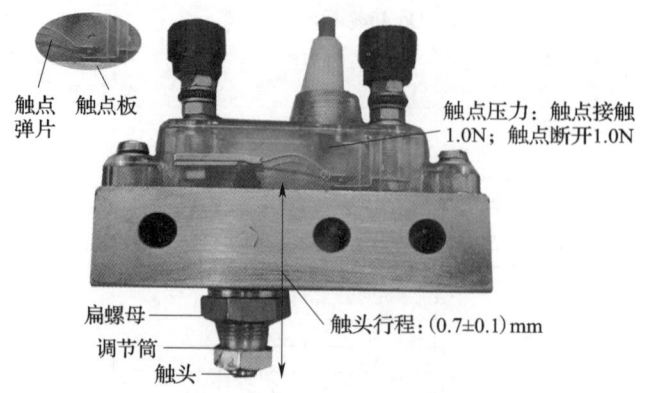

图1—47 移位接触器

图1—48 固定移位接触器

图1—49 调整移位接触器

步骤6　调整支架，使移位缓慢下降，直至切断表示电路，并不得自复，如图1—50、图1—51所示。

必须对准

图1—50　调整支架

表示断开

图1—51　调整支架至表示断开

步骤7　在齿条块顶杆上换上1.5 mm移位专用测具，摇至移位触头下，并放入0.03 mm塞尺。塞尺向外拉有轻微拉紧感，并确保移位没有断开，如图1—52所示。

步骤8　紧固移位接触器上的三个螺栓，如图1—53所示。

步骤9　复查，检查在拔出主销的情况下，齿条块顶杆抬至最高能否断开表示（顶杆必须上升至2.5 mm以上）。

步骤10　用一字旋具拧开挤切销盖子，如图1—54所示。

图1—52 调整移位接触器

（并确保移位没有断开）
（摇至移位触头下，塞尺向外拉略微有拉紧感）

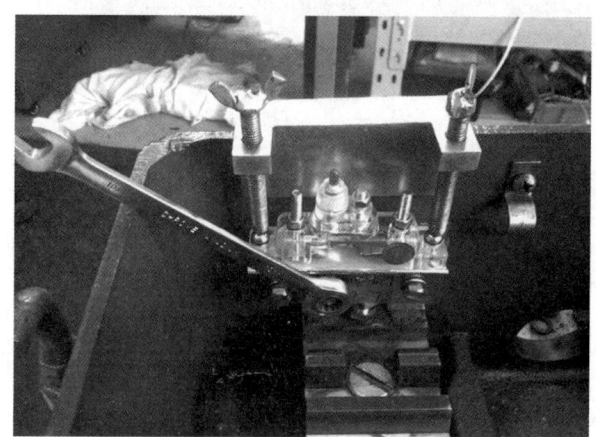

图1—53 紧固螺钉

（拧开挤切销盖子）

图1—54 拧开挤切销盖子

步骤 11 用卸销器拔出主销,如图 1—55 所示。

图 1—55 拔出主销

步骤 12 拉住动作杆使其变成挤销状态(齿条块顶杆向上抬至最高),如图 1—56、图 1—57 所示。

图 1—56 拉动作杆

步骤 13 通过摇把摇减速器,使齿条块顶杆移至移位接触器触头下,表示电路断开并不得自复,检验合格。如没断开需回到上述安装程序重新调整移位,直至复查合格,如图 1—58 所示。

图1—57 挤销状态

图1—58 表示再次切断

自动开闭器和表示杆装入整机

操作准备

实训设备及工具同表1—9。

操作步骤

步骤1 拆除自动开闭器上的四个 M12×45 底脚紧固螺栓，向上搬出开闭器，如图1—59 所示。

步骤2 用摇把摇减速器，摇至锁闭位置。使主轴上的速动套两边与底壳保持垂直，如图1—60 所示。

步骤3 更换一台检修好的自动开闭器到安装位置。

步骤4 将自动开闭器的插槽对准速动套放下，如图1—61 所示。

图 1—59　拆除底脚紧固螺栓

图 1—60　速动套两边与底壳保持垂直

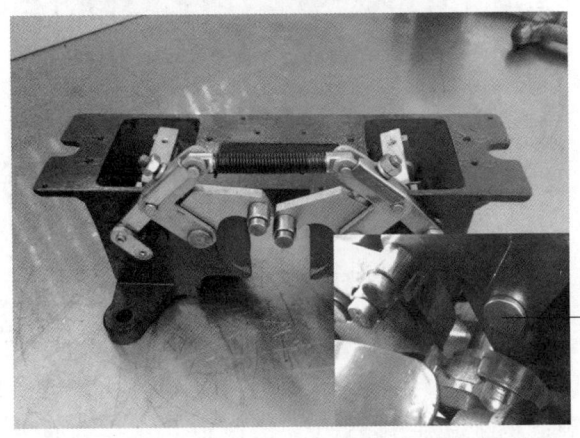

图 1—61　自动开闭器的插槽对准速动套

步骤5 将开闭器定向槽固定在底壳相应安装位置，紧固四个螺栓（需对角紧固螺栓）。

步骤6 检查滚轮是否落在启动片和速动片的卡槽中，滚轮不得打底，如图1—62所示。

图1—62 滚轮落在启动片和速动片的卡槽中

步骤7 调整左右支架，动触点座受扭簧作用，沿顺时针方向转动一个角度，用销钉带动检查柱落入检查块的定位缺口，检查道岔是在定位密贴状态，如图1—63所示。

图1—63 调整左右支架

步骤8 在四开位置插入表示杆，然后锁闭。拉动表示杆构成第三排触点，接通定位表示电路；右方的动触点座也是在沿顺时针方向转动一个角度的状态，用销钉将检查柱提起，动触点构成第一排触点，接通道岔由定位向反位转换的电动机电路。

对 50 Hz 相敏轨道电路一送二受轨道电压调整测试

操作准备

实训设备及工具见表1—10。

表1—10　　　　　　　　轨道电路检修工具

序号	名称	规格	单位	数量
1	锤子	1.5 lb（约为0.68 kg）	把	1
2	一字旋具	150 mm×6 mm	把	1
3	十字旋具	150 mm×6 mm	把	1
4	钢丝钳	150 mm	把	1
5	斜口钳	150 mm	把	1
6	尖嘴钳	150 mm	把	1
7	扁口钳	75 mm	把	1
8	医用钳		把	1
9	呆扳手	10～12 mm	把	1
10	活扳手	150 mm	把	1
11	活扳手	250 mm	把	1
12	钢卷尺	3 m	把	1
13	套筒	5 mm	支	1
14	套筒	6 mm	支	1
15	长嘴油壶		只	1
16	万用表	数字式或指针式	台	1
17	棉布		块	若干
18	棉纱		克	若干
19	尼龙扎带		根	若干
20	0.06 Ω 封线		根	1

操作步骤

步骤1　联系登记要点。在车控室向车站值班员联系讲清作业内容、作业地点、作业时间，经车站值班员同意，并在施工登记簿上登记，由车站值班员签字后，进入现场作业。

步骤2 用BG5-D型变压器电压调整表（见图1—64）调整电压至标准范围，使二元二位轨道继电器能可靠吸起，正确设置送端及二个受端限流电阻阻值，如图1—65所示。

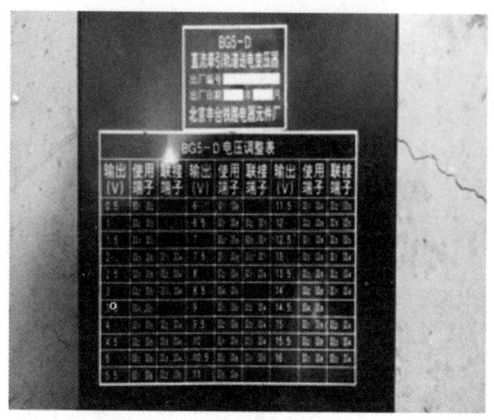

图1—64　BG5-D型变压器电压调整表

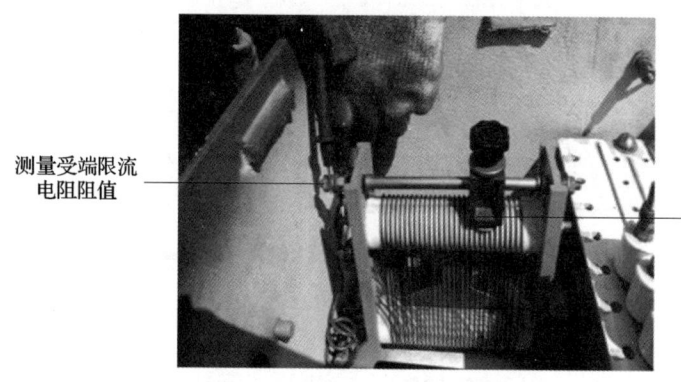

图1—65　设置限流电阻阻值

根据一送二受轨道电路特性，调整两个受端限流电阻阻值（阻值越小越好），使两个受电端电压均衡（用万用表测量）。可以先调整一个区段，再调整另外一个区段。两个区段受端电压偏差不大于0.3 V。

步骤3 用BG5-D型变压器电压调整表调整送端电压，使受端电压达到标准范围（16～18 V）。

步骤4 正确设置送电端限流电阻，如图1—66所示。

图 1—66　设置送电端限流电阻

步骤 5　正确使用万用表测量送电端变压器二次侧、限流、轨面电压；用 0.06 Ω 封线做分路灵敏度试验，确认设备正常。

步骤 6　用万用表测量送电端变压器二次侧，如图 1—67 所示。

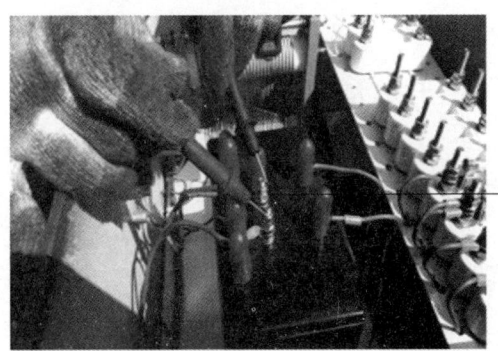

图 1—67　测量送电端变压器二次侧

步骤 7　用万用表测量送电端的限流电阻阻值，如图 1—68 所示。

图 1—68　测量送电端的限流电阻阻值

步骤8 采用0.06 Ω封线做分路灵敏度试验,如图1—69所示,确认设备正常,撤销记录。

图1—69 采用0.06 Ω封线做分路灵敏度试验

理论知识复习题

一、判断题（将判断结果填入括号中。正确的填"√",错误的填"×"）

1. 按照触点的结构不同,继电器可分为加强触点、缓放触点两类。　　（　　）
2. 按工作可靠程度不同,继电器可分为安全型继电器、电磁感应型继电器。
　　　　　　　　　　　　　　　　　　　　　　　　　　　　　　（　　）
3. 安全型继电器的前触点代表危险侧信息,后触点代表安全侧信息。（　　）
4. 信号继电器在使用时的安全和可靠是保证信号设备正常使用的必要条件。
　　　　　　　　　　　　　　　　　　　　　　　　　　　　　　（　　）
5. 信号继电器按输入量的物理性质不同,可分为电流继电器和电压继电器。
　　　　　　　　　　　　　　　　　　　　　　　　　　　　　　（　　）
6. 信号显示为月白色,表示运行前方道岔在侧股（反位）,按ATP速度命令运行,一般限制为30 km/h。　　　　　　　　　　　　　　　　　　　（　　）
7. 灯泡是色灯信号机光源,采用直线双丝铁路信号灯泡。　　　　　（　　）
8. 灯座用来安放灯泡,采用定焦盘式灯座,在调整好透镜组焦点后固定灯座,更换灯泡时无须再调整。　　　　　　　　　　　　　　　　　　　　（　　）
9. 道岔被挤或因故处于"四开"位置时,会及时给出报警和表示。　（　　）

10. 可挤型转辙机在道岔被挤时表示杆可解锁，从而保护了整机。　　　　（　）

11. ZYJ7 型电液转辙机为了改善交流电动机的启动特性，油缸并联了启动油缸。
　　　　　　　　　　　　　　　　　　　　　　　　　　　　　　　　　（　）

12. 交流转辙机的表示功能是由动作板、检查柱、表示杆共同实现的。　（　）

13. 在交流转辙机表示电路中，二极管的主要作用是滤波。　　　　　　（　）

14. ZDJ9 动作电路由五线组成，定位至反位动作时，X1、X2、X4 工作。（　）

15. 在分路状态的最不利条件下，轨道电路接受设备应能继续工作，反映轨道电路区段有车占用。　　　　　　　　　　　　　　　　　　　　　　　　（　）

16. 轨道电路的分路状态，就是当轨道电路区段有车占用时，接收设备（如轨道继电器）应被分路而停止工作的状态。　　　　　　　　　　　　　　　（　）

17. 轨道上各点的分路灵敏度是一样的。　　　　　　　　　　　　　　（　）

二、单项选择题（选择一个正确的答案，将相应的字母填入题内的括号中）

1. 无极继电器机械特性指标是指触点压力、动触点自由动程、触点间隙、（　　）。

　　A. 触点接触电阻　　B. 线圈电阻　　C. 衔铁重力　　D. 托片间隙

2. JPXC－1000 型偏极继电器是为了满足信号电路中鉴别（　　）极性的需要而设计的。

　　A. 电压　　　　　　B. 电源　　　　C. 电流　　　　D. 直流

3. 电流继电器要反映电流的变化，线圈必须（　　）在所反映的电路中。

　　A. 连接　　　　　　B. 并联　　　　C. 串联

4. 继电器的触点数量不能满足电路要求时，应设（　　）。

　　A. 并联电路　　　　B. 复示继电器　C. 辅助组合　　D. 辅助继电器

5. 信号机构的灯室之间不应窜光，不应因外光（　　）而造成错误显示。

　　A. 折射　　　　　　B. 反射　　　　C. 平射　　　　D. 以上都不是

6. LED 信号机输入点灯电压小于（　　）时 LED 信号机应灭灯。

　　A. 6 V　　　　　　B. 600 mV　　　C. 60 V　　　　D. 60 mV

7. 可挤型转辙机在道岔被挤时（　　）可解锁，从而保护了整机。

　　A. 表示杆　　　　　B. 锁闭杆　　　C. 动作杆　　　D. 锁钩

8. ZYJ7－GZ 式液压转辙机的溢流压强应为（　　）。

　　A. 8～9 MPa　　　B. 9～10 MPa　C. 11～12 MPa　D. 13～14 MPa

9. ZYJ7 转辙机的结构主要由（　　）、转换和锁闭机构、锁闭表示机构组成。

  A. 动作机构   B. 启动机构   C. 动力机构   D. 动作杆组

10. ZDJ9 转辙机的推板套做水平直线运动，推动安装在（　　）上的锁块，在锁闭铁的辅助下使动作杆水平运动，完成道岔的锁闭功能。

  A. 锁闭杆   B. 动作杆   C. 锁闭铁   D. 推板套

11. 交流转辙机的表示功能是由（　　）、触点座组成、表示杆共同完成。

  A. 动作杆   B. 推板   C. 动作板   D. 滚轮

12. ZD6 转辙机由减速器输出轴通过（　　）带动旋转主轴。

  A. 速动片   B. 联轴器   C. 连接板   D. 起动片

13. 转辙机室内启动电路已正常构成，动作电流应送至电动机（　　）。

  A. 1，4 或 2，4 端子   B. 1，4 或 3，4 端子

  C. 1，2 或 1，4 端子   D. 2，3 或 2，4 端子

14. 电动机在额定电压 160 V、1.5 倍工作电流（即 3.0 A）、环境温度为 60℃的条件下，一次通电（　　）后的线圈温升不超过 75℃。

  A. 5 min   B. 10 min   C. 15 min   D. 20 min

15. 对电动机换向器进行检查修理时，应将转子卡在打磨机上，以（　　）匀速转动，用 00 号砂纸打磨。

  A. 2 500 r/min B. 2 600 r/min C. 2 700 r/min D. 2 800 r/min

16. 减速器注油孔塞的 M6 螺钉长度不得大于（　　），以防碰撞大齿轮。

  A. 13 mm   B. 14 mm   C. 15 mm   D. 16 mm

17. 行星齿轮减速器的减速比为（　　）。

  A. 40∶1   B. 41∶1   C. 42∶1   D. 43∶1

18. 减速器输入轴和输出轴的轴向串动量不大于（　　）。

  A. 0.5 mm   B. 1 mm   C. 1.5 mm   D. 2.0 mm

19. 自动开闭器的起动片和速动片之间的间隙大于（　　）时，可能因速动爪滚轮压不住速动片而造成失控。

  A. 1 mm   B. 2 mm   C. 3 mm   D. 4 mm

20. 自动开闭器出检修所标准之一是：动触点与静触点组的接触深度两侧相差不大于（　　）。

  A. 1.0 mm   B. 1.5 mm   C. 2.0 mm   D. 2.5 mm

21. 起动片和速动片之间的动作关系是：在道岔转换前先切断（　　）。

  A. 控制电路   B. 表示电路   C. 保护电路   D. 报警电路

22. 锁闭齿轮锁闭圆弧与齿条块两削尖齿不同时接触，其最大间隙应不超过（　　）。

　　A．0.01 mm　　　B．0.03 mm　　　C．0.05 mm　　　D．0.07 mm

23. 齿轮受到短期过载等原因而骤然折断，其折断面呈粗晶粒组织，这种折断称为（　　）。

　　A．缺陷折断　　　B．过载折断　　　C．疲劳折断

24. 移位接触器触头与动作杆顶杆间隙为（　　）时触点不断开。

　　A．1.5 mm　　　B．1.6 mm　　　C．1.7 mm　　　D．1.8 mm

25. 维护规定要求用（　　）带动道岔试验后，移位接触器触点应断开。

　　A．主销　　　B．备用销　　　C．连接销　　　D．安全销

26. 移位接触器触头行程为（　　）。

　　A．（0.5±0.1）mm　　　　　　B．（0.6±0.1）mm
　　C．（0.7±0.1）mm　　　　　　D．（0.8±0.1）mm

27. 规定一般的轨道电路标准分路灵敏度为（　　）。

　　A．0.006 Ω　　　B．0.06 Ω　　　C．0.6 Ω　　　D．6 Ω

28. （　　）不是列车分路电阻大小的影响因素。

　　A．钢轨上分路的车轴数　　　　B．轨道上有无运行列车
　　C．列车的运行状态　　　　　　D．轮缘的装配质量和磨损程度

29. 在分路状态最不利条件下，有列车分路时，对于连续式轨道电路，要保证轨道继电器的端电压（　　）它的可靠释放值。

　　A．不大于　　　B．不小于　　　C．大于　　　D．等于

30. 当ZYJ7电液转辙机因故不能到位时，油泵从油箱经过右边（左边）（　　）吸入油，泵出的油经左侧（右侧）的滤油器和溢流阀回到油箱。

　　A．调节阀　　　B．溢流阀　　　C．单向阀　　　D．启动油缸

31. 道岔（　　）由指令单元、执行单元与监督保护单元组成。

　　A．室内控制电路　B．室外电路　　C．控制电路　　D．室内电路

32. 在交流转辙机表示电路中，（　　）的主要作用是滤波。

　　A．二极管　　　B．交流电容　　C．电阻　　　D．电机线圈

33. （　　）为列车提供精确的绝对位置参考点。

　　A．应答器（信标）　B．轨道电路　　C．信号机　　D．计轴

34. 应答器（信标）提供的位置精度很高，达（　　）量级。

  A．纳米   B．分米   C．毫米   D．厘米

35．应答器（信标）的作用是修正（　　）。

  A．列车实际速度   B．列车实际运行距离

  C．列车加速度   D．列车目标距离

36．无源信标线圈是由线圈和电容器组成的装置，用于（　　）。

  A．轮径校验 B．车地通信 C．列车定位 D．列车停准

理论知识复习题答案

一、判断题

1．× 2．× 3．× 4．× 5．× 6．× 7．× 8．× 9．×
10．× 11．× 12．× 13．× 14．× 15．× 16．× 17．×

二、单项选择题

1．D 2．C 3．C 4．B 5．B 6．C 7．C 8．C 9．C
10．B 11．C 12．D 13．A 14．C 15．C 16．D 17．B 18．C
19．B 20．B 21．B 22．C 23．B 24．A 25．B 26．C 27．B
28．B 29．A 30．C 31．A 32．D 33．A 34．D 35．B 36．C

第 2 章

联锁与闭塞

学习目标

- ☑ 掌握信号联锁的内容。
- ☑ 掌握信号联锁的特殊检查。
- ☑ 了解信号闭塞在城轨中的应用。
- ☑ 掌握城轨改变闭塞方向的原理。

知识要求

2.1 联锁概述

2.1.1 联锁的概念

1. 联锁主要控制内容

联锁是城轨信号保证行车安全的重要技术措施，指的是信号设备与相关因素的制约关系。广义的联锁泛指各种信号设备所存在的相互制约关系，狭义的联锁专指车站信号设备之间的制约关系。

对车站的道岔、进路和信号相互制约的关系进行控制，并实现它们之间的联锁关系的设备，称为联锁设备。城市轨道交通联锁主要控制内容包括：列车进路，引导进路，进路的锁闭、解锁和取消，信号机开放和关闭，道岔操纵后锁闭及解锁，区间临时限速，扣车和取消，遥控和站控，站台紧急关闭和取消。

2. 联锁的敌对进路检查

敌对信号未关闭时，防护该进路的信号机不能开放，这是联锁最基本的技术条件之一。否则，列车或调车车列可能造成正面冲突。信号开放后，与其敌对的信号也必须被锁闭在关闭状态，不能开放。

2.1.2 联锁的特殊检查

1. 联锁的超限绝缘检查

在道岔区段，设于警冲标内方与警冲标相关的用于分割轨道区段的钢轨绝缘，其安装位置距警冲标不得小于 3.5 m，当不得已必须装于警冲标内方且距警冲标的距离小于上述数值，以及与警冲标并置或设于警冲标外方时，应按超限绝缘考虑。

2. 引导信号开放的条件

引导信号：当进站信号机（或接车进路信号机）因轨道电路故障不能正常开放，可采用引导进路锁闭方式开放引导信号。

引导总锁闭：当道岔失去表示或向非接车进路引导接车时，用引导进路锁闭方式不能开放引导信号，此时必须采用引导总锁闭办理引导接车。

2.2 区间闭塞

2.2.1 城轨区间闭塞应用

1. 速度码制

固定闭塞速度码模式基于普通音频轨道电路，轨道电路传输信息量少，对应每个闭塞分区只能传送一个信息代码，从控制方式可分成入口控制和出口控制两种，从轨道电路类型划分可分为有绝缘和无绝缘轨道电路两种。以出口防护方式为例，轨道电路传输的信息即该区段所规定的出口速度命令码，当列车运行的出口速度大于本区段的出口命令码所规定的速度时，车载设备便对列车实施惩罚性制动，以保证列车运行的安全。由于列车监控采用出口检查方式，为保证列车安全追踪运行，需要一个完整的闭塞分区作为列车的安全保护距离，限制了线路通过能力的进一步提高和发挥。

2. 目标距离

目标距离控制模式根据目标距离、目标速度及列车本身的性能确定列车制动曲线，不必设定每个闭塞分区速度等级，采用一次制动方式。准移动闭塞的追踪目标点是前行列车所占用闭塞分区的始端，当然会留有一定的安全距离，而后行列车从最高速度开始制动的计算点是根据目标距离、目标速度及列车本身的性能计算决定的。目标点相对固定，在同一闭塞分区内不依前行列车的走行而变化，而制动的起始点是随线路参数和列车本身性能不同而变化的，空间间隔的长度是不固定的，由于要与移动闭塞相区别，所以称为准移动闭塞。显然其追踪运行间隔要比固定闭塞小一些。

一般情况下，闭塞分区是用轨道电路或计轴装置来划分的，它具有列车定位和占用轨道的检查功能。由于目标点是相对固定的，所以，当前行列车在同一闭塞分区内走行时，连续式一次速度控制曲线是相对稳定的；当前行列车出清闭塞分区时，目标点突然前移，目标距离突然改变，连续式一次速度控制曲线会发生跳变。

2.2.2 改变闭塞方向

1. 正常办理改变方向的操作条件

（1）电路应能监督区间的空闲及占用和相邻车站接发车状态，确认整个区间空闲及对方未建立发车进路后方能改变运行方向。

（2）改变运行方向应由处于接车站状态的车站办理，随发车进路的办理而自动改变运行方向。

（3）电路应防止当区间轨道电路瞬时分路不良时错误改变运行方向。

（4）电路应符合故障－安全的原则，保证不出现敌对发车的可能。

（5）使用该电路的车站，在控制台上有相应的接发车表示灯显示。

2. 方向电路的工作原理

方向电路电路图如图2—1所示。

设原接车站为B站，原发车站为A站。在满足改变方向的条件下，可改变方向，动作过程如下。

B站：值班员办理一条 $X16 \rightarrow X12$ 的发车进路（从原接车站改为发车站状态）的反方向运行，则继电器动作如下。

1）$KZ \rightarrow X_{12}JXJ_{81-82} \rightarrow LFJF_{31-32} \rightarrow JQFJ_{21-22} \rightarrow GFJ_{1-2} \uparrow \rightarrow KF$。

2）$KZ \rightarrow GFJ_{11-12} \rightarrow JQFJ_{21-22} \rightarrow GFJ_{1-2} \uparrow$（自闭）$\rightarrow KF$。

3）$KZ \rightarrow GFJ_{41-42} \rightarrow GFJF_{73-62}$（缓吸 3 s）$\uparrow \rightarrow KF$。

4）改变方向主励磁电路：

$SFZ \rightarrow RD$（0.5 A）$\rightarrow GFJF_{33-31}$（缓吸 3 s）$\uparrow \rightarrow JQFJ_{32-31} \rightarrow GFJ_{32-31} \rightarrow R_2 \rightarrow FSJ_{32-31} \rightarrow$（N12－362G）$GJF_{21-22} \rightarrow F309-2 \rightarrow$（A 站）$F309-2 \rightarrow$（N12－380G）$GJF_{22-21} \rightarrow FSJ_{31-32} \rightarrow R_2 \rightarrow GFJ_{31-32} \rightarrow JQFJ_{31-33} \rightarrow FJ_{1-4} \uparrow \rightarrow GFJF_{42-41} \rightarrow GFJ_{22-21} \rightarrow JQJ_{6-5} \uparrow \rightarrow FJ_{11-4} \uparrow \rightarrow FSJ_{22-21} \rightarrow$（N12－380G）$GJF_{11-12} \rightarrow F309-1 \rightarrow$（B 站）$F309-1 \rightarrow$（N12－362G）$GJF_{12-11} \rightarrow FSJ_{21-22} \rightarrow FJ1_{4-1} \uparrow \rightarrow JQJ_{5-6} \uparrow \rightarrow GFJ_{21-22} \rightarrow GFJF_{41-43}$（缓吸 3 s）$\uparrow \rightarrow SFF$。

B站排列进路GFJ吸起3 s后GFJF吸起：

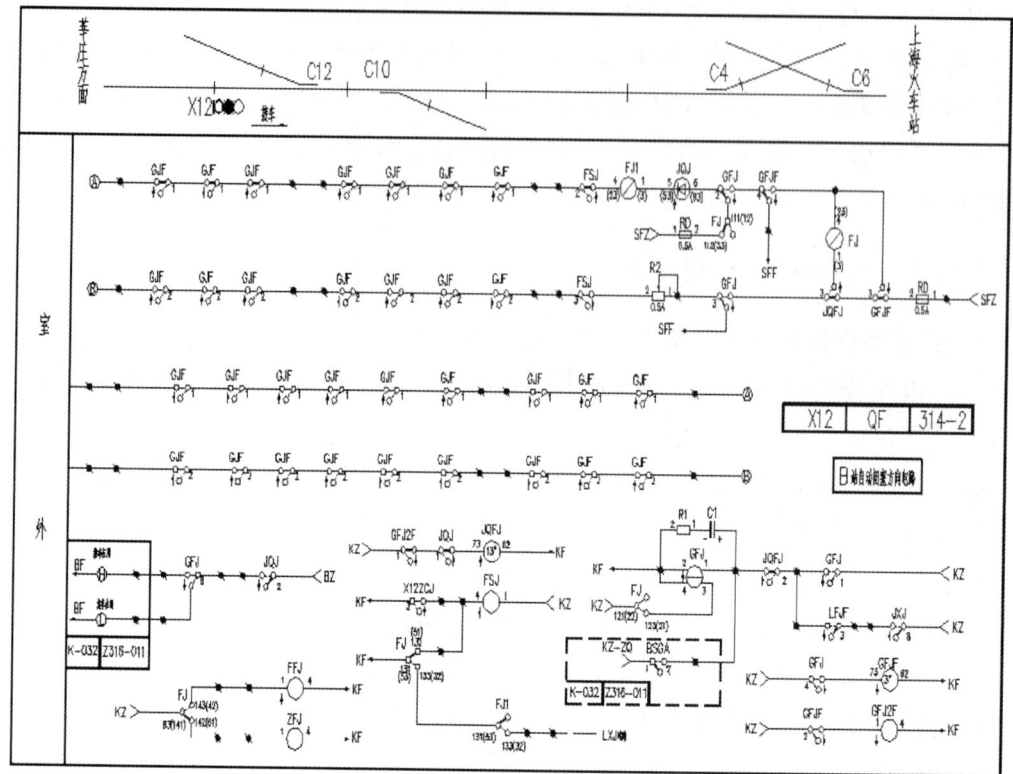

图 2—1 方向电路电路图

$KZ \rightarrow GFJF_{21-22} \rightarrow GFJ_2F_{1-4} \uparrow \rightarrow KF$

$GFJ_2F \uparrow \rightarrow JQJF \downarrow$

A 站:

1) $KZ \rightarrow FJ_{141-142} \rightarrow FFJ_{1-4} \uparrow \rightarrow KF$,从而使 $FFJ \uparrow \rightarrow ZFJ \downarrow$。

2) $FJ \uparrow \rightarrow GFJ \downarrow \rightarrow GFJF \downarrow \rightarrow GFJ_2F \downarrow$。

3) $KZ \rightarrow GFJ_2F_{11-13} \rightarrow JQJ_{11-12} \rightarrow JQFJ_{73-62}$（缓吸 13 s）$\uparrow \rightarrow KF$。

4) 改变方向 A 站励磁电路:

$SFZ \rightarrow RD$（0.5 A）$\rightarrow FJ_{112-111} \rightarrow GFJ_{23-21} \rightarrow JQJ_{6-5} \uparrow \rightarrow FJ_{11-4} \uparrow \rightarrow FSJ_{22-21} \rightarrow$（N12 - 380G）$GJF_{11-12} \rightarrow F309 - 1 \rightarrow$（B 站）$F309 - 1 \rightarrow$（N12 - 362G）$GJF_{12-11} \rightarrow FSJ_{21-22} \rightarrow FJ1_{4-1} \downarrow \rightarrow JQJ_{5-6} \uparrow \rightarrow GFJ_{21-22} \rightarrow GFJF_{41-42}$（已过 3 s）$\rightarrow FJ_{4-1} \downarrow \rightarrow JQFJ_{33-31} \rightarrow GFJ_{32-31} \rightarrow R_2 \rightarrow FSJ_{32-31} \rightarrow$（N12 - 362）$GJF_{21-22} \rightarrow F309 - 2 \rightarrow$（A 站）$F309 - 2 \rightarrow$（N12 - 380G）$GJF_{22-21} \rightarrow FSJ_{31-32} \rightarrow R_2 \rightarrow GFJ_{31-33} \rightarrow SFF$。

B 站:

1）KZ→$FJ_{141-143}$↓→FFJ_{1-4}↑→KF。

2）FFJ↑→ZFJ↓。

3）进路在排列过程中：SJ↓，GJJ↑→ZCJ↓。

4）FJ↓，ZCJ↓→FSJ↓。

5）FSJ↓→JQJ↓→（A 站）JQJ↓。

6）BZ→JQJ_{21-23}→GFJ_{81-82}→L（发车占用绿灯）→BF。

7）LXJ→313－402－11→02－11→$FJ1_{133-131}$→$FJ_{133-131}$→KF。

A 站：

BZ→JQJ_{21-23}→GFJ_{81-83}→H（接车占用红灯）→BF。

方向电路用在列车自动防护（ATP）发机车信号 GO 电路及发码选择电路上。

技能要求

对调车进路的联锁验证

操作准备

实训设备及工具见表 2—1。

表 2—1　　　　　　　　　联锁验证工具表

序号	名称	规格	单位	数量	备注
1	控制台		台	1	
2	联锁系统轨旁设备		套	1	
3	模拟盘		台	1	
4	信号联锁电路检查表		张	1	
5	联锁表		份	1	

操作步骤

步骤 1　核对室外轨道占用与室内控制台显示的一致性，如图 2—2 所示，并在信号联锁电路检查表（见附表）相应栏内打钩。

步骤 2　道岔单锁，利用天窗点在控制台对道岔单锁后进行相反位置单操试验，无法操动为正确，如图 2—3 所示。

步骤 3　进路内道岔锁闭，利用天窗点排列进路后，对进路内的道岔进行相反位置单操，操不动为正确；双动道岔只能使一侧道岔实行进路锁闭，如图 2—4 所示。

图 2—2　核对室内外一致性

图 2—3　道岔单锁无法操动

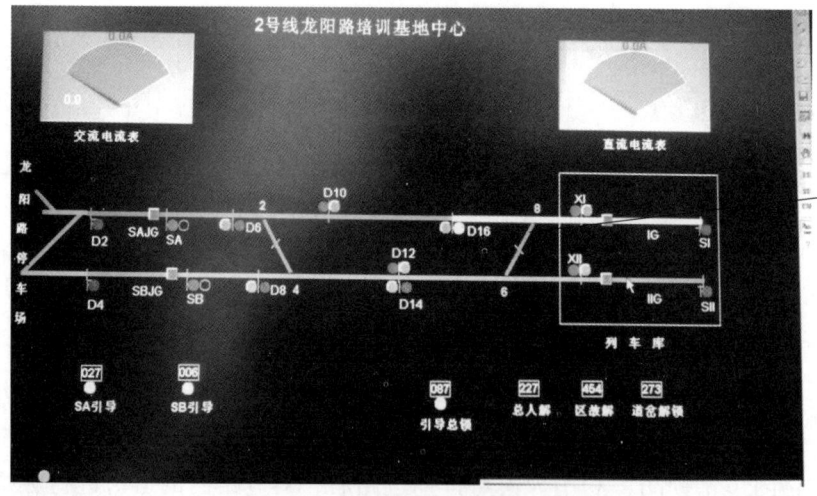

图 2—4　进路内道岔锁闭无法操动

步骤4　对道岔位置室内外一致性核对。

步骤5　道岔无表示不能开放信号：把进路上的全部道岔分别断开表示保险（其他道岔必须开通此进路），信号不能开放为正确，如图2—5所示。

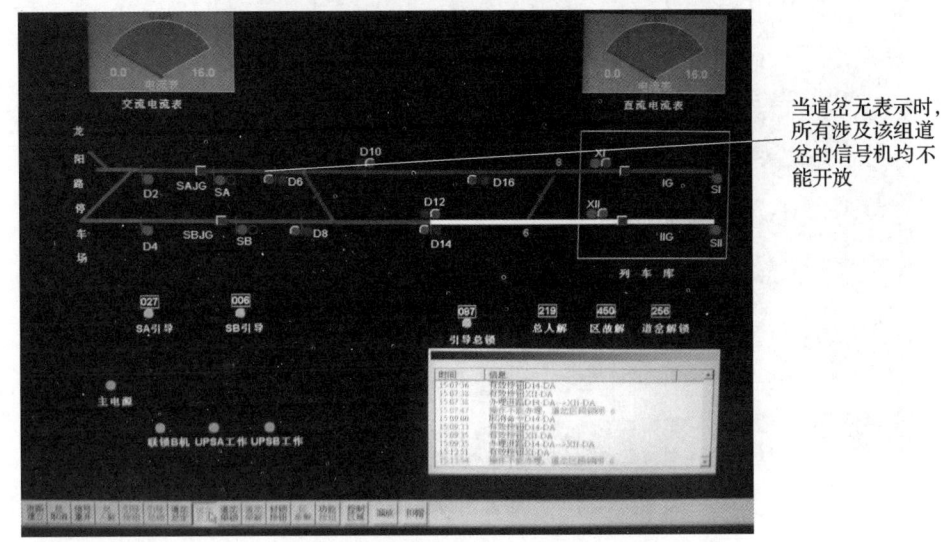

图2—5　道岔无表示不能开放信号

步骤6　道岔失去表示关闭信号：先开放信号，再把进路上的全部道岔分别断开表示保险，信号关闭为正确，如图2—6所示。

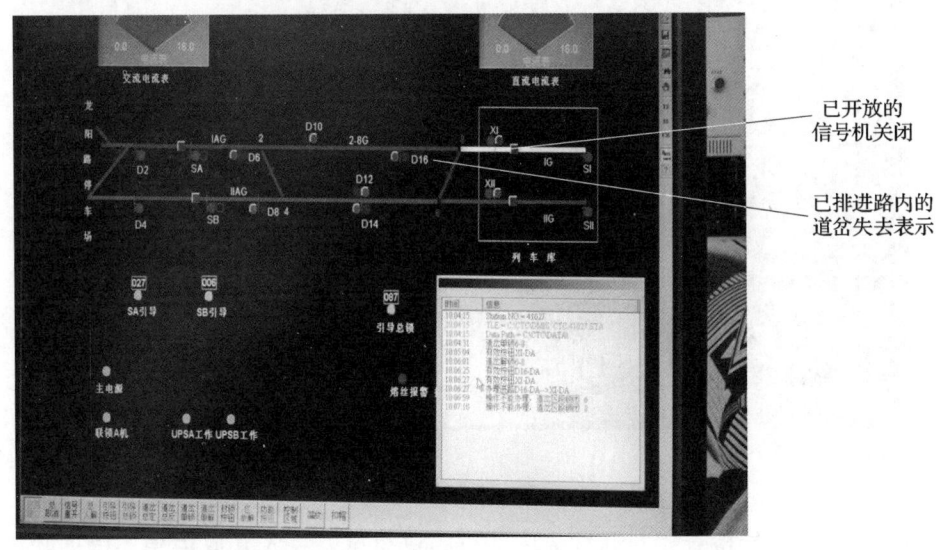

图2—6　道岔失去表示关闭信号

步骤7 区段占用不能开放信号：先把进路上的轨道区段分别从轨道测试盘或分线盘或防雷端子封红，信号不能开放为正确，如图2—7所示。

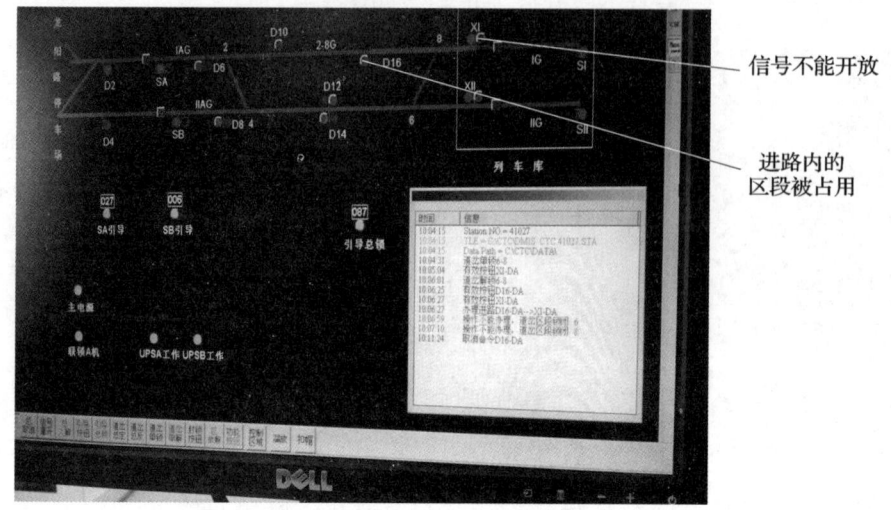

图2—7 区段占用不能开放信号

步骤8 道岔区段锁闭：把含有该道岔的轨道区段封红，向相反位置单操道岔不能操动为正确；双动道岔只能封红道岔一侧的轨道区段进行操动试验，如图2—8所示。

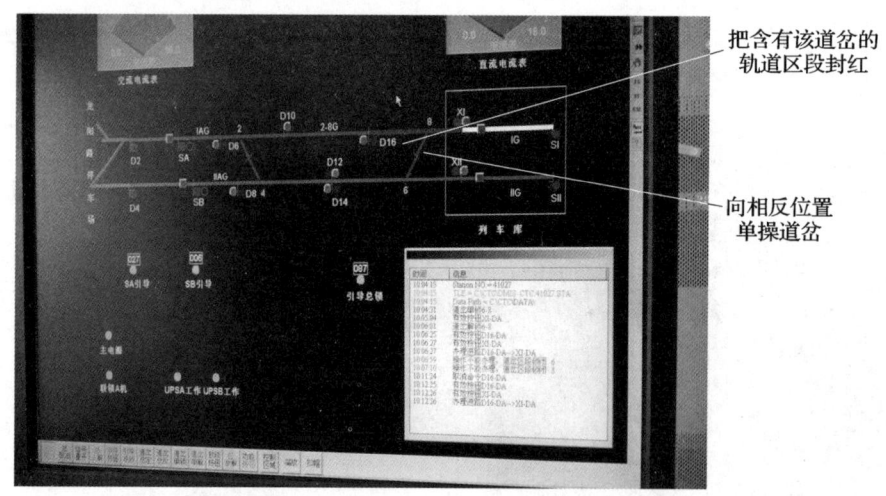

图2—8 道岔区段锁闭

步骤9 敌对信号检查：对联锁表内的进路进行试验；先开放信号，依据联锁表再排列这条进路的敌对进路，排不出为正确。

步骤10　敌对照查检查：对联锁表内的进路进行试验；先开放信号，依据联锁表再排列这条进路的敌对照查进路，排不出为正确。

步骤11　带动道岔：在联锁图表中，带大括号"{ }"的道岔为带动道岔；带动道岔指排列某一进路时把该道岔带到规定的位置，但不检查此条件，能带则带，带不到也不影响开放信号，其目的是建立平行进路提高作业效率。方法是：①把需带动的道岔单操到相反的位置并单锁，排列进路，信号开放为正确；②把需带动的道岔单操到相反的位置排列进路，信号开放并把带动的道岔带到规定的位置为正确；③信号开放后，断开带动道岔表示，信号不关闭为正确。

步骤12　防护道岔：在联锁图表中，带中括号"[ ]"的道岔为防护道岔；防护道岔指对与所排进路可能造成侧面冲突的隔开道岔，必须把该道岔带到并锁在规定的位置，开放信号时检查此条件。方法是：①把需防护的道岔单操到相反的位置并单锁，排列进路，信号不能开放为正确；②把需带动的道岔单操到相反的位置排列进路，信号开放并把防护的道岔带到规定的位置且锁闭为正确；③信号开放后，断开防护道岔表示，信号关闭为正确。

步骤13　信号开放后道岔锁闭：信号开放后，对进路中的道岔依次向相反方向单操操动，道岔操不动为正确。

步骤14　取消进路：先开放信号，然后按下总取消按钮和进路始端按钮，信号关闭、进路解锁为正确，如图2—9、图2—10所示。

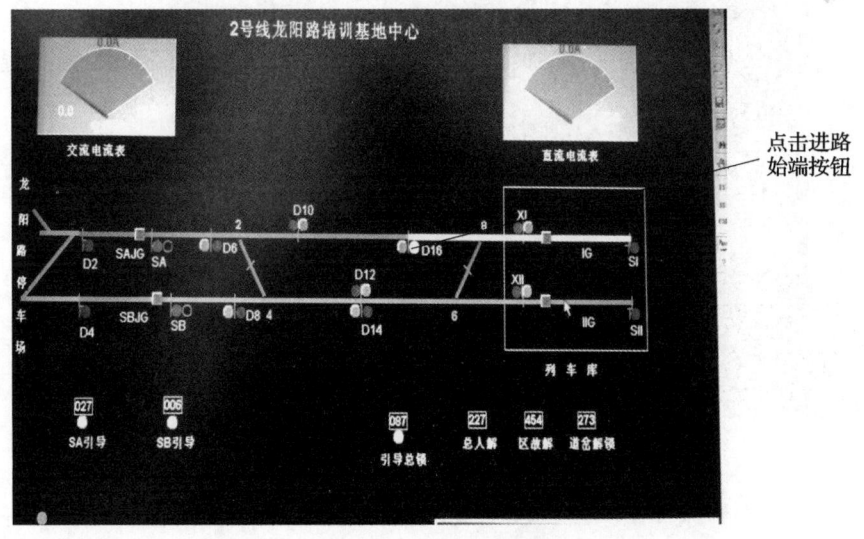

图2—9　取消进路解锁

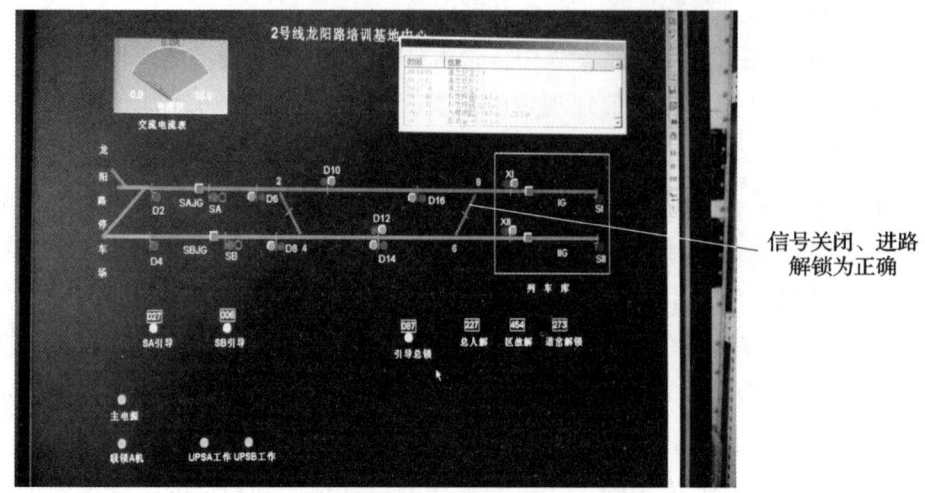

图 2—10 信号关闭、进路解锁

步骤 15　接近锁闭及人工限时解锁：开放信号并且接近区段（正线通过进路，出站信号机的接近区段是从接车进路开始的）占用时，先用取消进路应能关闭信号，再用人工解锁，按下总人工解锁按钮和进路始端按钮，进路延时解锁（进站及正线发车进路延时 3 min；侧线发车及调车进路延时 30 s）为正确，如图 2—11 所示。

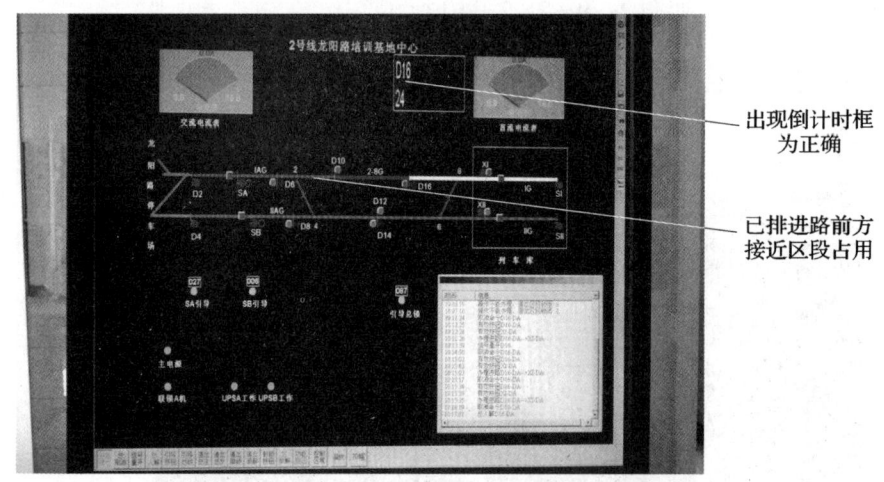

图 2—11　接近锁闭及人工限时解锁

步骤 16　区段故障解锁：当区段出现故障不能正常取消时，按压区段故障解锁按钮，点击故障区段应解锁，如图 2—12、图 2—13 所示。

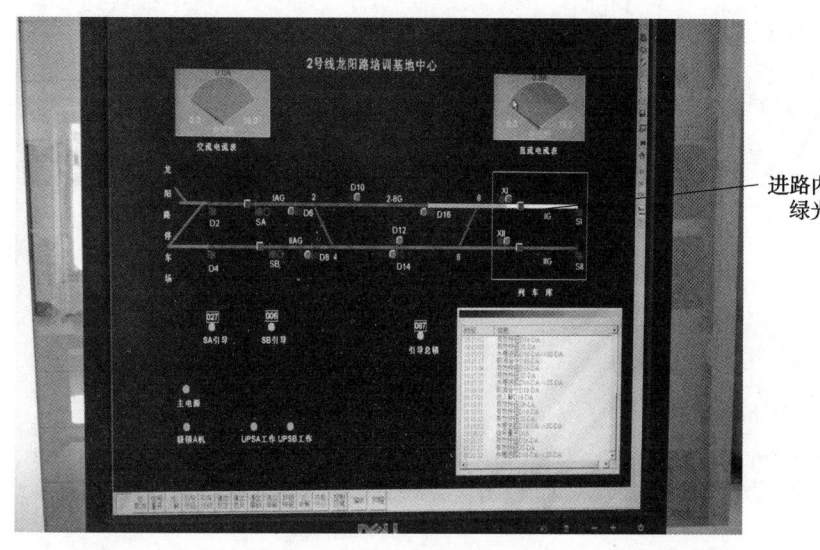

图 2—12 区段故障解锁（一）

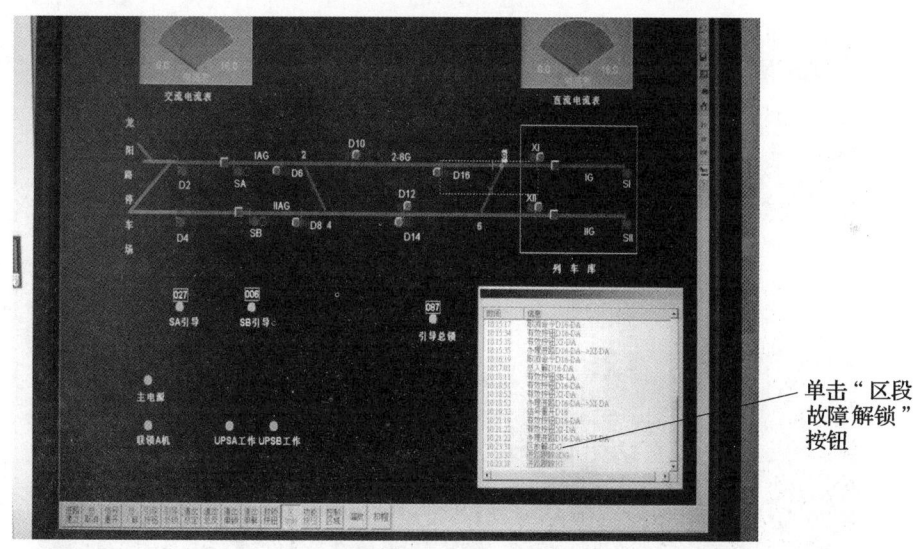

图 2—13 区段故障解锁（二）

步骤 17　重复开放信号：信号因故（道岔、轨道、信号机等）关闭，故障恢复后，信号不得自动开放；按进路始端按钮后信号可重复开放为正确。

步骤 18　进路正常解锁：排列进路后，从接近区段开始，依次占用并出清进路的各个区段，进路的各个区段依次解锁为正确，如图 2—14～图 2—17 所示。

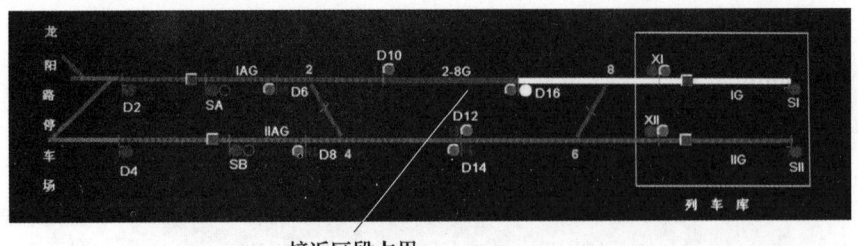

接近区段占用

图 2—14　接近区段占用

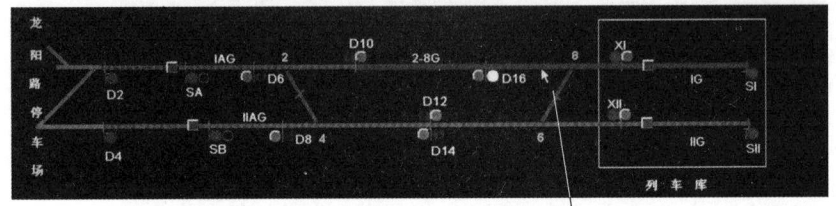

依次占用各个区段

图 2—15　依次占用各个区段

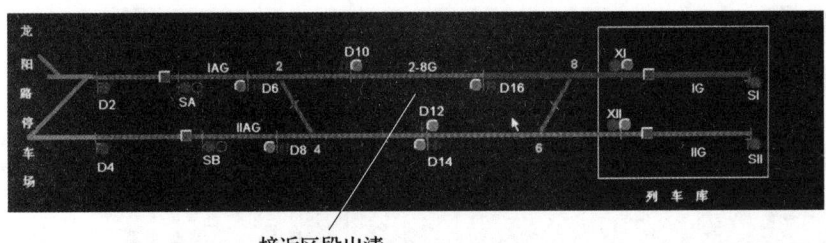

接近区段出清

图 2—16　接近区段出清

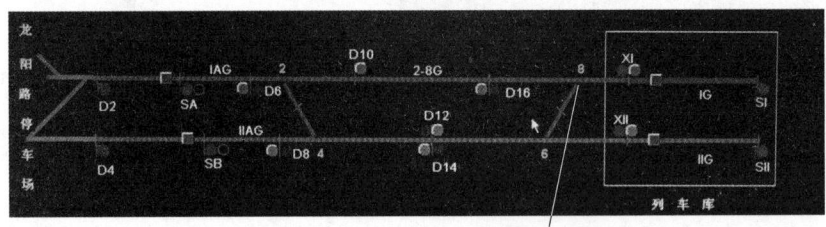

各段依次出清

图 2—17　各段依次出清

步骤 19 中途返回解锁：对带有折返调车信号机的调车进路存在调车中途返回解锁的情况，即调车车列按折返信号机显示中途折返时，应能使原牵出进路中的部分或全部未解锁的区段自动解锁为正确。

附表

信号联锁电路检查表

站名：___

序号	进路号码	名称									
		区段核对	室内								
			室外								
		岔道核对	室内								
			室外								
		岔道单操	室内								
			室外								
		信号机名称（始端）	进路终端								
		正常开放信号									
		平行进路检查									
道岔条件检查	锁闭进路道岔	选岔位置正确	带动道岔								
			道岔位置不对不能开放信号									
			道岔位置不对区段锁闭									
		信号开放	进路内道岔								
			防护道岔								
			断表示跳信号不开								
			表示恢复信号不得开放								
区段条件检查		区段解锁									
		区段占用不能开放信号									
		分路恢复后可办理重复开放信号									
		在一区段占用信号机关闭									
解锁条件检查		取消进路									
		接近锁闭人工解锁									
		不能同时办理人工解锁									
		正常解锁									
		非正常不解锁									
		有车占用时运行前方不解锁									
		区段事故总人工按钮的进路解锁									
敌对进路检查		照查条件敌对进路									
		已排进路不受干扰									
引导信号		正常办理及取消									
		第一区段分路信号关闭									
		引导锁闭的办理及取消									

理论知识复习题

一、判断题（将判断结果填入括号中。正确的填"√"，错误的填"×"）

1. 控制车站的道岔、进路和信号，并实现它们之间的联锁的设备，称为联锁设备。（　　）

2. 用继电器组成的电路进行控制并实现联锁的设备，称为继电式电气集中联锁，简称继电集中联锁。（　　）

3. 道岔的反位是列车进入另一条轨道线路时道岔的位置。（　　）

4. 列车或车列驶入进路到越过进路中全部道岔区段，这一阶段与操作人员解除已建进路的阶段不是同一个阶段。（　　）

5. 人工延时解锁延迟的时间应小于或等于制动时间。（　　）

6. 所谓三点检查方式是指待解锁的接近区段已经解锁，本区段曾被占用又出清了，本区段的离去区段被占用。（　　）

7. 按照道岔的不同开通方向可以排列不同的进路。（　　）

8. 闭塞是为保证列车在区间安全运行的一种联络方式。（　　）

9. 每个闭塞分区，只准许一列列车运行。（　　）

10. 列车自甲站出发后，出站信号机自动关闭，区间闭塞，甲站不能再向区间发车。（　　）

二、单项选择题（选择一个正确的答案，将相应的字母填入题内的括号中）

1. 发车站值班员必须在办好闭塞手续的基础上才能开放出站信号，列车出发后信号机自动关闭，这种方法，既要用人工操纵，又需要依靠列车的作用自动动作，所以叫作（　　）。

　　A. 自动闭塞　　B. 半自动闭塞　　C. 移动闭塞　　D. 准移动闭塞

2. 一般采用（　　）或通过信号机的允许显示作为列车占用区间的凭证。

　　A. 进站　　B. 出站　　C. 预告　　D. 发车

3. 由于某种故障或其他原因而导致轨道电路出现了异常动作状态，可采用（　　）。

　　A. 正常解锁　　B. 延时解锁　　C. 中途折返解锁　　D. 故障解锁

4. 信号开放后，接近区段空闲，进路为（　　）。

　　A. 引导进路锁闭　　B. 引导进路总锁闭

C. 接近锁闭　　　　　　　　　　　　D. 预先锁闭

5. （　　）之间的相互制约的关系，称为联锁关系。

　　A. 轨道、道岔和信号机　　　　　　B. 进路、道岔和信号机

　　C. 控制台、进路和道岔　　　　　　D. 控制台、轨道和道岔

6. 按进路中的轨道电路区段逐段地解锁称为（　　）。

　　A. 一次解锁　　B. 延时解锁　　C. 分段解锁　　D. 故障解锁

7. （　　）是分段解锁的特点。

　　A. 节省联锁器件　　　　　　　　　B. 减少了设备投资

　　C. 降低了线路的利用率　　　　　　D. 提高了线路的利用率

8. 在采用分段解锁方式时，目前广泛采用（　　）方式构成区段解锁条件。

　　A. 轨道区段检查　　　　　　　　　B. 三点检查

　　C. 二点检查　　　　　　　　　　　D. 列车出清检查

9. 目前对于侧线发车进路和调车进路规定延时（　　）。

　　A. 3 s　　　　B. 3 min　　　C. 30 s　　　D. 1 min

10. 在进路处于（　　）并且进路空闲状态，可以由操作人员取消进路。

　　A. 接近锁闭　　B. 预先锁闭　　C. 进路开放　　D. 进路建立

11. 在转线作业过程中，车列总是在牵出的中途而折返的，其中使用的解锁方式称为（　　）。

　　A. 正常解锁　　B. 延时解锁　　C. 中途折返解锁　　D. 故障解锁

12. 操作人员解除已建的进路的阶段称为（　　）。

　　A. 进路解锁　　B. 进路建立　　C. 进路选择　　D. 进路锁闭

13. （　　）不是进路建立后的状态条件。

　　A. 道岔锁闭　　B. 进路白光带　　C. 防护信号机开放　　D. 区段占用

14. 列车或车列未驶入接近区段或者信号机从未开放过（不管接近区段是否有车），称为（　　）。

　　A. 接近锁闭　　B. 预先锁闭　　C. 进路开放　　D. 进路建立

15. （　　）不属于车站联锁主要控制项目。

　　A. 列车进路　　B. 区间临时限速　　C. 遥控和站控　　D. 车地通信

16. 在编制电气集中联锁表时，对于防护道岔的填写应在道岔号码外加（　　）符号。

　　A. ｛　｝　　　B. ［　］　　　C. （　）　　　D. <　>

17. 联锁表的编制程序一般是先填写（　　）。

　　A. 方向栏　　　B. 进路栏　　　C. 进路方式栏　　　D. 敌对信号栏

18. （　　）不是联锁设备可以采用的实现方法。

　　A. 机械式　　　B. 机电式　　　C. 电气式　　　D. 电信式

19. （　　）不是进路的解锁方式。

　　A. 人工延时解锁　　　　　　　　B. 正常解锁

　　C. 中断解锁　　　　　　　　　　D. 故障解锁

20. 除道岔和信号机以外，控制台上其余光管、表示灯、按钮及电铃等器件都按（　　）配线，其配线图需要单独绘制。

　　A. 零散组合　　　B. 定型组合　　　C. 信号组合　　　D. 道岔组合

21. （　　）不是站内轨道电路的划分原则。

　　A. 有信号机的地方必须设置绝缘节

　　B. 满足行车、调车作业效率的提高

　　C. 一个轨道电路区段的道岔不能超过3组

　　D. 车站平面图美观、简洁

理论知识复习题答案

一、判断题

1. √　2. √　3. ×　4. ×　5. ×　6. √　7. √　8. √　9. √
10. √

二、单项选择题

1. B　2. B　3. D　4. D　5. B　6. C　7. D　8. B　9. C
10. B　11. C　12. A　13. D　14. B　15. D　16. B　17. A　18. D
19. C　20. A　21. D

第 3 章

列车自动控制（ATC）系统

学习目标

- ☑ 掌握 ATC（GRS①）各子系统的设备组成
- ☑ 了解 ATC（GRS）各子系统的功能
- ☑ 掌握 ATC（USSI②）各子系统的设备组成
- ☑ 了解 ATC（USSI）各子系统的功能
- ☑ 掌握 ATC（ALSTOM③）各子系统的设备组成
- ☑ 了解 ATC（ALSTOM）各子系统的功能

---

① GRS：美国通用铁路信号有限公司。
② USSI：美国联合道岔与信号国际公司。
③ ALSTOM：法国阿尔斯通公司。

知识要求

3.1 ATC（GRS）系统的各子系统

3.1.1 轨旁 ATP/ATO（GRS）子系统

1. 轨旁 ATP/ATO（列车自动运行）子系统室外设备构成

（1）阻抗联结器（BOND）。调谐阻抗联结变压器（WEE-Z BOND），采用无电气隔开的自然衰耗传输设计，它包括一个带有 4 个二次线圈的变压器。阻抗联结器安装并固定在两根铁轨的中间，其中心抽头可用于跨接另一条线路或牵引变电站的牵引回路。另外两个阻抗联结器可背靠背地安装在一起。所有的阻抗联结器外表都一样，只是电力特性和应用有所不同。阻抗联结器通过连到阻抗联结器 J 杆的 BOND 线而接到钢轨上，如图 3—1 所示（俯视图）。

阻抗联结器用双绞线通过连接盒连到信号设备室（SER），该双绞线导线为 2CTW14 号的音频缆线。

1）发送 - 接收阻抗联结器。阻抗联结器是一个单耦合装置，它为钢轨中的直流列车牵引电流提供了一个低阻抗电器，使得各种功能可同时执行。这些功能有：

——将钢轨区分成不同的轨道电路区段；

——发送和接收列车检测信号；

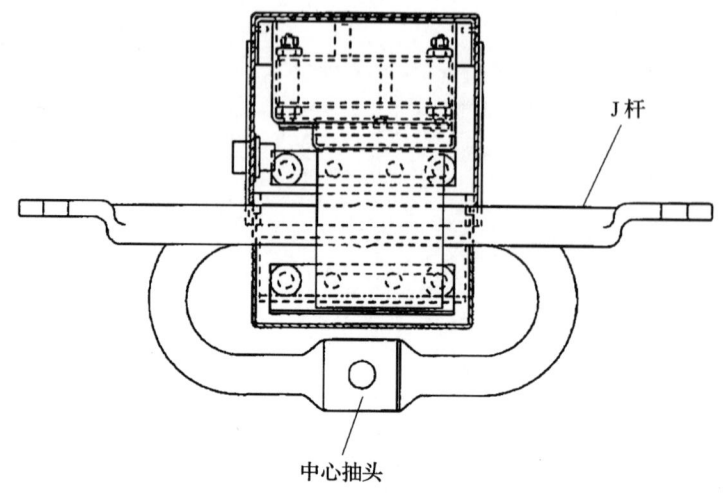

图 3—1 阻抗联结器

——发送机车信号；

——实现车-地通信（TWC）；

——平衡两条线路之间的牵引电流；

——为牵引变电站牵引回流提供连接平衡点。

轨道中的阻抗联结器除了在阻抗联结器所调谐的频率处阻抗很高外，其他时候的阻抗都很低。它用两个或多个电容器调谐每个二次线圈来提高阻抗，且每个二次线圈都调谐到特定频率并对其他频率都呈现相对低的阻抗。四个调谐电路串联相连，因此在共振频率下，调谐电路有相当大的电压降，而在其他频率下却没有电压。轨道线圈电感性地耦合到调谐二次线圈。随后，二次线圈里磁通量的变化在轨道上感应电压，反之亦然。图 3—2 所示为典型阻抗联结器的架构。

2）列车检测信号发送频率。ATP 模块产生的列车检测发送信号送入串联连接的调谐电路。线圈 L1 和电容器 C1 为列车检测发送频率形成一个平行共振电路，并且线圈 L1 和电容器 C1 可将列车检测信号发送频率耦合到轨道线圈。因为轨道线圈连到钢轨上，在钢轨上产生的电流将随着调谐电路上的信号而变化。

3）列车检测信号接收频率。线圈 L2 和电容器 C2 形成一个传输频率调谐为列车检测信号接收频率的串联共振调谐电路。列车检测信号通过轨道线圈的电流变化而产生磁通量不定的磁场，因而在线圈 L2 上感应一个电压降（在 L2 上感应的电压降是频率与列车检测信号接收频率相同的 AC 信号）。

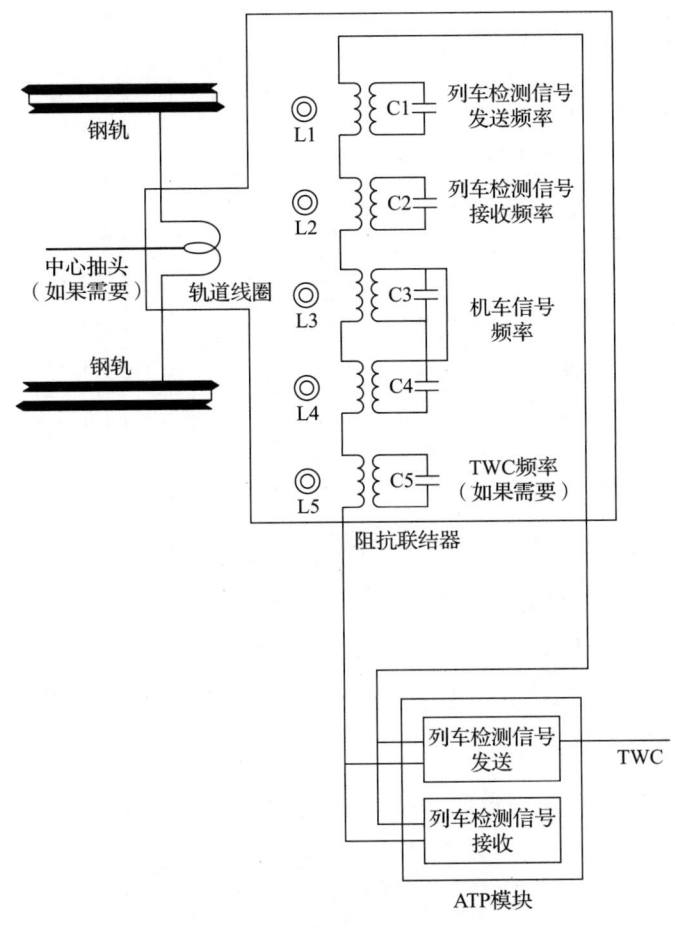

图 3—2 典型阻抗联结器的架构

4）机车信号发送频率。由 L3－C3 和电容器 C4 组成的共振电路的机车信号发送频率被调谐为 2 250 Hz。线圈 L3 和 L4 通过在轨道线圈感应一个电压来耦合 SER 的信号，两个线圈用于保证相邻轨道回路有足够大的机车信号，其中一个线圈远远长于另一个。因为轨道线圈连在钢轨上，钢轨上所产生的电流将随着施于调谐电路的信号而变化。电流变化引起钢轨周围的磁通量变化，再由装于列车前轴的车载接收线圈来检测磁通量的变化。

5）TWC 频率。线圈 L5 和电容器 C5 传输频率被调谐到 9 650 Hz 的 TWC 频率，以进行列车对轨旁 SER 或从 SER 的 ATP 发送器到列车之间的车－地通信。表 3—1 列出了 8 个阻抗联结器的列车检测信号频率、机车信号频率和 TWC 频率。

表 3—1　　　　　　　　　阻抗联结器频率表

30859-008 GR××	列车检测发送频率（Hz）	列车检测接收频率（Hz）	机车信号发送频率（Hz）	TWC 频率（Hz）
60	2 625	4 275	2 250	NONE
61	2 925	3 375	2 250	NONE
62	3 375	2 625	2 250	NONE
63	4 275	2 925	2 250	NONE
64	2 625	4 275	2 250	9 650
65	2 925	3 375	2 250	9 650
66	3 375	2 625	2 250	9 650
67	4 275	2 925	2 250	9 650

6）接收-接收阻抗联结器（双收 BOND）。用在联锁区从两个方向接收列车检测信号的接收-接收阻抗联结器在硬件结构上与上述发送-接收阻抗联结器相同。联锁区的接收-接收阻抗联结器（或发送-接收阻抗联结器）必须使用 AC 耦合单元将一个电容器与轨道线圈串联，以防止牵引电流通过阻抗联结器。表 3—2 列出了 4 个接收-接收阻抗联结器的频率。

表 3—2　　　　　　　接收-接收阻抗联结器频率表

30859-008 GR××	列车检测接收频率（Hz）	列车检测接收频率（Hz）
69	2 625	3 375
70	2 625	4 275
71	2 925	3 375
72	2 925	4 275

（2）AC 耦合单元。因为钢轨上的牵引回流可能是两个极性之一，发光二极管 VD1 和 VD2 分流背靠背相连的电容器中，其中一个电容器一旦安装好，AC 耦合单元用插在 J 杆之间的绝缘器连到中央抽头的螺栓上，这使得耦合单元与 J 杆串联连接。图 3—3 表示了 AC 耦合单元 TP1 和 TP2 连有 J 杆。AC 耦合单元安装在靠近阻抗联结器的一个小型防水封闭不锈钢箱盒里，如图 3—4 所示。

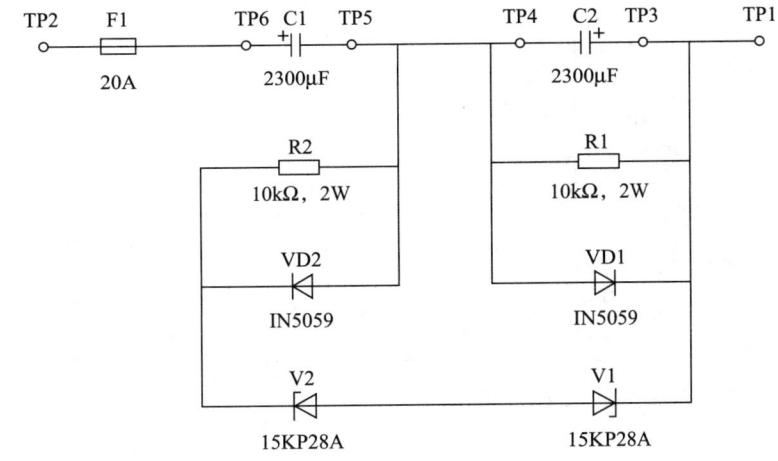

图3—3 AC耦合单元

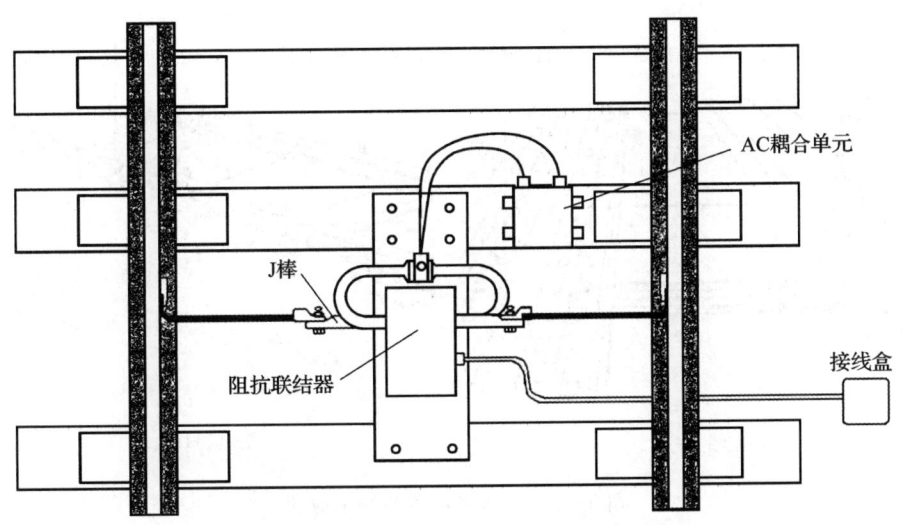

图3—4 AC耦合单元安装示意图

(3) 终端接收器。终端接收器只是用于两个列车检测信号的接收或一个单收。图3—5所示为两个ATP模块与终端接收器的连接图。

终端接收器由一个带有组件板的连接盒组成,它与终端接收板连至相应的轨道电路。终端接收器装于靠近钢轨(9 m之内)的轨道电路接收端的地方,它既可安装在墙上,也可安装在轨道旁,如图3—6所示。

表3—3所示列出了8个终端接收器的列车检测信号接收频率。

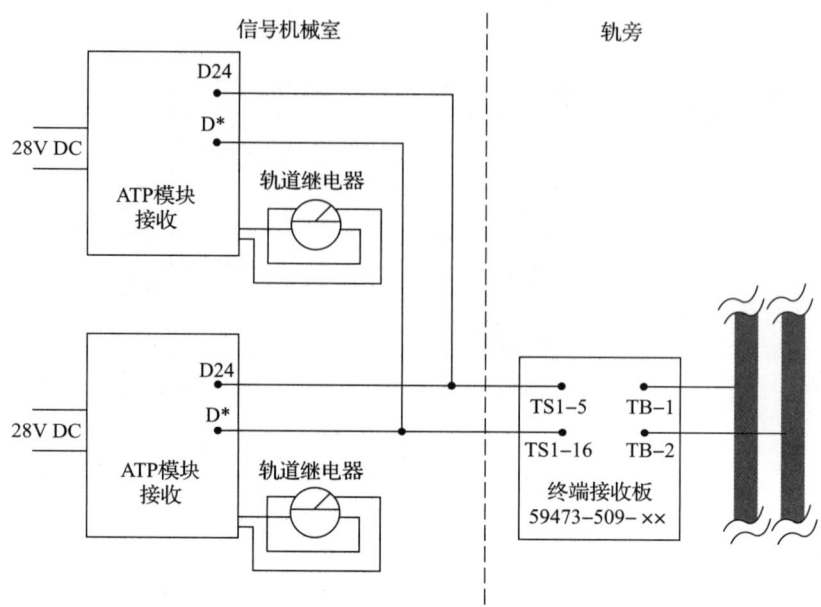

图 3—5 ATP 模块与终端接收器的连接图

安装在墙上　　　　　　　　　安装在轨道旁

图 3—6 终端接收器的安装位置

表 3—3　　　　　　　　列车检测信号接收频率

59473-509 GR××	列车检测接收频率（Hz）	列车检测接收频率（Hz）
65	2 625	4 275
67	2 625	3 375
69	2 925	3 375
71	2 925	4 275

续表

59473-509 GR××	列车检测接收频率（Hz）	列车检测接收频率（Hz）
73		2 625
75		4 275
77		2 925
79		3 375

（4）4英尺环线。4英尺环线（137 cm×122 cm）用于在道岔联锁区发送列车检测信号和机车信号，而列车检测信号由道岔联锁区中间的接收-接收阻抗联结器接收。图 3—7 所示为一个完整的 4 英尺环线。

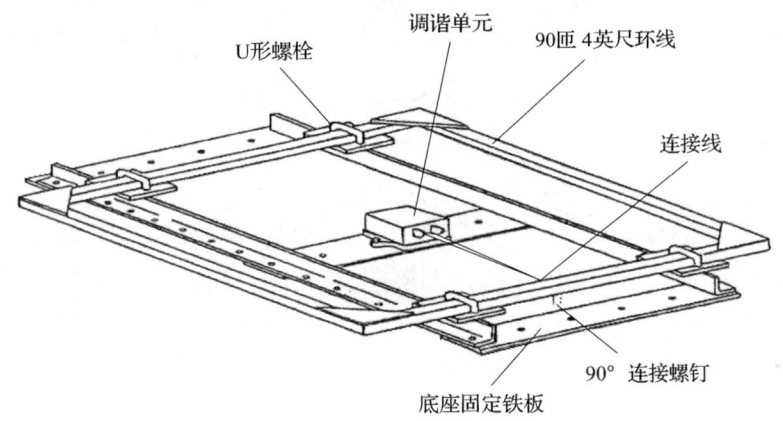

图 3—7　4 英尺环线

4英尺环线分为既发送列车检测信号又发送机车信号和只发送机车信号两种，它们的区别在于线圈的匝数不同。前者由 90 匝的 AWG16 号铜线绕成，后者则是由 30 匝的 AWG16 号铜线绕成的。绕成的线圈被铺设在三边玻璃纤维通道中。

（5）调谐单元。调谐单元将来自于轨旁 ATP 模块产生的列车检测信号和机车信号经过一个变压器并分别传送至相应的 4 英尺环线上去，如图 3—8 所示。

（6）长环线。长环线安装在道岔联锁区内的工频轨道电路上，如图 3—9 所示，以提供机车信号。长环线直接将机车信号传到列车接收器线圈而不是传到钢轨上。长环线由铺设在以钉夹固定在枕木上抗油合成橡胶管内的 AWG8 号电线构成。其长度与道岔联锁区轨道相等，但要大约每 100 英尺（约 30.5 m）交错一次（如果区内轨道短于100 英尺，也应至少交错一次电路），以防机车信号被引入钢轨或轨道间的连接处。

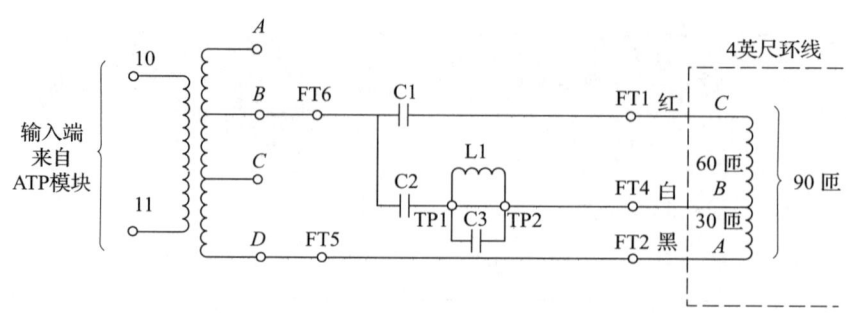

图 3—8 调谐单元

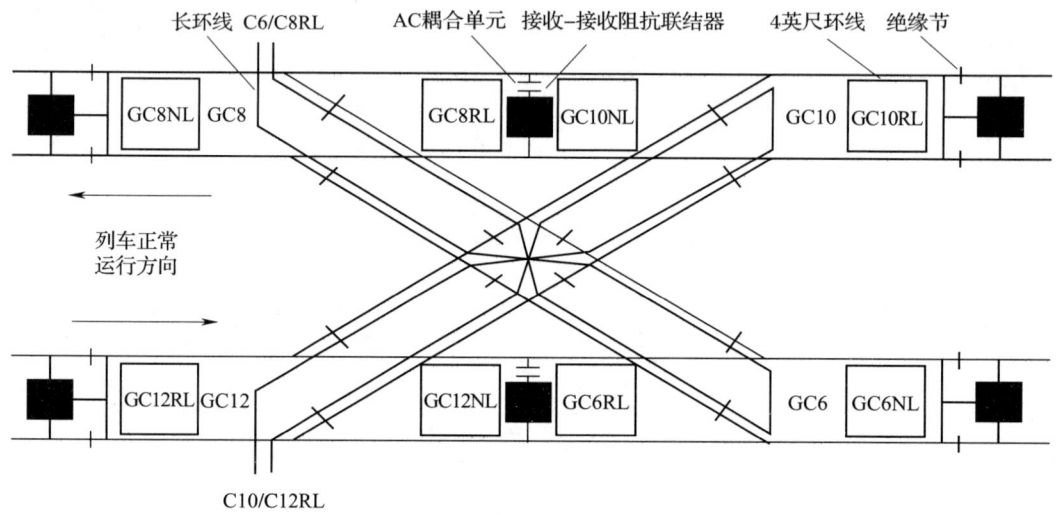

图 3—9 典型的交叉渡线道岔联锁区架构图

表 3—4 列出了在典型交叉渡线道岔联锁区中,各阻抗联结器、4 英尺环线、长环线的功能及参考设备。

表 3—4   典型的交叉渡线道岔联锁区各部件功能

名称	功能	参考设备
4 英尺环线（58290-33GR3）	在道岔联锁区内既发送列车检测信号也发送机车信号	GC8NL, GC10RL, GC12RL, GC6NL
4 英尺环线（58290-33GR2）	在道岔联锁区内只发送机车信号	GC8RL, GC10NL, GC12NL, GC6RL
长环线	在交叉渡线上传送机车信号	C10/C12R, C6/C8R
接收-接收阻抗联结器	在道岔联锁区内接收列车检测信号	GC8/GC10, GC12/GC6

2. 轨旁 ATP/ATO 子系统室内设备构成

ATP 模块由两个列车检测信号及机车信号发生器和两个列车检测信号接收器组成。列车检测信号是由两个调制码率（2 Hz 或 3 Hz）中的 1 个去调制 4 个载频（2 625 Hz、2 925 Hz、3 375 Hz、4 275 Hz）中的 1 个载频。机车信号是由 9 个调制码率（3.00 Hz、4.5 Hz、5.54 Hz、6.83 Hz、8.31 Hz、10.10 Hz、12.43 Hz、15.30 Hz、18.14 Hz）中的一个调制的 2 250 Hz 的载频。

ATP 模块有两套发送器和接收器板，图 3—10 中包含两个独立的列车检测信号及机车信号发送器和两个列车检测信号接收器，用于两个独立的轨道电路。这些 PC 板（计算机控制板）上设有用于帮助维护人员排除故障和调节 PC 板，使其正常运行的测试点、LED 指示器、开关和电位计。

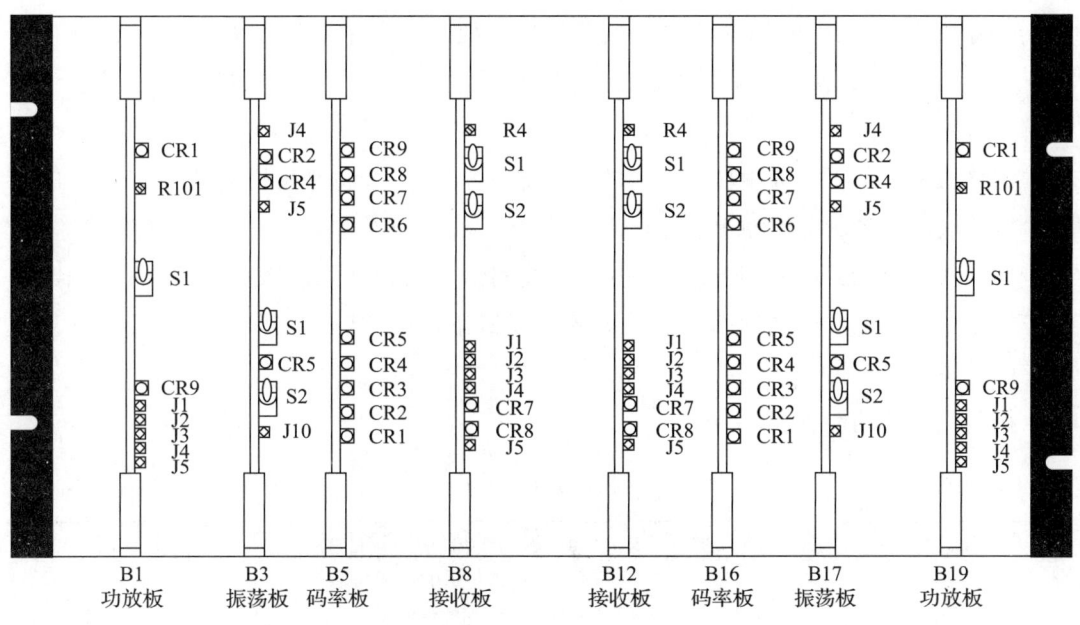

图 3—10 ATP 模块

(1) 功放板 B1/B19。功放板是由一电源放大器和两个后侧面板安装的组件（一个输出变压器和一个电阻）组成，见表 3—5。功放板的输入是组合后的缓冲放大器的输出。

功放板上有推拉式电源输出级驱动变压器。输出变压器升高电压为 7∶1，最高到 126 V 有效值。125 Ω 的电阻作为阻抗匹配网络，被加到输出变压器的二次线圈输出阻抗，提供 200 Ω 的模块阻抗。

表3—5　　　　　　　　　功放板 B1/B19

元件名称	功能说明
CR1	功放板输出指示器
R101	CR1 的开断值调节
S1	功放板电源开关 ON/OFF（向上是 ON）
CR9	DC+28 V 电源指示器（在 DC 22 V 下熄火）
J1	功放板输入测试孔
J2	公共测试孔
J3	DC+28 V 测试孔
J4	功放板输出测试孔
J5	功放板输出测试孔

功放板能提供 60 W 的连续输出电源。功放板上有一个电源开关和两个 LED 指示器。其中一个 LED 指示器显示电源是 ON 且电压超过 22 V，另一个 LED 显示功放板正在输送电源到输出。

调整轨道电路时，可用功放板上的电位器（R101）来调节功放板输出 LED 上的电压，以适应所选择的电流输出百分比。

（2）振荡板 B3/B17。振荡板提供列车检测信号载频和调制频率及机车信号载频。列车检测信号载频和调制频率总是接通的，而机车信号载频则必须符合相应的外部速度控制逻辑。

振荡板元件功能见表3—6。

表3—6　　　　　　　　　振荡板 B3/B17

元件名称	功能说明
J4	公共测试孔
CR2	机车信号发送指示器
CR4	列车检测信号发送指示器
J5	机车信号码率测试孔
S1	机车信号测试开关 STEADY/NORMAL/OFF TRAIN
CR5	列车检测信号码率指示器
S2	列车检测信号开关 STEADY/NORMAL/OFF TRACK
J10	列车检测信号码率测试孔

载频发生器是耦合振荡器。当使用外部码率时，调制器是施密特触发器，用以提供抗噪度。

振荡板上的列车检测信号测试开关是一个三位开关。中间位置是正常使用位置；向上位置用于禁止调制频率而只保留载频；向下位置则是关掉载频。

故障安全带通滤波器使适当频率的载频通过，同时减弱（滤掉）由码率的快速上升及下降许多次所引起的旁带。

缓冲放大器是互补型故障安全放大器。它的最大放大倍数是 8 倍。一旦电路发生任何故障，放大倍数就不会增加。

输出变压器有多抽头降压二次线圈使得最大输出电压的一定百分比电压被送到线圈。这些抽头可提供最大输出的 5%、10%、15%、25%、30%、40%、60%、85%、90% 和 100% 的电平电源。缓冲放大器上有 1 个 LED 指示器以显示运行状态。

机车信号电路功能与列车检测信号电路的功能是完全相似，不同之处仅在于：

1) 载频振荡器不直接连到 DC+28 V 电源总线上，相反，它的 DC+28 V 电源是由外部速度控制逻辑提供的。

2) 调制载频的码率是由码率板通过速度选择逻辑确定的。

两个缓冲放大器，列车检测信号和机车信号是以串联方式连接在一起的。它们的联合输出被馈送到功放板。

同列车检测信号测试开关一样，机车信号也有一个三位测试开关。中间位置是正常使用位置；向上位置用于禁止调制频率而只保留载频；向下位置则是关掉载频。机车信号载频缓冲器也有 LED 指示器，以显示运行状态。振荡板还带有一套附加电路，以注入 TWC 信号与机车信号和列车检测信号缓冲放大器串联。因此，加到功放板的信号是在沿着轨道发送的适当电平百分率下操作的列车检测信号、机车信号和 TWC 信号的组合。

(3) 码率板 B5/B16。码率板能产生最多 9 个码率频率。所有的发生器都相同，其基本电路是一个移相振荡器。移相振荡器实际是在操作放大器反馈回路中使用了一个移相网络。鉴于安全的考虑，此放大器由分立元件构成。振荡器正弦波输出被传送到电压比较整形电路。

当轨道逻辑输出 DC+28 V 到选定频率的码率发生器时，机车码率就被选定了。只有选定频率的码率发生器才接通电源。每个码率发生器都有 LED 指示器以显示哪一码率被接通。

码率板元件功能及码率见表 3—7。

(4) 接收板 B8/B12。ATP 接收器就是一块接收板，接收板的元件功能见表 3—8。接收板包含一个电源 ON/OFF 开关。当输入端与一特定的轨道电路接收器的频率相吻合时，线圈接收的信号输出送到故障安全窄带通滤波器，此信号通过一个具有放大倍

表 3—7　　码率板 B5/B16

元件名称	功能说明	码率
CR9	77 km/h	18.14 Hz
CR8	65 km/h	15.30 Hz
CR7	55 km/h	12.43 Hz
CR6	45 km/h	10.10 Hz
CR5	30 km/h	8.31 Hz
CR4	20 km/h	6.83 Hz
CR3	开右门	5.54 Hz
CR2	开左门	4.50 Hz
CR1	10 km/h	3.00 Hz

表 3—8　　接收板 B8/B12

元件名称	功 能 说 明
R4	放大器放大倍数调节（顺时针调大）
S1	接收板电源开关 ON/OFF（向上为 ON）
S2	接收板测试开关（向上为正常工作，向下为测试）
J1	放大器输出测试孔
J2	放大器输入测试孔
J3	DC+28 V 测试孔
J4	继电器驱动输出（+）测试孔
CR7	继电器驱动指示器
CR8	电平检测指示器
J5	公共测试孔

数调节功能的互补放大器，该放大器可以精调分路灵敏度到一确切值。放大器的输出被解调，再送至仅让特定轨道电路的码率通过的故障安全带通滤波器。此滤波器的输出再传送到仅当输入最高值及最低值超出原先确定的值才有输出的故障安全电平检测器。此电平检测器的输出再送到继电器驱动，另一电容器被充电。如果发生故障，让接收器的输入短路，电容器的充电、放电过程即被中断，此电路断开。

在两个 LED 指示器中，一个是电平检测器的指示器，另一个是继电器驱动器的指示器。用接收板边上的测试开关和测试孔可测试接收器的放大倍数。

（5）联锁设备

1）控制台。采用 GRS 公司生产的控制台，放置在集中站的车站控制室内。

2）电源屏。采用国产电源屏，向 ATP 架、停车模块架、数传模块架（DTM）等提供电源。

3）组合架。采用国产 AX 系列继电器及 AX 系列继电器组合架。

4）信号机。采用国产的城轨专用矮型透镜式色灯信号机。

5）转辙机。采用国产的 ZD6 型电动转辙机和 ZYJ7－GZ 型液压转辙机。

3.1.2 车载 ATP/ATO（GRS）子系统

GRS 车载 ATC 系统是按 6 节车厢或 8 节车厢编组运行来设计的。A 车为无动力的拖车，带有半自动车钩的单驾驶员室车辆。半自动车钩用来连接 B 车或 C 车。B 车为带有受电弓的动车，C 车是不带受电弓的动车，B 车与 C 车是通过半永久性的牵引杆连接在一起。列车组的第一节车厢和最后一节车厢总是 A 型车厢，编组中其余车辆均由 B 车和 C 车配对构成连挂在一起，并可向任何可能的方向运行。

ATC 机架、速度计、状态显示单元（ADU）和日检测试盘都安装在 A 车驾驶室里。ATP/TWC 接收线圈、TWC 发送天线、定位天线、标志器天线和速度传感器都安装在 A 车车厢下面。设备安装位置如图 3—11 所示。

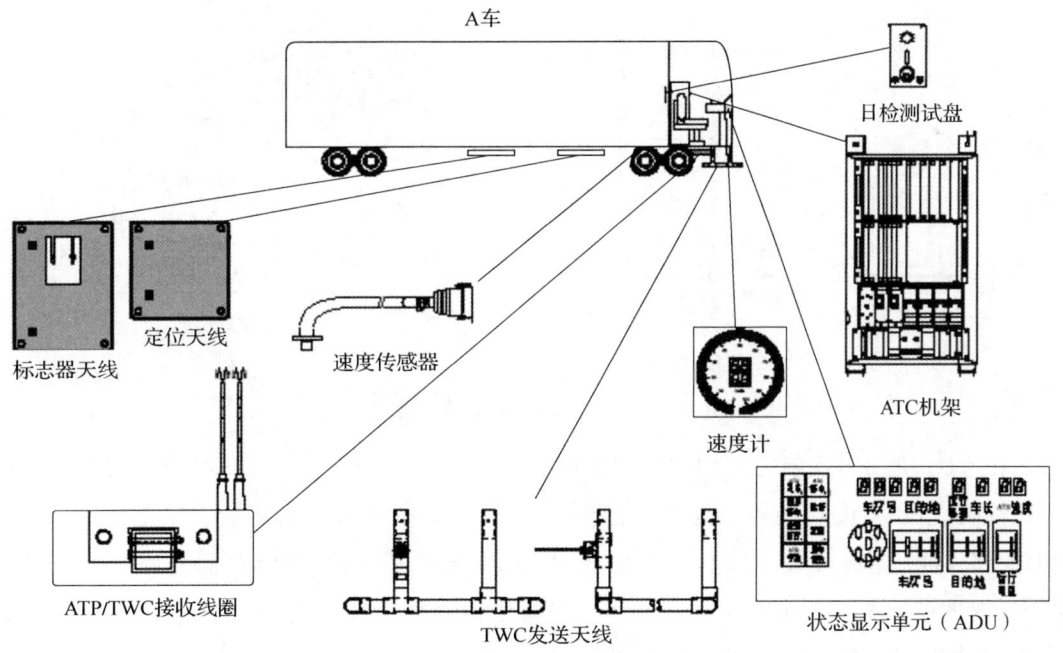

图 3—11　车载设备位置

1. ATC 机架

ATC 机架是 ATC 车载系统的主要组成部分。减震机架安装在 A 型车厢的司机室内的一个带锁的设备中。减震装置与机架是电绝缘的，因此用所提供的接地线连接机架和车辆本身。上锁设备是由具有不锈钢前盖的钢盒作为外保护。ATC 机械装置的总电源功耗大约是 50 W。ATC 机架正视图和背视图如图 3—12 所示，实物照片如图 3—13 所示。

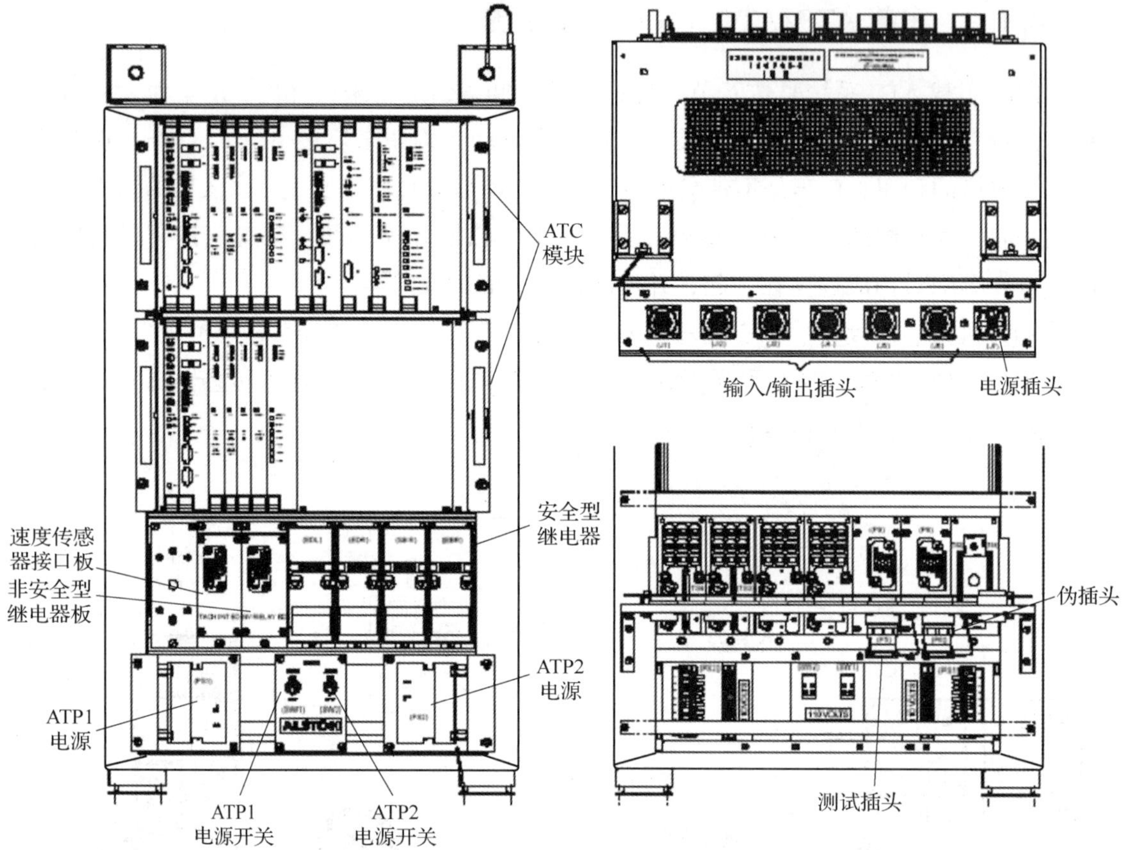

图 3—12　ATC 机架正视图、背视图

在 ATC 机架内安装有主用和备用 ATP 模块、ATO/ATS（列车自动监控）模块、主用和备用直流/直流转换器、速度传感器接口板、非安全型继电器板、安全型继电器、ATP1 和 ATP2 电源开关。每套 ATP 模块由 VCFD 安全机车信号滤波/解调板、ATP CPU（中央处理器）板、2 块安全输出板、2 块安全输入板、安全电源控制板（VPC）共 7 块 PC 板构成。ATO/ATS 模块由测试板、ATO/ATS CPU 板、标志器数字信号处理/电源板、P - Line 牵引线驱动/ATO 接口板、车地通信调制解调板 5 块 PC 板构成。

图 3—13　ATC 机架

2 套 ATP 模块和 1 套 ATO/ATS 模块共构成 3 种工况：

工况 1：ATP1 模块得电工作，ATP2 模块无电，ATO/ATS 模块与 ATP1 模块进行信息交换。

工况 2：ATP2 模块得电工作，ATP1 模块无电，ATO/ATS 模块与 ATP2 模块进行信息交换。

工况 3：ATP1 和 ATP2 并联工作，ATP1 与 ATP2 模块都得电，ATO/ATS 模块与 ATP1 模块和 ATP2 模块中先得电工作的模块进行信息交换。另一模块热机备用，若同时得电则 ATP1 模块优先工作。当主用 ATP 模块出现故障时，备用 ATP 模块自动替代主用模块与 ATO/ATS 模块进行信息交换。

2．ATP 模块

ATC 系统模块机笼位于安全型继电器、速度传感器板电源板和非安全继电器板的上方，共有两个模块机笼，其中最上层机笼为 ATP1 和 ATO/ATS 模块，另一个机笼为 ATP2 模块。两个机笼板卡分布如图 3—14 和图 3—15 所示。

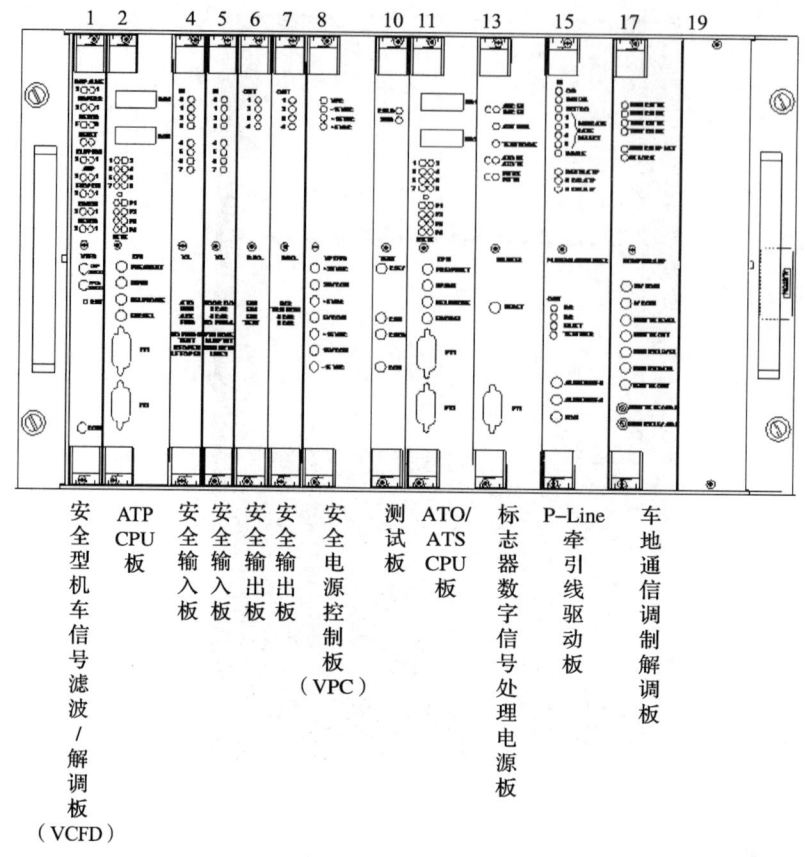

图 3—14 ATC 系统模块一（ATP1、ATO/ATS）

（1）安全型机车信号滤波/解调板（VCFD）。安全型机车信号滤波/解调板（VCFD），使用数字信号处理（DSP）技术实现滤波和解调机车信号。VCFD 板的主要功能是接收和处理 ATP/TWC 接收线圈从钢轨上接收到的机车信号（2 250 Hz 载波频率调制的速度限制命令）。机车信号处理所接收到信号的等级和解调载波频率。完成这个功能主要是用了两个分立的运算法则，DSP 运算法则和 FPGA（现场可编程门阵列）运算法则。

（2）ATP CPU 板。ATP CPU 板包含系统处理器、安全码率译码器和数字超速控制器。ATP CPU 与 ATO/ATS 子系统、ADU、VCFD 有通信接口。

系统处理器是一个根据系统输入状态决定输出的安全布尔表达式程序。它处理系统中各个不同模块的通信，并作为系统信息的消化点。系统处理器的功能如下：安全地决定系统输入状态；运行安全定时器；运行周期时间检查程序以检验数字超速控制

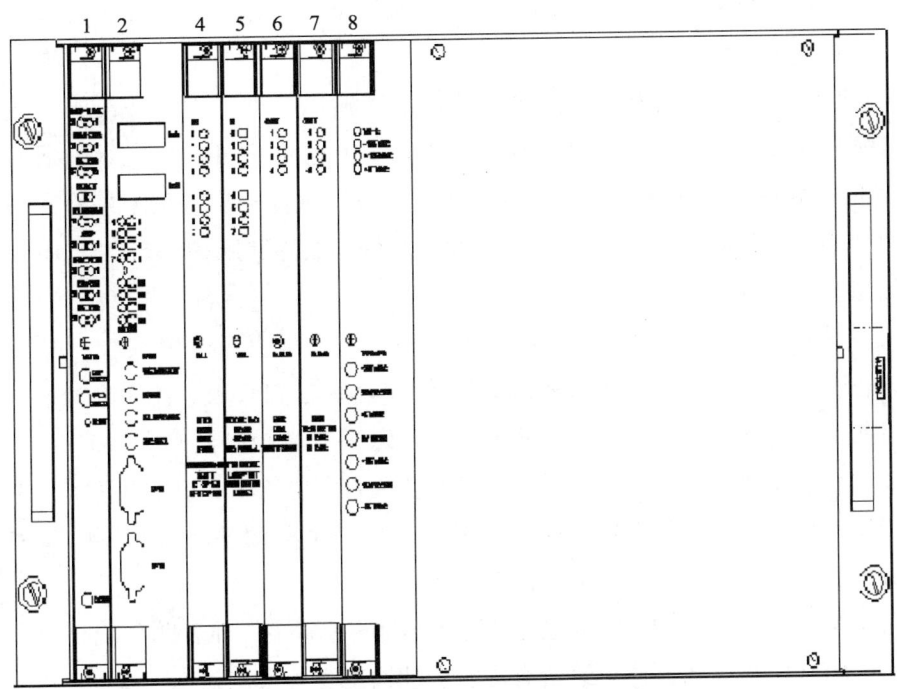

图 3—15 ATC 系统模块二（ATP2）

器功能使用周期时间；根据外部输入、安全定时器状态和检验安全速度估计布尔表达式；根据布尔表达式设置输出；建立并发送校验字以保持安全电源输出供电。

安全码率译码器通过接收线圈接收数字信号的码率并检查有效码是否存在，然后决定码率。

数字超速控制器主要检测列车是否运行在当前允许的速度限制以下，并检测列车是否移动。使用以下功能来执行检测：根据速度传感器输出脉冲计算得到速度信息，速度信息通常考虑噪声泄漏、车轮滑动和一些可忽略的改变；检验系统周期时间；根据车轮实际尺寸设置车轮磨损；根据车轮尺寸调整平均速度信息从而决定实际列车速度；从安全码率译码器功能上产生速度限制信息；通过安全码率译码器功能检测实际列车速度是否低于有效速度限制。

LED 显示屏 1 显示状态描述，显示屏 2 显示数据类型。状态在每个 PREV/NEXT 转换时改变。

（3）安全输入板。安全输入板有 8 个光电隔离输入，每套 ATP 系统有 2 块安全输出板，安全输入板安全地与 ATP CPU 板的数字电路连接，输入电路检测到输入端子上有 DC 电压，将它转换成主处理系统可使用的电压，如果安全继电器的线圈励磁，其前触点将闭合。同样方式，如果电压输出到输入端子上，该输入电路在主处理系统的状态将显示"真"或"ON"。

（4）安全输出板。安全输出板有4个光电隔离输出，每套ATP系统有2块安全输出板，分别用于安全地控制右侧开门使能继电器EDR、左侧开门使能继电器EDL、全常用制动继电器SBR和紧急制动继电器EBR，以及测试板输出、列车停稳和列车长度信息。每个输出都装有一个LED灯以帮助发现并修理故障和维护，当ATP CPU板写入相应的输出时，LED被点亮。

（5）安全电源控制板（VPC）。VPC板为安全输出板提供故障安全，电气隔离的DC 28 V电源。ATP CPU每100毫秒提供32位校验字至VPC板。使用两个唯一的校验字，并且每100毫秒交替。一个正确的校验字允许VPC微控制器提供100 ms 7.246 kHz方波。此频率驱动调谐转换器。信号经整流滤波成直流电给100 kHz振荡器供电，振荡器驱动变压器耦合的电源转换器。电源转换器产生一个非调整滤波直流电压和一个调整的直流电压，此即为安全输出板的供电电压。

如果VPC板从ATP CPU没有或接收到非正确的校验字，即表明系统故障，转换器停止工作，VPC电压去除，这导致所有的安全性输出变为限制状态（无输出）。

在VPC板上还叠加了一块数字制动保障单元子板（DBAU），其作用为制动施加时安全地测量减速率，DBAU产生一个校核字到ATP CPU。如果制动保证码率没有获得则产生一个失败的校核字，如果制动保证码率获得则产生一个正确的校核字。当ATP CPU认可一个超速条件时，它监控DBAU的响应。如果在3.4秒内没有检测到DBAU输出，ATP CPU产生一个紧急制动命令。作为一个安全检查，无论车门何时打开，都将检查DBAU的输出。当车门打开时，DBAU输出显示一个DBAU故障，当这种情况出现时，紧急制动施加。在自动和手动模式下，制动保证子系统和超速防护子系统都将一起工作。当没达到最小制动率时，DBAU每100毫秒就传送一个特定的32位的校核字给ATO CPU板。

3. ATO/ATS模块

（1）测试板。测试板用于日检测试。测试板电路能产生用于测试机车信号接收系统的码率和测试超速防护系统的速度传感信号。面板上设置2个LED和4个测试孔，测试孔用于检查测试板产生的机车信号，LED提供可视的DC 28 V电源状态和机车信号电路的功能。

（2）ATO/ATS CPU板。ATO/ATS CPU板在非安全输入/输出的功能中起中心作用。它的功能包括列车停稳、牵引效果计算、TWC通信处理和FIMS（多媒体系统交互）通信等非安全控制。LED 显示屏 1 显示状态描述，显示屏 2 显示数据类型。状态在每个 PREV/NEXT 转换时改变。

（3）标志器数字信号处理电源板（MARKER 电源板）。MARKER 电源板处理车载标志器天线检测到的轨旁无源标志器信息，用于启动程序停车和修正车站停车的距离，并向 ATO CPU 传送接收到的轨旁标志器的频率。

（4）P-Line 牵引线驱动板。P-Line 板在自动模式时，通过 P-Line（牵引线）、BR（制动继电器）和 DR（牵引继电器）来控制牵引/制动系统，控制输出到定位天线的列车停稳（安全）的编码信号，控制故障和测试标志器输出，接收和处理 8 m 标志器（14.351 kHz）和定位天线（13.235 kHz）的信息，产生诊断检查定位天线和 ATP/TWC 接收线圈的"测试标志器"信号（14 kHz）（诊断检查而回读 P-Line 电流值）。非安全输入/输出控制信号来自于 ATO/ATS CPU 板。安全停稳信号输入（列车停稳，6 车和 8 车）来自 ATP 输出。

（5）车地通信调制解调板。车地通信（TWC）系统采用半双工通信，使用车载 TWC 发送天线感应到钢轨上。该板包含下列功能：主通道发送功能发送数据到轨旁、主通道接收功能从轨旁接收数据、FPGA 控制发送器和接收器，与 ATO/ATS CPU 板的 TWC 功能相同。列车和轨旁之间以 110 波特率的移频键控方式发送数据：中心频率为 9 650 Hz，上边频为 9 800 Hz，下边频为 9 500 Hz。

4. ATC 机架内其他电气部件

（1）速度传感器接口板。位于非安全型继电器板的左边。这块板提供了从速度传感器到 ATP CPU 板的输入接口。速度传感器接口板实物如图 3—16 所示。

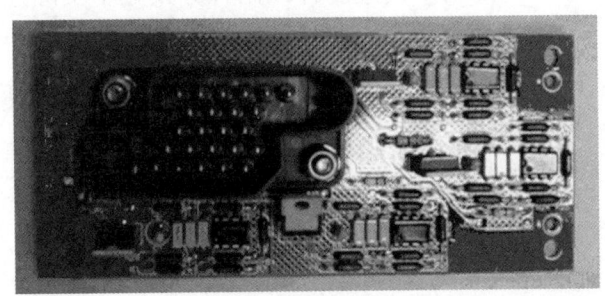

图 3—16　速度传感器接口板

（2）非安全型继电器板。非安全型继电器板上装有 3 个非安全型继电器：牵引继电器（DR）、制动继电器（BR）和 FAULT 继电器。牵引继电器（DR）和制动继电器（BR）为 ATO 子系统在自动列车驾驶期间产生的动力控制信号提供一个与车辆动力控制单元的接口。FAULT 继电器提供一个车辆故障表示系统的接口，警告列车操作员 ATC 系统中出现故障。致使这个继电器落下的 ATC 故障是以下几种：速度传感器信号不正确、牵引时在 5 s 内没有检测到速度、ATO 与 MANUAL（手动操作）安全输入冲突、6 车与 8 车安全输入冲突、开门与关门安全输入冲突和失去 ATC 电源。非安全型继电器板实物如图 3—17 所示。

图 3—17　非安全型继电器板

（3）安全型继电器。机架内有 4 个安全型继电器，左侧开门使能继电器（EDL）、右侧开门使能继电器（EDR）、全常用制动继电器（SBR）和紧急制动继电器（EBR）。这些继电器提供 ATC 系统与车辆的接口。

（4）直流/直流转换器。它将车辆的标称值 DC 110 V 电池电压转换成 DC 28 V 以供给 ATC 系统的电子设备。电源的输入电压范围是 DC 20～140 V。

5. 车体内 ATC 外围设备

（1）速度计。如图 3—18 所示，速度计以两种方式显示实际速度和命令速度，一个 2 位字母/数字显示和两个以 1 km/h 为增量的曲线 LED。LED 的外环指示实际速度。命令速度显示在 LED 的内环上。每个环由 100 个独立的 LED 组成。每个 LED 代表 1 km/h。这个 2 位显示表示实际速度从 0 到 99 km/h。速度计具备了可调节 LED 亮暗的功能。每个 A 型车厢都有一个速度计。速度计在任何操作模式下都有效。速度计位于驾驶室司机控制台上。

（2）状态显示单元（ADU）。如图 3—19 所示，状态显示单元（ADU）位于驾驶室司机控制台的左边。ADU 是 ATC 系统和司机之间的接口。它可以显示 ATS 速度、车次号、目的地、运行等级、车长及其他可视指示和超速告警声音。ATC 系统通过 RS485 通信串口每 100 毫秒更新一次 ADU。ADU 响应接收到的数据并发送任何更新到 ATC 系统。

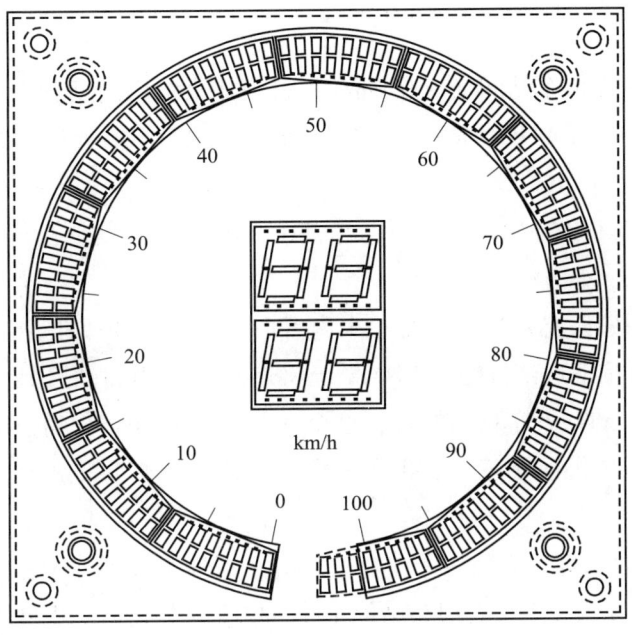

图 3—18 速度计

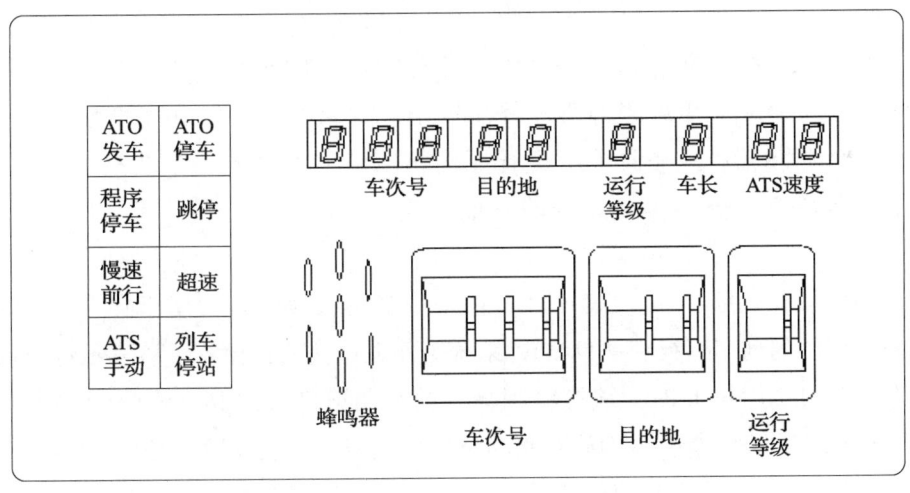

图 3—19 状态显示单元（ADU）

ADU 包括以下控制和显示。

1) ATO 发车按钮/指示器。它是一个内置绿色指示器的自复式按钮，当 ATO 模式建立并收到一个非零的 ATP 限速时，以 1 Hz 的频率闪烁。按压这个按钮，列车发车且指示器由闪烁变成稳定。当列车车门在预定的停站位置打开时，指示器灭。在车门关闭和收到一个非零的限速后，指示器又开始闪烁。按压这个按钮列车发车指示器由闪烁变成稳定。

如果 ATP 限速在两个站间变成 0 km/h，将施加全常用制动直至列车完全停车，该指示器仍保持稳定。当 ATP 变成一个非零限速时，列车不需要按压这个按钮就会自动恢复运行。

ATO 发车按钮只能在 ATO 模式下工作，在 ATO 以外的其他模式下按压这个按钮是无效的。

2）ATO 停车按钮/指示器。它是一个内置白色指示器的按钮，被用于停止 ATO 运行。当列车运行时按下这个按钮，ATO 系统将启动全常用制动直到列车完全停止。按下这个按钮将导致 ATO 发车指示器灭，这个 ATO 停车指示器保持点亮直到再次按下此按钮。这不是一个安全的功能，如果遇到紧急情况或者由于安全原因必须停车时不能用此功能。

3）程序停车表示灯。它是一个蓝色表示灯，当列车收到一个有效的车站程序停车标志（350 m/150 m）且正在处理车站停车时，程序停车表示灯将被点亮，ATO 系统将启动程序停车程序。当列车程序停车结束或者程序停车被取消时，程序停车表示灯将熄灭。

4）跳停按钮/指示器。它是一个内置黄色指示器的按钮开关。按下这个按钮将导致指示器点亮且下一个或当前程序停车取消。如果通过 ATS 子系统收到中央的跳停命令，这个指示器将点亮且下一个程序停站取消。当检测到车站对位线圈并通过时这个指示器将灭灯。在 ATO 以外的其他模式下，这个指示器不亮且按压这个按钮无效。

5）慢速前行（close–in）表示灯。它是一个黄色表示灯，用于在人工 ATP 模式下，无码区段中的列车运行。一旦 ATC 系统工作在慢速前行模式，该表示灯将被点亮。当列车车速超过 20 km/h 时，该灯将闪烁，同时超速红灯点亮，蜂鸣器发出告警声，直到列车停稳，司机将牵引手柄放到制动位后，该表示灯恢复稳定光。

6）超速表示灯。当列车速度超过 ATP 命令的速度限制时，一个红色表示灯点亮。这个表示灯在 ATP 切除模式下不起作用。

7）ATS 手动按钮/指示器。它是一个内置黄色指示器的按钮，用于驾驶员设置 ATS 信息。按下这个按钮，将导致指示器点亮且车载 ATS 子系统将收到来自车载指示器面板的 ATS 数据而不是来自中央的。

8）列车停站按钮/指示器。它是一个内置绿色指示器的按钮。在人工模式下，当车载定位天线和轨旁定位天线对准时,这个停站指示器将点亮。一旦按下这个点亮的按钮将开始打开车门操作。

9) ATS 信息显示器。共有 9 个 LED 用于显示当前储存在 ATS 子系统发送缓存中的 ATS 数据。3 个用于显示车次号,2 个用于显示目的地号,1 个用于显示运行等级,1 个用于显示车长,2 个用于显示 ATS 限速。

10) 蜂鸣器(报警器)。在人工 ATP 模式和慢速前行模式下,车速超过 ATP 限速时,蜂鸣器提供一个声响报警声。在人工 ATP 模式下,当驾驶员拉住控制手柄到全常用制动位,确认超速条件,则报警声消失。在慢速前行模式下,需直到列车停稳报警声才消失。在人工 ATP 模式中,当 ATP 限速码率从 0 km/h 到任何非零限速码率变化时,生成 2 s 的报警声一次。在 ATO 模式或 ATP 切除模式时,报警器不起作用。

11) ATS 设置开关。ATS 设置开关是一列 6 个拇指轮式开关,可以人工设置 ATS 信息,3 个拇指轮式开关用于车次号设置,2 个拇指轮式开关用于电动客车目的地设置,1 个拇指轮式开关用于运行等级设置。所有开关均有 10 个位置,表示 0~9。运行等级设置 1~4 的位置有效,任何其他位置的设置,ATO 子系统将默认为运行等级 1。

(3) 日检测试盘。日检测试盘用于电动列车在投入运营之前测试车载 ATC 设备的机车信号的接收译码、超速防护和 TWC 车-地通信等功能。日检测程序固化在车载 ATC 系统内,日检测可在任何无轨旁信息的轨道上进行。

该测试盘安装于司机室测试人员容易接触到的地方,测试盘上有进行测试功能的 TEST 钥匙,一个可选择模拟码率的开关及 ATP 选择开关(并联、ATP1、ATP2),还有两个产生超速信号和降低限速速度信号电平的按钮。该测试工作应该分别对 A 车 ATC 设备的两套 ATP 系统进行。ATP 选择开关只有处于 ATP1 或 ATP2 方式时,测试工作才能进行。

6. 车体外 ATC 设备

(1) ATP/TWC 接收线圈。该线圈是用来接收轨旁 ATP 限速、车门控制命令以及轨旁 TWC 信息,在该线圈组内有两组线圈,包括一个宽带接收线圈和一个测试线圈。线圈被安装于每辆 A 车的下面,第一车轴前方。每辆 A 车有 2 个,串联接法。

(2) TWC 发送天线。TWC 发送天线将车载信息向钢轨发送,这些轨道信号传送至和该 BOND 相连的轨旁 TWC 调制解调器。TWC 发送天线是一个 10 匝的线圈,装在

PVC 塑胶管里。发送天线被安装每辆 A 车的第一车轴前方。每辆 A 车有一个。

（3）定位天线。定位天线用于检测地面有源标志器发送的信息，并且在列车对位停稳时发送停稳信息和车长信息，车长信息用于控制屏蔽门是开启 6 车还是 8 车。每辆 A 车定位天线安装在车辆的纵向中心线。每辆 A 车有一个。

（4）标志器天线。标志器天线如图 3—20 所示，用来检测地面无源标志线圈。地面无源标志线圈的信息被用来启动列车程序停车，并校对列车程序停车曲线。标志器天线内包含两个重叠线圈，封装成一个信号单元。通过两根屏蔽电缆连接到标志器数字信号处理/电源板，线圈正面有一调零铁板用于调整线圈耦合度。每辆 A 车标志器天线安装在车辆纵向中心线。每辆 A 车有一个。

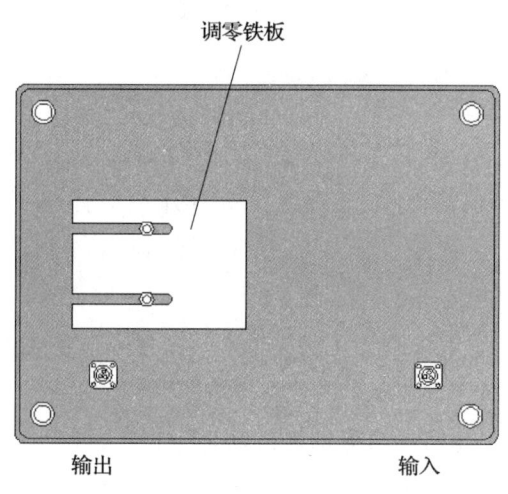

图 3—20　标志器天线

（5）速度传感器。速度传感器用来测量列车车速。ATC 系统使用速度传感器的输入来获得列车实际列车速度及所运行距离的信息，这些信息被送到 ATP 和 ATO 子系统。为了提供冗余的 ATP 操作，一号线交流列车的 A 车的轴 1 和轴 4 上都装有一根速度传感器（直流车安装在轴 2 和轴 3 上），每根速度传感器提供两个独立的、电气绝缘的输出通道用于以安全方式确定列车速度，每个通道相位差为 90°。ATC 系统定义车速在 3 km/h 以下为零速。

速度传感器由感应头、比较电路、中间电平产生电路、放大电路组成。当测速齿轮旋转时，传感器将产生频率 $f(\text{Hz}) = n(\text{r/min}) \times z/60$（$n$ 为转速，z 为齿轮齿数）的方波信号，供 ATC 系统对机车速度进行采样检测。

3.1.3 中央 ATS（GRS）系统

1. 列车运营折返模式确认

折返站的能力是城轨线路能力的关键环节，中间站、终端站折返能力的大小直接影响整个系统的运输能力和效率。列车运营折返模式有三种，分别是：站前折返、站后折返、优先站前折返。站前折返指列车利用站前渡线进行折返作业。站前折返的优点在于可以在一定程度上缩短列车走行距离；但是列车在折返过程会占用区间的正线，从而影响后续列车闭塞，列车出站的过程与进站列车存在敌对进路，所以对行车安全保障要求比较高。站后折返由站后尽端折返线折返，可避免进路交叉。优先站前折返是指在站前折返与站后折返都可用的情况下优先选择站前折返进路，若站前折返进路被占用，则选择站后折返进路。

2. 自动进路排列触发

自动进路（ARS，Automatic Route Setting）功能允许自动控制进路，可通过自动通过进路、自动调度进路及目的地 ID 自动触发进路进行自动进路的设置。自动进路排列的触发原理为：假设列车前方的始端信号机模式为自动信号模式且列车为 ATO 模式，当一列列车进入到一个特殊的轨道区段，称为触发轨时，即触发排列进路的命令。列车的当前位置由列车追踪功能获取，当列车压到触发轨后则对选定的进路进行一致性检查，一致性检查的目的是防止不能被联锁执行的命令传送到联锁。若检查发现满足条件，则向系统联锁系统发出一个指令，锁定进路中的道岔位置和区段，以防止其他进路征用；若不满足条件，则终止命令。最后联锁进行进路排列检验，如果没有问题，则开放始端信号机。

3.2 ATC（USSI）系统的各子系统

3.2.1 轨旁 ATC（USSI）系统

1. 非安全逻辑仿真器子系统（NVLE）组成

非安全逻辑仿真器子系统（NVLE）是一个基于工作站的系统。每个 NVLE 都配有显示器，控制该区间可控的钢轨系统区域。系统启动时，将在工作站彩色显示器上显示细节窗口。

启动时，系统时钟、轨道图窗口和其他窗口都显示在显示器上，不允许操作员关闭其中任何一个窗口，因为它们都是系统运行所必需的。需要时可将任何一个窗口最小化。操作员可调整每个窗口的尺寸，也可将窗口移动到显示器的不同区域。

在轨道图窗口报告设备生成的指示。设备指示通过串行接口从轨旁设备发送到NVLE。NVLE通过网络通信链接向中央ATC系统发送指示。这些指示使得轨道图窗口的响应设备显示发生变化。

操作员使用鼠标和键盘向系统输入命令。NVLE系统改变轨道图窗口的设备显示来反映请求的状态，通过这种方式响应操作员。这些变化可能包括指示的颜色变化、打开或关闭、指示的闪动或稳定不动，取决于设备和它现有的状态。

必要时，操作员将通过NVLE彩色显示器上出现的各种菜单和设备访问中央功能。屏幕上显示的主要窗口是轨道图窗口、报警列表、操作员请求栈窗口。

报警列表和操作员请求栈窗口上的功能选择器以按钮的形式表示。要选择某一选项时，可将鼠标指针移动到按钮上，单击鼠标左键来选择。

轨道图窗口的功能与显示器显示的各种设备相关：选择道岔操作时，会出现道岔菜单，选择信号图标时会出现信号菜单。轨道和车站与各自的显示设备相关联。

中央功能分为现场控制和状态显示、中心控制功能。现场控制和状态显示由轨旁设备来完成，响应控制中心ATC/NVLE系统的控制命令。中心控制功能是行车调度必需的功能。中心控制命令通过网络发送给相应集中站的NVLE，再由联锁机实施外部设备的驱动、控制和状态采集。

其他功能包括：

（1）本地使能。本功能允许操作员把对车站的控制从中央转到本地。允许本地功能有两方面的操作：NVLE请求本地控制和当前控制器允许本地控制。在把控制权交还给控制中心时，NVLE必须要取消本地控制。紧急情况下，本地控制可在没有中央ATC允许的情况下转换到中央。

（2）进路模式。系统每个车站都有相关的进路模式。进路模式在站与站的基础上设置。

（3）通信功能。本功能允许操作员连接到所选车站或与所选车站断开连接，控制MicroLok Ⅱ单元的故障切换或找回轨旁或SCADA（数据采集与监视控制系统）信息。

（4）验证旁路。验证旁路功能包括验证旁路使能/禁用，该功能用于暂时禁止所有操作员或设备编辑车站校验。

2. 轨旁数据通信系统（DTS）组成

数据传输系统（DTS）通过光纤环网为中央 ATC 系统和轨旁车站之间提供数据通信接口，同时也为站间提供串行数据通信连接。

各站主/备两台工业以太网交换机构成 DTS 骨干网络，主要负责邻站之间和各站与 OCC 之间的信息传输，如 NVLE 与 OCC（操作控制中心）ATS 系统之间的信息交互等。

终端服务器主要实现以太网接口和串口之间的信息转换，满足不具备标准以太网接口信号设备之间在 DTS 上的传输，如：邻站 MLK（联锁机）之间的信息传输，PSD（屏蔽门终端服务器）与 MLK 之间的信息传输等。网络管理主要实现对网络运行状态的动态监测、资源管理、告警管理和日常维护等功能。

OCC 处的通信网络接口主要由 4 个光纤以太网交换机组成。它们是具有两个千兆上行端口的 16 端口交换机。其中，两个同东延伸的主/备光纤网络相连，余下两个同西延伸的主/备光纤网络相连。

每根光纤电缆均携带两根为 DTS 采用的光纤对（除其他光纤外）。每根光纤对支持一个独立的网络。2 套冗余光网中的光信号发送方向相反，采用这种方式后，若某个节点发生故障时，冗余网络可以通过开环方式保证剩余通信节点工作正常。

如果一对单模光纤中的一根或两根光纤遭到损坏或者如果整个节点故障，临近位置处的逻辑故障将连接两根光纤并通过一根光纤以相反方向绕回网络传输，这个过程可保证网络继续发挥作用。

3.2.2 车载 ATC（USSI）系统

1. 车载 ATC 系统超速防护功能

安全制动距离（SBD）模型用于编辑轨旁 ATC 控制线和执行车载曲线控制算法。控制线是安全间隔和超速轨旁控制程序，根据城轨系统闭塞设计和先决条件对每个轨道电路生成适当的机车信号数据。

安全制动距离（SBD）模型将计算 2 个 SBD：一个用于最大列车长度，另一个用于最小列车长度。闭塞设计使用针对这两个距离计算得出的最长距离。

（1）安全制动距离（SBD）模型的 5 个基本部分。

1）机车响应时间。这段时间内，列车以超速门限运行。延迟是由机车信号解码和验证时间造成的。最坏情况下的延迟是过棒时重新建立机车信号。最坏情况分析还要包括重大交通系统事件（如紧急停车）或 ATP 故障或机车信号解码时间间隔结束、ATP 采取限制行动之前丢失了机车信号。

2) 全加速时间。列车在这段时间以全加速度继续前进。全加速时间由 ATP 超速检测时间和列车电源切断保证时间组成。

3) 切断电源/惰行时间。在这段时间内，列车仅在垂直或水平加速或减速曲线的影响下继续前行。通过切断电源可实现惰行模式，从电源切断到惰行的过程是通过调整牵引等级来实现的。

4) 紧急制动（EB）建立。列车过渡到全减速，产生紧急制动率，在这段时间内按垂直和水平曲线数据调整。

5) 全减速。列车以垂直和水平曲线数据调整确定的紧急制动率减速。

车载 ATP 考虑了凸出连挂部分与相邻轨道电路上列车相连接的可能，从控制线走行距离的目标距离长度中减去了尾部连挂器和主轴之间的长度。

(2) 计算 SBD 需要的最坏情况下的时间和制动率。

1) 超加速。是指列车牵引系统可获得的最大失控加速度。在列车空载情况下，该数据正常值范围为 2.5～3.0 mi/(h·s)（约 1.1～1.3 m/s^2）。

2) 全常用制动减速率。是指列车生成的最大全常用制动率。

3) 抖动率。是指最坏情况下牵引和制动系统使用的抖动率，用从完全动力到惰行的加速度除以抖动率和从惰行到全常用制动的最大全常用制动率除以抖动率来计算时间。正常值范围为 1.8～2.5 mi/(h·s)（约 0.8～1.1 m/s^2）。

4) 切换时间。是指最坏情况下牵引/制动系统从惰行切换到制动所需的时间。正常值范围为 0.25～1.0 s。

5) 切断电源时间。一旦启动紧急制动列车线，本时间将作为最坏情况下系统从完全加速度到零加速度的时间。正常值范围为 0.25～1.0 s。

6) 紧急制动率。是指车辆制造商能确保的最大紧急制动率的值。该值通常小于名义制动率的值。正常值为 1.5 mi/(h·s)（约 0.7 m/s^2），紧急制动率为 3.0 mi/(h·s)（约 1.3 m/s^2）。该制动率必须考虑发出 EB 命令后，出现紧急制动系统故障（通常是最大负载承受制动控制单元 BCU 故障）；考虑列车完全满载，钢轨黏着不佳（假定为大约 0.1 的因素）的因素。正常紧急制动率范围为 1.1～2.0 mi/(h·s)（约 0.5～0.9 m/s^2）。

7) 紧急制动建立时间。该时间是最坏情况下紧急制动从 0 到 90% 紧急制动率所需的时间。如果使用空转/打滑检测，最大检测时间也将作为模型的一部分。正常值范围为 0.5～1.5 s。

(3) 超速防护功能。超速防护功能由车载 ATP 系统执行。如果 ATP 检测到

"当前速度"超过了"超速限速",那么执行不可恢复的紧急制动(UEB)。以下条件除外:

1)突然的速度下降后(通常由于轨旁发出紧急停车命令或机车信号丢失)。如果超速限速从前一个循环值下降超过 2.5 km/h(假定循环时间不超过 250 ms),则认为超速限速突然降级。

2)列车处于慢速前行或反向运行模式。这种情况下,ATP 应用 IES(不可取消的紧急制动)。

3)如果 ATP 检测到"当前速度"超过"限速",那么应用 FSB(全常用制动),ADU 点亮超速指示灯。

4)一旦"当前速度"低于("限速"-"滞后"),FSB 被撤销,ADU 超速指示灯灭。此处,ATO 模式的"滞后"为 2.5 km/h,ATP 模式的"滞后"为 5 km/h(在认证测试期间,可能根据经验数据进行调整)。

5)超过"限速"也会引起某些运行模式的取消,例如慢速前行模式和退行模式。

2. 车载 ATC 系统列车停站功能

当停车指令通过指定的进路发给列车时,车辆在车站站台停车。车载 ATO 子系统在每个车站按它的进路执行程序停车,除非由轨旁命令跳停或者进路指定仅某些车站为停车点。自动程序停车仅出现在正向行驶时。

精确站停通过使用轨道电路 ID、轨道电路边界转换和在车站区域的 TWC 环路变换来执行。轨道电路 ID 用于决定正常的停车曲线开始点。轨道电路边界转换和轨旁 TWC 天线转置提供距离划分,从而获得所需位置的精确性。

当车辆进入位于某个距离靠近车站的预先确定的"信标"轨道电路时,程序停车启动。当停车曲线建立,ATO 子系统将会基于列车速度,预先确定的制动率,根据到达停车点距离和坡度跟踪变化来计算制动曲线。ATO 子系统将会依照此曲线改变所需的牵引作用和制动作用。

理论上的曲线制动率将会是最大车辆常用制动率的百分率。理论上的制动率可以按照 10% 为增量调节,可调总量为 50%。制动率调节值通过 TWC,从轨旁 ATO 子系统接收。这个功能允许根据非正常的轨道状况进行动态调节。

在程序车站停车期间,为了有助于获得位置的准确性,站台区域内的 TWC 通信环线在称为交叉点的固定间隔的位置交叉。交叉点给 TWC 接收器提供了空位指示。环线交叉位于站台中央和其他离开站台两端规定距离的指定位置上。

程序停车的目标位置为列车中心线对准站台中心线。即使车站停车因为任何原因中断，ATO子系统会试图让列车在程序停车的位置停车。包含的情况如接收到来自ATP子系统的零速度限制，接收到低于预期速度限制或在车站停车曲线内启动自动模式。在这些情况下，停车误差允许±1 m。一旦列车停车，ATO子系统将实施强迫制动（常用制动的70%）来禁止列车移动。

ATO站台设计停车精度：在±0.5 m范围内时，正确率为99.999 8%；在±0.25 m范围内时，正确率为99.99%。停车误差不仅仅是对ATC系统的要求，也是对系统级别的要求，会受到其他子系统的影响，最主要是列车制动性能的影响。车辆供应商必须满足要求的列车运行参数，确保系统性能和对停车精度产生的影响。

3.2.3 中央ATS（USSI）系统

1. 调度员工作站

ATS调度工作站专门用于自动调度列车运营。其中时刻表只能在离线状态下创建和保存。系统将保存不同类型的时刻表，包括一周内指定的每一天、特殊事件及紧急状态。每一次只能使用一种类型的时刻表。若干数量的时刻表可以被长期存储（会受到磁盘空间的限制）。日历文件也是在离线状态下被保存，用于指明某一天使用的时刻表。

一个在线功能是可以加车到当前的时刻表或从当前的时刻表减车。另外一个功能是调度员可以编辑列车时刻表。

中央ATS通过与控制终端及车站的通信来调度和追踪列车。ATS系统调度员工作站包括下列功能：插入、去除及移动列车车次号。

——插入一个列车ID，表示加入一列计划或非计划列车进入系统，并在指定的轨道区段上方显示列车的标识号。

——去除列车ID，表示从系统中撤销早先进入的列车ID，并且取消显示。

——移动列车ID，表示将一列计划列车或非计划列车的ID从一个显示位置移到另一位置（这个操作也可以通过鼠标点击并拖拉列车的ID来完成）。

ATS系统调度员工作站系统提供一组控制功能，用这些功能操作员可以人工指挥通过其控制区域的列车运行。例如：

——进路设定功能可以向信号系统发出控制命令，通过动作道岔及开放信号机来建立某条指定的进路。

——进/出功能可以在控制区域内的入口/出口信号机之间建立一条跨越若干个进

路的长进路。出口信号机和入口信号机可以并置也可以差置。

——道岔动作可以发送控制命令给信号系统以转动一个现场道岔。

——信号关闭功能可以发出一个控制命给车站来关闭一个之前开放的信号机。

此外，操作员可以使用闭塞控制功能。例如：

——信号机闭塞可以允许操作员将某一个信号机闭塞，使之无法作为某一条进路的反向出口信号机。

——道岔锁闭功能可以将道岔锁闭到当前的位置。如果该道岔是双动道岔，那么该操作将会使该双动道岔同时锁闭在当前位置。

——轨道闭塞功能可以闭塞两个信号机之间的轨道电路，使经过这一区段的进路无法建立。

所有的功能都是通过鼠标点击界面上的上拉菜单完成的。功能菜单可根据操作员权限和设备当前状态来限制操作员的对系统功能的使用（例如，在信号机已经关闭的情况下无法使用信号机闭塞功能）。对于一些设备，一个默认的操作，仅仅单击一下鼠标就可完成。

控制功能采用排队待处理方式处理命令，若干个控制命令可以在同一个传输系统中传递。分为两步处理可以来保证控制命令的有效实施：一旦通过轨道图表选择了一个控制命令，那么该控制命令将会出现在请求堆栈窗口中，直到操作员将该控制序列发出。操作员仅需点击一下发送请求，该命令就会发出（如果操作员没有人工地发送控制命令，在指定的周期满后，该命令会在堆栈窗口中消失）。撤销及重作按钮也将在请求堆栈窗口中被提供，以允许操作员在发出控制命令之前可以编辑这个堆栈请求。

2．网络分析

信号控制系统中的网络设备采用环形网络结构。环形结构简单的解释就是把其中各节点通过环路接口连在一条首尾相连的闭合环形通信线路中，也就是把每个节点连接起来。DTS 网络中承载着联锁、ATS 工作站、屏蔽门等多种安全与非安全业务，数据沿着环依次通过每个节点直接到达目的地，环路上任何节点均可以请求发送信息。请求一旦被批准，便可以向环路发送信息。环路中的数据可以是单向也可是双向传输。由于环路公用，一个节点发出的信息必须穿越环中所有的环路接口。信息流中目的地址与环上某节点地址相符时，信息被该节点的环路接口所接收。环形网络结构特别适合具有实时控制功能的信号控制系统。

环形网络结构具有电缆长度短的特点，因而减少了投资成本；新增工作站时，仅需简单的连接操作就可方便地扩容。由于信号系统是整个城轨运行时的安全保证，为了提高系统可靠性，采用的是双通道冗余结构的双环形网络拓扑结构。

双通道冗余结构的双环形网络拓扑结构具有连续性、实时性、无限性、快速性的特点。基于双通道冗余结构的双环形网络拓扑结构由硬件自动实现切换过程，将故障检测和切换工作交由底层来完成，效率较高，可以有效减少网络通信过程的故障恢复时间，满足实时性要求。某城轨的DTS（信号数据传输系统）网络拓扑结构如图3—21所示。

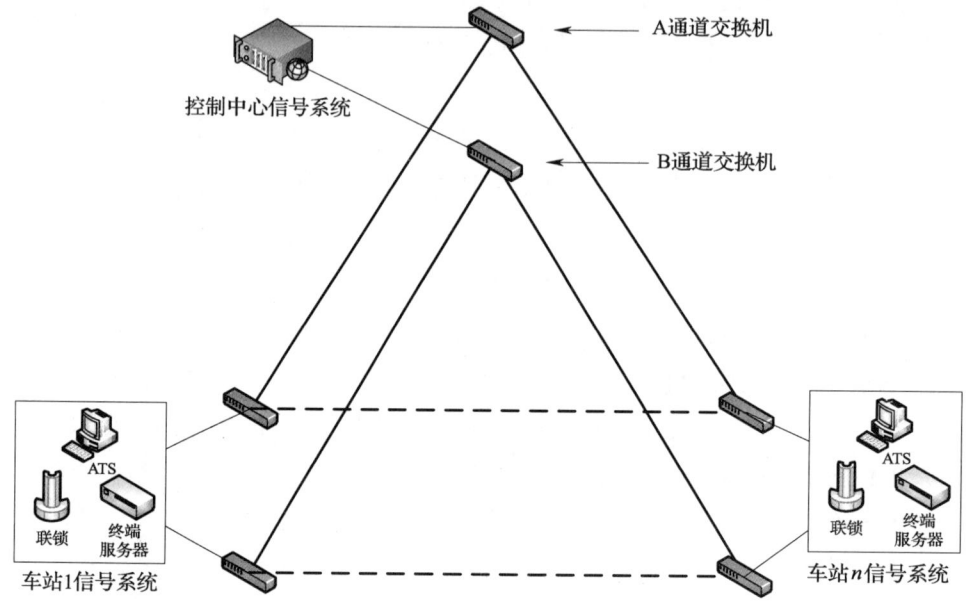

图3—21　DTS网络拓扑结构

某城轨的中央服务器与站点之间通过光纤串联起来组成一个环，每个站点由三层以太网交换机作为中继。整个DTS环网有A、B两个主干道做为主备通道。每个站点由两台三层以太网交换机作为中继节点。站点中的工作站、联锁机、终端服务器和屏蔽门AP由交换机统一数据传输。

图3—22中的RS910为终端服务器，单独连接A、B网交换机的两个终端服务器，主要用于邻站间的联锁数据传输并做主备冗余（联锁—终端服务器—交换机）；同时跨接A、B交换机的屏蔽门-终端服务器，主要用于站点屏蔽门联动的控制（联锁—终端服务器—交换机—轨旁AP—车载移动电台MR）。

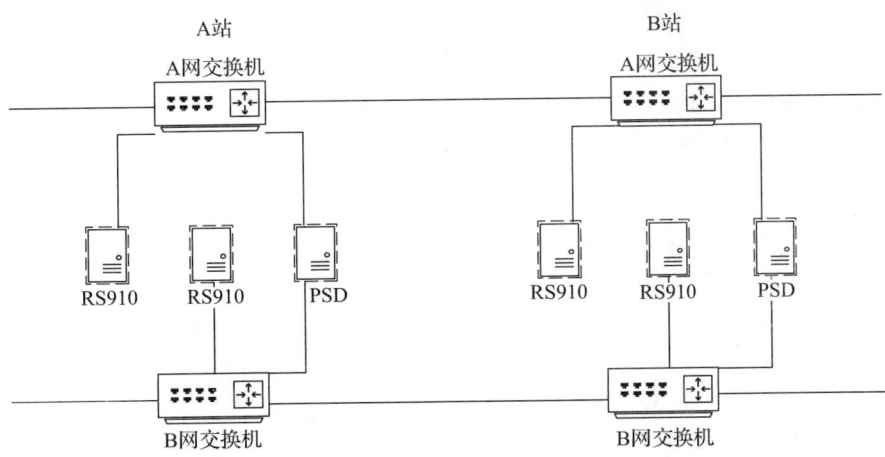

图 3—22　交换机、联锁—终端服务器、屏蔽门终端服务器的连接图

3.3　ATC（ALSTOM）系统的各子系统

3.3.1　轨旁 ATC（ALSTOM）系统

1. SECEM 系统组成

SACEM2003 是 ATC 系统的室内部分，基于计算机联锁（VPI）的安全联锁设定、轨道电路占用、道岔信号机状态和线路，提供车载 ATC 进路地图。

轨旁 SACEM2003 放置在主要设备站的信号机房中，它的作用相当于一个邮箱。它从 AC 单元接收轨道状态（轨道电路、信号机状态、道岔位置）信息和站台 PEP 信息，接收 CATS（中心列车自动监控系统）发给 LATS（车站列车自动监控系统）的运行调整命令。SACEM2003 发送给列车信息包括：轨道描述、轨道状态信息、从 ATS 接收到的运行调整命令、TSR（临时限速）。它向相邻的 SACEM 设备发送已发给列车的有关信息，使列车能超过其管界无缝运行。

2. VPI2 型联锁组成

VPI2 设备放置在主设备站和 CBI 站（联锁集中站）的信号机房。VPI2 通过安全传输将它所控制与监督的信号设备采集的信息提供给 SACEM。

VPI2 子系统建立在分散的计算机上，它提供一套实用性和安全性都非常高的进路联锁设备，并且控制所有轨道设备的输入/输出。

VPI2 计算机控制和监督轨旁信号设备，从数字轨道电路（SDTC）上接受轨道电路占用信息。它管理进路设置、转辙机控制并采集信号机、道岔、PEP（站台紧急停车控钮）状态，通过安全传输向轨旁 SACEM 提供以上信息。

SACEM 从 VPI 接收联锁的状态信息，所有从 VPI2 和 SACEM 的操作和维护数据都发送给 LATS。

每个 VPI2 通过高速数据网络与相邻的 VPI 连接通信，SACEM 也是如此。这些连接相互独立。

每个 VPI 都有热备冗余功能，因设备故障从主机切换到备机时，下辖设备不受影响与限制，列车能继续运行，进路能继续排列。

3. 报文及模糊区段处理

（1）DTC921 型轨道电路的概述。DTC921 数字无绝缘节轨道电路，相邻轨道区段间采用不同频率划分，其工作频率范围为 9.5~20.7 kHz，具有调制效率高、传输信息量大等特点。

（2）DTC921 轨道电路构成和功能。DTC921 轨道电路由室内处理单元、室外调谐单元、S-BOND、连接电缆以及钢轨构成，如图 3—23 所示。

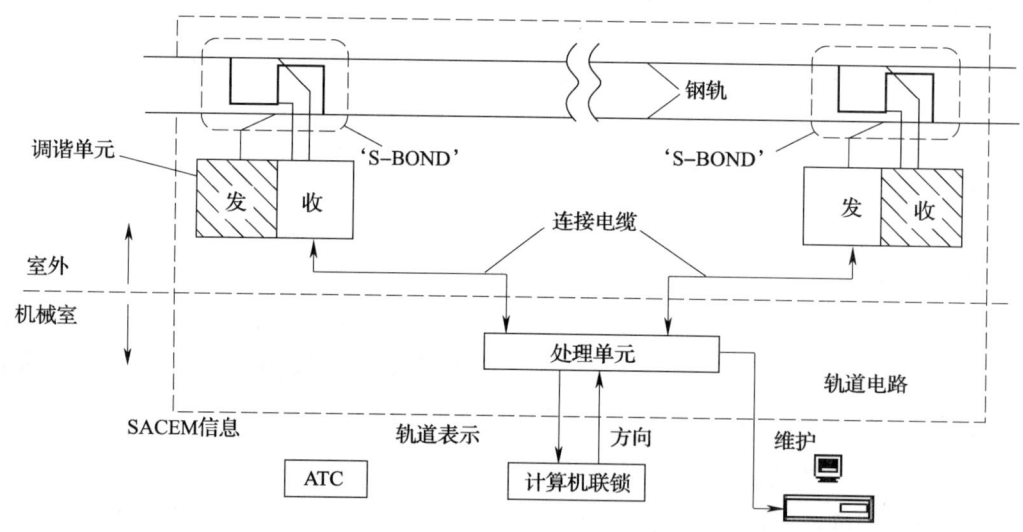

图 3—23 轨道电路框图

处理单元设于车站信号机械室内，用于发送、接受以及处理信号；二个调谐单元谐振于本段轨道电路工作频率；S-BOND 和调谐单元共同把发送信号耦合到钢轨上。处理单元具有与 ATC、计算机联锁设备的接口，ATC 设备提供轨道电路发送给列车的

SACEM 报文信息（机车信号），另外还提供维护用的接口。

DTC921 轨道电路有列车检测和发送 SACEM 报文通道两大功能。

（3）处理单元工作原理。处理单元的主要功能原理如图 3—24 所示。

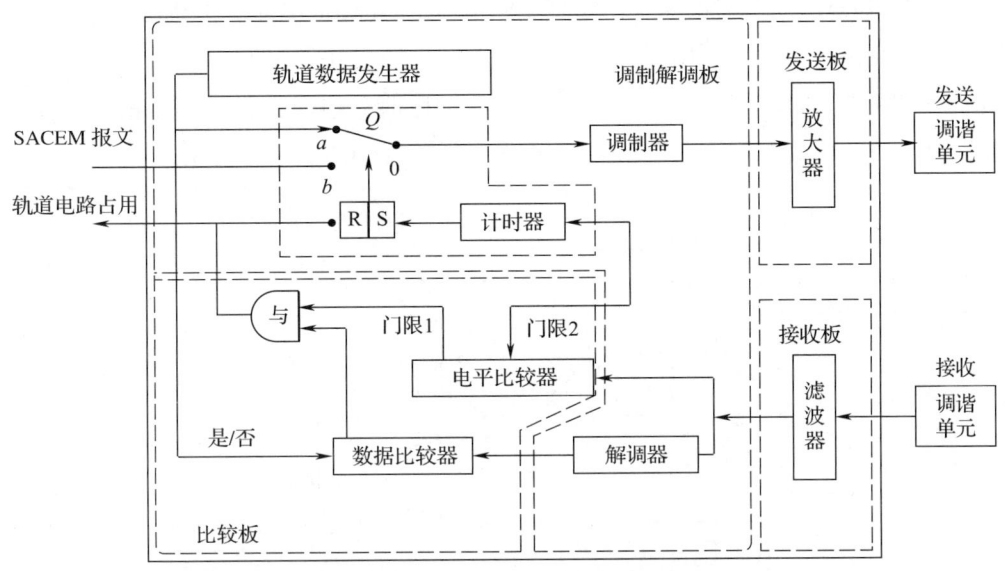

图 3—24 处理单元主要功能框图

处理单元由发送/接收板、比较板以及调制解调板组成。电路中的门限 2 高于门限 1，以保证开关 Q 置 "a" 值大于置 "b" 值（类同轨道继电器返还系数）。

本段轨道空闲时，调制解调板产生 400 bit/s 的轨道电路调制数据（简称轨道数据），分配给本段的载频，用 MSK 调制方式发送至钢轨。

接收部分的数据比较器将解调后得到的轨道数据与调制电路的轨道数据比较，如果一致就表示轨道数据空闲；电平比较器检测接收信号的电平，如果接收信号电平高于门限 1，而解调后的数据又与本轨道数据一致，则与门输出 "1"，开关 Q 置 "a"，保持继续向轨道发送轨道数据，并向计算机联锁发送轨道电路空闲信号（+24 V）。

如果轨道被列车占用，列车轮轴分路轨道信号接收电平低于门限 1，则与门输出 "0"，开关 Q 置 "b"，调制数据改发 500 bit/s 的 SACEM 报文信息，经钢轨发送给列车，用于列车自动控制。

当列车出清本轨道电路时，电平比较器得到高于门限 1 的电平，但是开关 Q 置 "b"，所收数据与轨道数据比较不一致，不能立即发送空闲信号。当电平高于门限 2 的电平时，触发计时器，计时结束后进行触点转换，开关 Q 置"a"。解调器收到轨道数据，当数据比较一致并满足电平要求后，向计算机联锁设备发送空闲信号。所以，列车出清轨道后要经过一定的延时才可以发送空闲信号。

(4) S-BOND 及调谐单元工作原理。S-BOND 与调谐单元、钢轨以及连接电缆并联谐振于所处轨道的载频，用于选频及滤波。调谐单元中含有可调电感，用以调整谐振频率在载频中心频率。一个调谐单元由两个对称部分组成，分别用于前个轨道电路的接收和后一个轨道电路的发送，S-BOND 工作原理如图 3—25 所示。

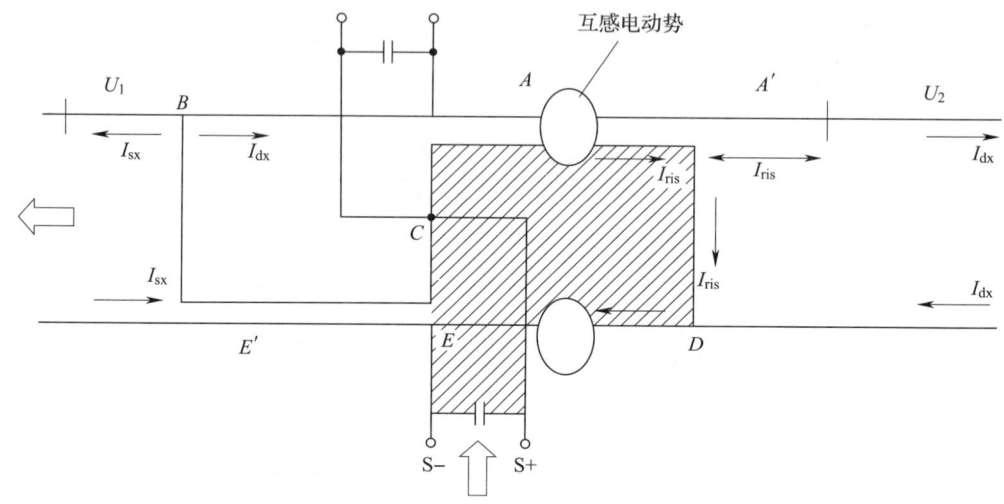

图 3—25 S-BOND 工作原理图

可以看出 S-BOND 由两个半环构成，假设右半环用于向左方向发送信号，那么下一个 S-BOND 的左半环则用于接受，这两个半环与它们所连接的调谐单元谐振于本轨道的载频。

S-BOND 的另一个作用是均衡两根钢轨之间的牵引回流。此外，"S"形的设计可以使发送具有方向性。发送信号由 S+、S- 开始（这里只考虑正半周），S+ 端电流经过 C 到 B，再分成两路 I_{sx}、I_{dx}，其中 I_{sx} 去向本轨道电路的接收方。经 C 到 D 方向的电流在流经 AA' 和 DE 时分别产生互感与自感电流与 I_{dx} 抵消，致使发送电流只向左发送。在发送方，S-BOND 两端外侧 1 m 处的轨面电压比值 U_1/U_2 应大于 2.5，在接收方的比值 U_2/U_1 应大于 2.2。"S"形的设计可以消除轨道电路的"死区段"，即当列车轮轴分路在 A 点附近时，保证相邻 2 个轨道电路都处于占用状态，而不能出现都空闲的"死区段"现象。

(5) 轨道电路频率划分及方向性。由于此轨道电路没有绝缘节，为了避免干扰，频率的配置按照一定的规律安排，如图 3—26 所示。SDTC 轨道电路提供 8 个频率不同载频，分别是 F7、F8、F9、F10、F11、F12、F13 和 F14。

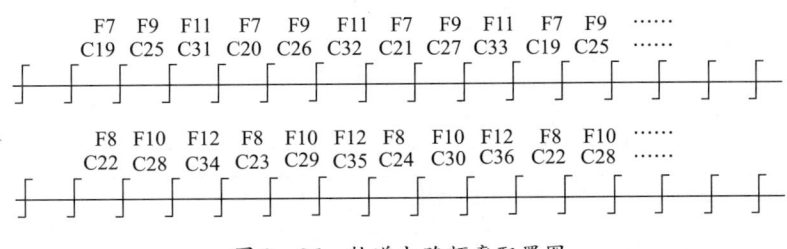

图 3—26　轨道电路频率配置图

为了不产生同频干扰，上、下行区段间隔设置轨道电路频段，F7、F9 和 F11 用于下行线，F8、F10 和 F12 用于上行线。F13 和 F14 用于特殊地区。各个频率以不同在频调制 400 bit/s 轨道检测数据。每个频率分配 3 种轨道数据，如 F7 分配的是 C19、C20、C21。

按照这种组合经过 8 个轨道电路才会出现频率相同轨道数据也相同情况，例如 F9/C25。由于信号的自然衰耗，在最不利条件下，这两段轨道电路互不影响。

当轨道电路空闲时，各个载频调制轨道数据。一旦被占用，则轨道电路调制 500 bit/s 的 SACEM 报文。

无论轨道数据还是 SACEM 报文都采用迎头发送（即迎着列车车头的方向发送）。VPI 向轨道电路发送 DOT 命令（倒换方向命令），用于列车反向行驶。通过处理单元中的继电器可以倒换发送方向。

(6) 道岔区段信息的发送和接收。由于岔区的存在，SACEM 信号在侧股采用环线发送的方式，环线的发送频率不同于直股，信号通过 LIU（环线调谐单元）发送给环线。与直股不同的是环线发送是不间断发送，直股是轨道电路占用时才开始发送 SACEM 信号。SACEM 设备并联发送给各个道岔分支和直股，所以在整个道岔区段使用相同的 SACEM 报文。

岔区采用统一的轨道载频和轨道数据来实现列车占用检测和断轨检测。如图 3—27 所示，如果列车运行方向自右向左那么最左面的 S-BOND 为发送 S-BOND，其他三个都起接受作用。图中所示为一送三受轨道电路，TU 为调谐单元，LIU 为环线调谐单元。如果列车从左向右运行，VPI 发送 DOT 命令（倒换方向命令），则最右的 S-BOND 起发送作用。

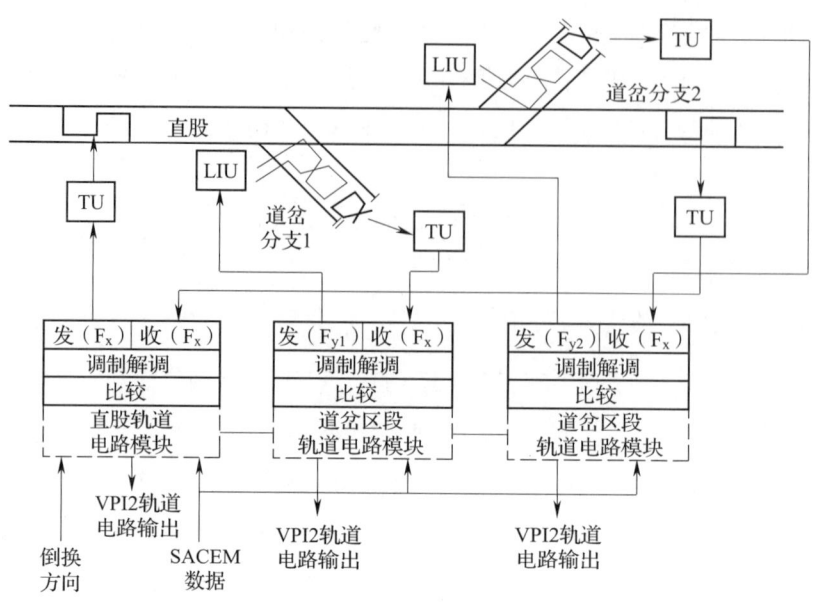

图 3—27 道岔区段轨道电路示意图

（7）SACEM 报文。上文已经提到过当轨道电路空闲时，各个载频调制轨道数据。一旦被占用，则轨道电路调制 500 bit/s 的 SACEM 报文。SACEM 报文包含丰富的信息，是车载 ATP 设备用于计算列车运行状态的基础。

报文按类型分为：

1）安全相关不变量报文。安全相关不变量报文是长报文，它包含进路地图中的一些不变量的信息数据，例如道岔、信号机、信标位置、永久限速点等。长报文长度比较长，长度≤512 bit，因为一帧只包含 64 bit 的有用信息，所以长报文要分成若干帧传送给车载 ATP，并且按次序循环发送。

2）安全相关变量报文。安全相关变量报文属于短报文，只有一帧。它反映一些安全相关的变量，例如道岔位置、信号机状态等。安全相关变量也是循环发送，但当安全性变量一旦发生变化，轨旁 ATP 设备立即通过轨道电路发送给车载 ATP 设备。例如此时正在发送长报文，当地面安全相关变量发生变化时，立即打断长报文发送，插入发送安全相关变量，等发送完成后再继续长报文的发送。

3）临时限速报文。临时限速报文属于长报文，它向车载 ATP 提供线路的临时限制速命令，一个传输区有 4 帧临时限速信息，并循环发送。

4）非安全相关变量报文。非安全相关变量报文属于短报文，只有一帧。它包含一些非安全的变量以及同步时间信息，并循环发送。

3.3.2 车载 ATC（ALSTOM）系统

1. 板卡功能及灯位分析

板卡名称及功能见表 3—9。

表 3—9 板卡名称及功能简述

板卡代号	板卡名称	功能
CCE020	ATC 总电源板	接收 110 V 电压并输出 24 V 及 12 V 电压，检测 CSS011 J K2 继电器关闭
CRV010A	PCE 电源板（车载 ATC 车体板卡供电电源电路板）	接收 24 V 电压并输出 5 V、12 V、24 V 电压
CCI011	隔离接口串行连接电路板	负责列车两头 ATC 通信、ATC 与车辆广播通信，接收部分驾驶室司机面板上的状态信息
CES011C	安全型数字输入电路板	接收车辆发给必须被 ATC 采集的安全型状态信息，并检测 CSS（安全输出板）安全型输出后车辆反馈信息
CID010	功能性输入电路板	检测 CKD（动态控制板）状态及当前继电器板的使用状态
CKD010F	动态控制器电路板	—
CBK011	码位发生器与定位电路板	负责与 Antenna（信标天线）、Odometer（编码里程计）通信，并检测这两个设备当前的使用状态
CSS011J	安全型数字输出电路板	供给安全型输出回路电压，发送安全型输出命令
CTC020	连续传输电路板	负责接收、过滤、整理 Pick-up Coil（接收线圈）传递给车载 ATC 的轨道电路表单信息后，将每个表单划分开并有序地传输给 ATC 中央处理模块
CUC012	ATP 中央单元电路板	ATP 核心单元模块，即计算机中的 CPU 功能，负责处理计算 ATC 所有输入信息，并给相应的 ATC 模块或板卡发出处理结果
CVL010D	驾驶室显示电路板	向列车驾驶台上的速度计提供 ATC 供给的当前目标速度与 ATC 检测到的列车当前实际速度
CUC012A	ATO 中央单元电路板	ATO 核心单元模块，即计算机中的 CPU 功能，负责处理计算 ATC 所有输入信息，并给相应的 ATC 模块或板卡发出处理结果
CMR015	ATO 自动驾驶控制板	在 ATO 状态下，根据 CUC012A 的指令控制列车牵引、制动、滑行、紧急制动等，并检测 CKD 状态及信标天线电源状态

2. 报文数据分析

表 3—10 为静态数据（MT）常见故障表。

表 3—10　　　　　　静态数据（MT）常见故障表

故障代码	故障现象
PCE_12：CKD low because of too long ATP cycle	由于 ATP 循环周期过长导致 CKD 信号过弱［ATP 故障灯亮，DELOC（失去定位），处理方法：重启 ATC］
PCE_34：FAN Failure	风扇故障
SCO_2：SCO test failed	编码里程计自检失败
SCO_3：SCO power failure	编码里程计电源故障
SCO_4：ATP sd_phw	无故障（不影响营运）
SCO_5：ATP sp_phw	无故障（不影响营运）
BS_1：Beacon sensor failure	信标传感器故障（不影响营运）
DLS_1：EB failure	紧急制动故障
ATP_LOC_1：Loss of complete stop	完全停稳失败
ATP_LOC_2：Loss of active cabin	主控车头转换失败
TP_LOC_3：Invalid Odometer	编码里程计损坏，多次出现应更换 Odometer
ATP_LOC_11：Early beacon reading	过早读到信标，必 DELOC
ATP_LOC_12：Point uncontrolled	不能控制的一个点，必 DELOC，多出现于岔区
ATP_LOC_15：Two beacons missed	连续丢失两个信标，必 DELOC
ATP_LOC_16：One beacon missed	丢失一个信标
ATP_LOC_17：Late beacon reading	过晚读到信标，必 DELOC
ATP_LOC_27：Sliding Excess	空转打滑超过限定值
ATP_LOC_28：Slipping Excess	空转打滑超过限定值
ATP_SCO_5：Coded odometer calibration out of limit	编码里程计校验轮距超额
ATP_SCO_8：Coded odometer axle locked	编码里程计锁轴
ATP_SCO_9：QVA failure	零速继电器故障
ATP_SCO_11：Safety cog counter fault	齿轮计数器故障
ATP_SPEED_5：Overspeed	司机手动超速（上 EB）
ATP_SPEED_6：TSR exceeded	在 SCAME 的 TSR 限速轨道区间内超速
ATP_SPEED_7：Overspeed due to emergency stop zone restrictive	在紧急停车限速范围内超速度（上 EB）
ATP_CROSS_1：Overrunning	超速
ATP_CROSS_2：Target point reduction	目标限制点减少

续表

故障代码	故障现象
ATP_CROSS_3：Overruning with target point reduction	在限速点超速（上 EB）
ATP_ENER_1：Variant not valid	变量没有变化（不影响运营）
ATP_ENER_2：Point fault	一个限速点的错误必 DELOC，多出现于岔区
ATP_ENER_3：Invariant not complete	常量（即进路地图上轨道电路信息）不完整
ATP_ENER_4：Current TSR exceeded	通过 TSR 限速轨道区段时超速度（常见于调试超速）
ATP_ENER_6：Overenergy with a constraint point	超过一个限制点
ATP_EB_1：Stop maintained	继续制动
ATP_EB_2：Penalised driving	紧急制动
ATP_EB_5：Backward movement	倒退
ATP_EB_6：Overrunning	手动超速

3.3.3 中央 ATS（ALSTOM）系统

1. 网络拓扑结构分析

自动列车监控系统是按分布式结构建立的，该结构分布于操作控制中心和主要设备站。图 3—28 显示了网络拓扑结构：车站冗余网通过以太远程路由器连接，形成一个广域冗余网。远程路由器通过总通信系统连接起来，该通信系统用点到点冗余同步接口。以下主要设备通过广域网连接：

（1）操作控制中心（OCC）内。

1）2 个调度员工作站。

2）1 个主调度员工作站。

3）1 个维护/工程工作站。

4）1 个培训工作站。

5）1 个 CATS 冗余应用服务器。

6）1 台中央 ATS 冗余通信前置机（FEP）。

（2）每个主要设备站内。

1）1 个车站控制操作台。

2）1 个冗余的车站 ATS 应用和通信前置服务器。

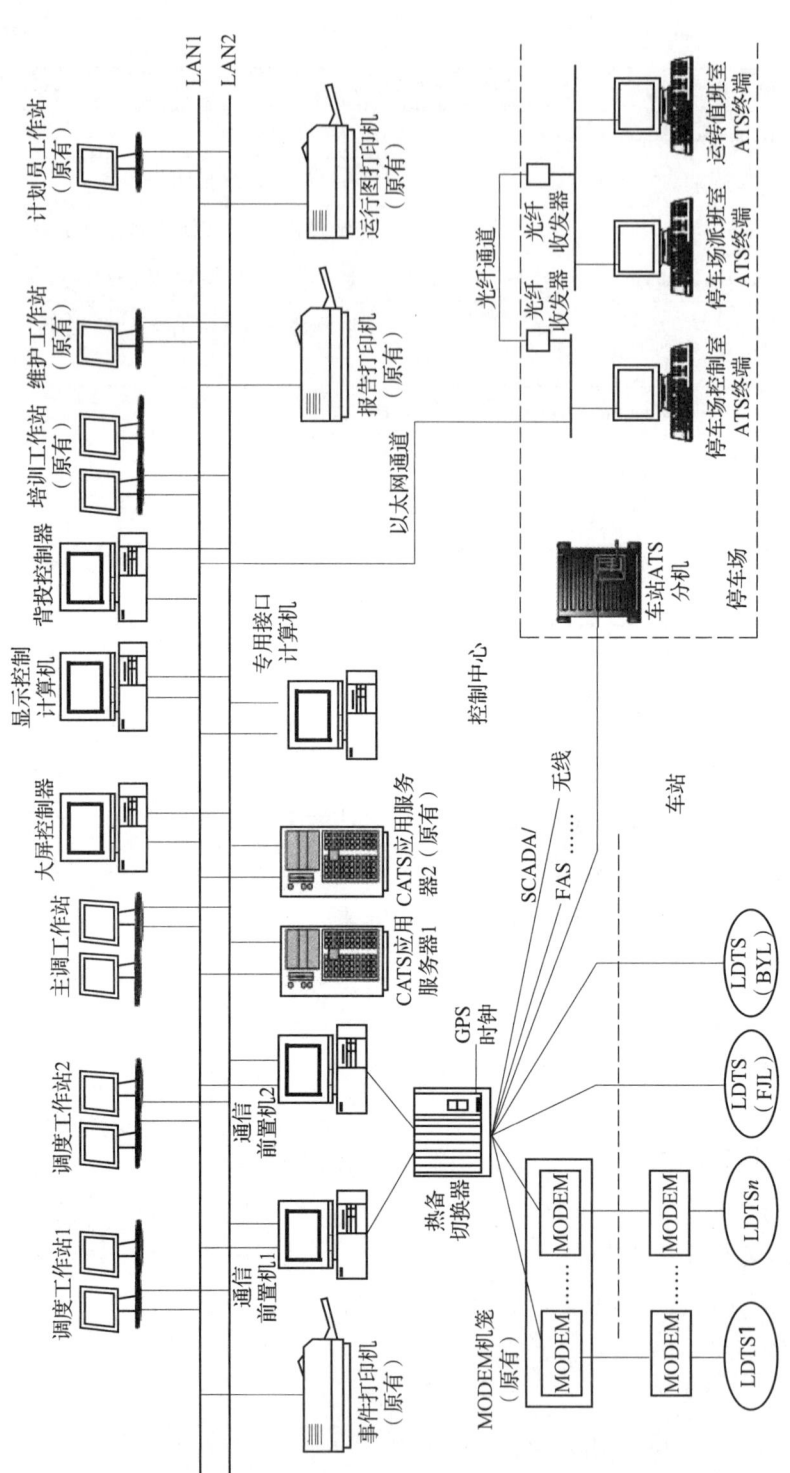

图 3—28 中心 ATS 结构图

（3）停车场区域内。

1）2 个 ATS 终端（每个由 1 个屏幕和 1 个键盘组成）。

2）1 个通信前置机服务器（无须冗余）通过通信系统连到中央 ATS 与停车场联锁子系统。

（4）ATS 结构。ATS 结构由多层次系统组成，在 OCC 的中央 ATS 是较高层的，在车站的车站 ATS 是较底层的。因此车站 ATS 以下列方式实现和信号的第一个接口：对任何 OCC 的故障，允许车站操作员立即担当起信号控制和列车调度的任务。

停车场联锁将提供一个与中央 ATS 适当的接口，允许调度员从停车场到正线加入和撤回列车。

（5）OCC 结构。OCC 结构包括不同操作员的工作站、中央冗余 ATS 服务器、培训服务器、全貌显示屏及必要的通信设备等。

中央 ATS 与车站 ATS 通信以获得所有的数据信息，发送调度员命令给信号设备。

（6）LATS 结构。每个主设备站有一个冗余的车站 ATS 服务器、一个车站控制操作台和必要的通信设备。车站 ATS 结构如图 3—29 所示。

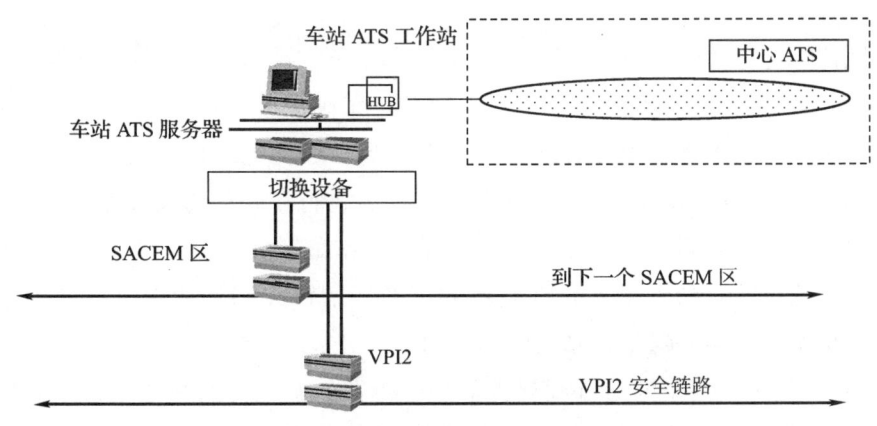

图 3—29　主要设备站 ATS 结构图

车站 ATS 服务器通过冗余串行接口接到以下系统（串行线通过串行切换设备自动转接到运行的计算机）：

1）车站计算机联锁（VPI2）。

2）车站 ATP/ATO 轨旁设备。

车站 ATS 将执行车站调度员发出的本地命令。车站 ATS 有一些人工命令（如信号设备状态等），这些命令将被传到中央 ATS。

（7）局域网设备。冗余以太局域网实现服务器与操作员操作台之间的通信。以太远程网桥（LAN/WAN 路由器）通过点到点同步接口，连接 OCC 冗余局域网和车站 ATS 站的冗余局域网。该设备为 OCC 和 LATS 站的任意两个计算机之间提供了双重冗余的通信手段。

2. 设备标识和短语的理解

（1）列车描述功能。列车描述功能通过处理由 SACEM 和联锁子系统发送的数据，对线路中运行的所有列车的位置及识别号数据进行汇总。该功能通过动态模拟图进行列车运行综合图的数据处理，模拟显示图在操作员控制台彩色显示屏上显示，并在彩色背投显示系统的全线模拟显示盘上显示。列车描述模拟图根据 ATS 获得的数据更新，并把实时相关信息提供给线路操作员以便监控和操作列车的运行。

（2）自动进路设置。该功能允许自动控制进路：

1）根据时刻表自动控制进路。在这种情况下将根据列车任务建立进路。

2）根据由设在站台、折返线、侧线和出入场线的 DL（下递式链接单元）信标获得的主动列车标识（PTI）。在这种情况下，不管何时都将根据确定的列车任务建立进路。

任何情况下，操作员都有可能为非计划的和紧急列车运行人工控制进路。

（3）时刻表管理。时刻表定义了列车运行，完成一个运营日内正常运行条件下的运营。系统提供了 10 类基本时刻表。用户可选择其一作为工作日、周六、周日或假日时使用的时刻表。时刻表是由时刻表人机接口设备进行在线和离线管理的。

1）离线管理。时刻表工具通过一个图解用户界面建立和修改时刻表。

2）在线管理。时刻表工具允许监控列车循环运行并调整和修改计划列车的运行（如增加一趟车、取消一趟车、修改停车时间）。

（4）运行管理。列车的运行调整也就是运行图的调整：列车的运行时间应与时刻表中定义的列车运行的理论时间相一致。此时间用于列车的正常运行。发车命令将通过每个站台的列车发车指示器传达给列车司机。在列车运行干扰较小时，ATS 运行调整功能自动调整停留时间和列车性能，或只调整两者之一，来恢复时刻表运行。在列车运行混乱时，ATS 运行调整功能向操作员提供人工方法，调整和修改计划内列车运行，从而恢复运营。

（5）线路监督和报警管理。该功能能监督信号设备状态并管理报警确认。

（6）人工控制。当有非计划列车、降级模式或有紧急情况时，该功能允许操作员人工控制进路和信号设备。操作员也可扣车，并在任何时候结束扣车，也可决定跳停的车站。

（7）旅客向导系统。ATS 根据正在使用的时间表，向旅客信息系统提供实时数据。这些数据根据现行时刻表的更新情况而更新。这些信息来自管理运行时间表的中央 ATS。

（8）列车调度员广播系统。中央 ATS 提供以下信息：列车所在站台、中间站、折返线和出入场线信息，车次号，机车号。该信息通过串行 422 接口进行传送。

（9）发车表示器。通过每个站台的发车指示器，ATS 把发车时间信息传达给司机。

（10）监督数据库管理。ATS 记录报警，可用于操作员和维护人员管理车辆信息和运行晚点统计。报警记录内容包括：

1）车辆（专指线路）运行时间和公里数。

2）准时统计表。

3）运行状态。

4）已发生的故障。

报警的记录取决于磁盘的容量。标准做法是一周保存一次。而后这些数据被转存到 CD-ROM 中，这一外设与维护工作站连接。

（11）培训设备。ATS 为调度员提供培训设备。该培训设备为新来的操作员提供一系列仿真情形，并记录所需要的命令。后台培训服务器用于仿真在线列车运行以及提供列车运行信息。

（12）回放。回放功能可由操作员执行，可回放记录的事件、报警及以前的运行情况。操作员在时间窗口输入时间并启动回放，就可以在他的操作台上看到数据库的记录。该系统能记录全天的运行数据，并提供不同的回放速度。需回放的窗口在全天中由调度员来确认。记录的全天运营数据可以转存到软盘或 CD-ROM 上。

（13）背投设备管理。图像管理功能可以集中显示有关描述列车的信息以及路线上、车辆段、停车场处的其他设备的有关信息。这些显示所需的信息是通过它们各自的系统得到的，如 SCADA、FAS（火灾报警系统）、主时钟系统等。

技能要求

轨道电路调谐

操作准备

实训设备及工具见表 3—11。

表3—11　　　　　　　　　　轨道电路调谐工具表

序号	名称	单位	数量
1	AF904 轨道电路系统	套	1
2	1 kΩ 电阻	个	1
3	AF904 备用板卡	套	1
4	方向继电器	个	2
5	试车线图纸	本	1
6	组合工具	套	1
7	故障代码表	张	1
8	方向继电器插拔器	个	1
9	MicroLok Ⅱ 联锁系统	套	1
10	试车线 MMI 系统	套	1

操作步骤

步骤1　对 AF904 轨道电路进行调谐和校准,在轨道电路的信息菜单中获取该区段的基本频率,如图3—30所示。

图3—30　获取基本频率

步骤2　进入 CALI 菜单;进入 TUNE(调谐)菜单,如图3—31所示。

步骤3　设置区段频率;室内将方向设置为 W 发,E 收;将 W 方向的 Pwr 设为50%,如图3—32、图3—33所示。

图 3—31　进入菜单

图 3—32　设置区段频率

步骤 4　因为室内设置 W 方向，所以室外耦合单元在 E 方向测量；将电容线、示波器或万用表接在耦合单元的端子上，反复测量，找到电压的最大值，如图 3—34、图 3—35 所示。

步骤 5　一人在室外通过插拔红色开关，加减电容值；另一人在室内根据室外人员每次电容的加减，进行校准，得出 Levl、Shnt、Vari 的最佳值，如图 3—36 所示。

图 3—33 设置脉宽

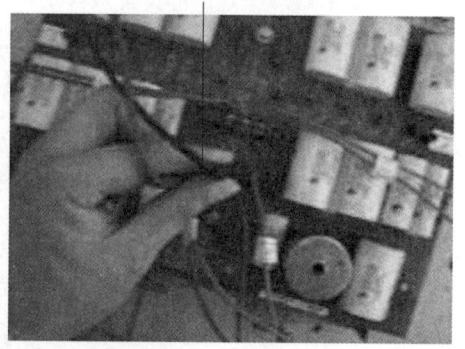

图 3—34 E 方向测量耦合单元

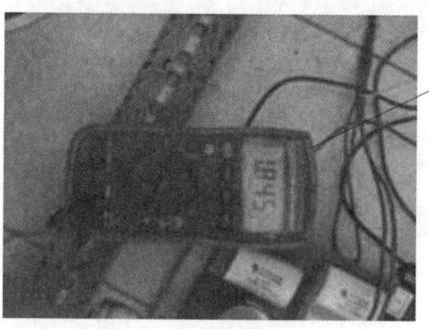

图 3—35 E 方向的最大电压

图3—36　加减电容值

步骤6　轨道电路的校准。进入调整菜单，密码为4个"–"，如图3—37所示。

图3—37　调整菜单

【Vari】最大误差，调整要求在0%～7%内。

【Levl】输入接收电平，调整要求在18%～77%内。

【Str】信号强度。

【Pwr】输出脉冲宽度在25%～95%内。

步骤7　进入set up中的CALI菜单，如图3—38所示。

步骤8　依次对两个方向的Pwr、Levl、Vari、Shnt的数据进行校准，如图3—39、图3—40所示。

进入 set up 中的 CALI 菜单

图 3—38　进入菜单

E 方向脉宽 50%，达标

E 方向接收电平 7%，达标

E 方向误差 13%，不达标

E 方向分路灵敏度 163%，达标

图 3—39　校准数据（一）

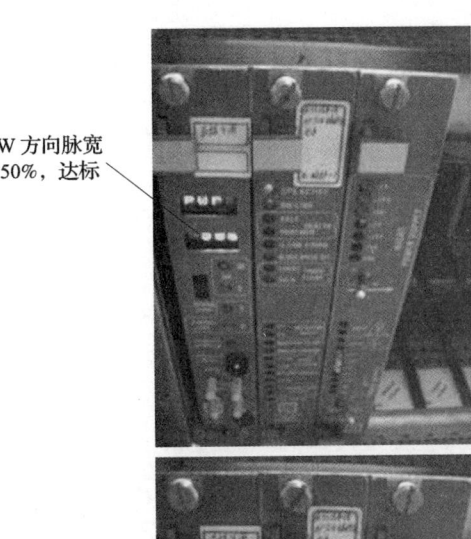
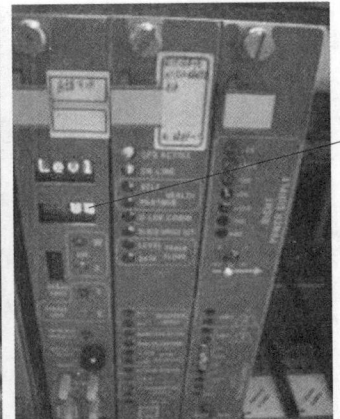

W方向脉宽 50%，达标

W方向接收 电平8%，不达标

W方向误差 5%，达标

W方向分路 灵敏度160%，达标

图3—40　校准数据（二）

步骤9　依次确认两个方向的数据，如图3—41～图3—45所示。

数据接受

数据确认

图3—41　确认数据

131

图 3—42　确认 MicroLok address 是 1

图 3—43　确认 Track ID 是 1901

图 3—44　确认 W 方向脉宽是 50%

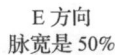

第 3 章

列车自动控制（ATC）系统

图 3—45　确认 E 方向脉宽是 50%

步骤 10　上述步骤全部完成后，系统提示 Done 时，按 reset 重启，如图 3—46 所示。

图 3—46　完成后重启

步骤 11　进入 DISP 菜单中的 RX 菜单，观察 Str 的数据，如图 3—47 所示。

图 3—47 观察 Str 的数据

配置轨道电路信息

操作准备

实训设备及工具同表 3—11。

操作步骤

步骤 1　进行 AF904 轨道电路 MicroLok 地址和 Track ID 的观察。进入轨道电路 DISP - SYS 菜单，如图 3—48 所示。

步骤 2　记录下 MicroLok 地址和 Track ID，如图 3—49 所示。

步骤 3　对 MicroLok 地址和 Track ID 进行配置。进入轨道电路的配置菜单中的 MLOK 子菜单，将之前记录下来的数据输入进轨道电路中，确定并浏览无误后，系统显示 Done 后重启，如图 3—50 所示。

步骤 4　进入轨道电路的配置菜单中的 ID 子菜单，将之前记录下来的数据输入进轨道电路中，确定并浏览无误后，系统显示 Done 后重启，如图 3—51 所示。

步骤 5　轨道电路的校准，参见轨道电路调谐步骤 6～11。

图 3—48　进入 DISP–SYS 菜单

图 3—49　记录 MicroLok 地址和 Track ID

进入配置菜单中的 MLOK 子菜单

输入 MLOK 地址是 0001

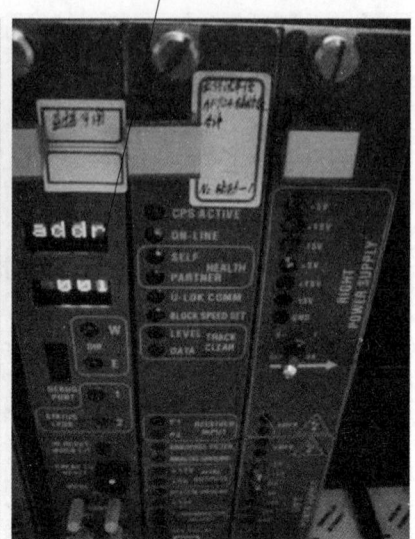

系统提示 Done

按下 reset 键,面板会出现 TEST PROM

图 3—50　对 MicroLok 地址和 Track ID 进行配置

进入配置菜单中的ID子菜单

输入ID地址是901

系统提示Done

按下reset键，面板会出现TEST PROM

图 3—51　完成并重启

轨道电路故障分析

操作准备

实训设备及工具同表3—11。

操作步骤

步骤1　轨道电路重启，判断故障代码，根据现象指出轨道电路反复重启，如图3—52所示。

步骤2　等到轨道电路死机后，进入事件菜单，观察错误代码为39，如图3—53所示。

图3—52 轨道区段反复重启

图3—53 误代码为39

步骤 3　根据故障代码提示，做相应的操作。

在错误代码表（见表 3—12）中找到相应错误代码，根据其内容作出相应的操作（更换板卡或继电器），如图 3—54 所示。

表 3—12　　　　　　　　　　错误代码表

错误代码	含　义
0	超出轨道输出缓冲区时尝试发送轨道信息
1	超出缓冲区时尝试写入频率监控缓冲区
2	轨道传输缓冲区内的无效传输状态值
3	空缓冲区内的错误填充字符
4	无效方向值（非东方向或西方向）
5	无效的接收通道值
6	轨道接收器按仍在接受缓冲区内的填充字符运行
7	轨道接收器按不在缓冲区终端的输入缓冲指示运行
8	当发送无效或发送有效的情况下处理信息时，安全串行联接发送 irq
9	在单个循环中太多的 MicroLok Ⅱ 轮询，可能丢失数据
10	以错误地址处理收入的连锁信息
11	以信息类型中错误长度处理输入的 FO 信息
12	于系统模式中在无效 FO 端口处理输入的 FO 信息
13	以无效信息头处理输入信息
14	主用单元和备用单元无匹配的配置数据
15	—
16	EEPROM 数据有错误的 CRC（循环冗余校验）校验码累计
17	尝试将数据写入 EEPROM（可擦可编程只读存储器）失败
18	EEPROM 误读
19	EEPROM 的两份拷贝数据有相同的拷贝数字（应为 1&2）
20	更新配置数据包时错误
21	EEPROM 设备 Misc（混合）失败
22	EEPROM 内的两份配置数据不匹配
23	EEPROM 内的两份闭塞速率不匹配

续表

错误代码	含义
24	尝试处理一未定义的菜单功能
25	尝试访问一未定义菜单
26	尝试修改未定义参数
27	尝试处理未定义显示
28	尝试用无效菜单处理菜单
29	向数字转换时错误性能通过
30	键盘编码器返回错误数值
31	处理接收的测试数据为无效测试
32	在校准或正常运行下频率监控失败。这是关于发送信息和第二时间资源的测试
33	在正常运行下请求中心频率的频率检测
34	在正常运行下接收测试信号失败
35	在正常运行下接收测试信号失败，低通滤波器拒绝速率码的测试
36	在正常运行下接收测试信号失败，带通滤波器拒绝速率码的测试
37	安全并行输出监控器在安全输出上读到错误状态
38	安全并行输出监控器在安全输出上读到不确定状态
39	在系统不能控制安全输出状态处安全输出控制器失败
40	安全并行输出的脉冲测试失败
41	—
42	计时到时不再处理
43	对系统时钟来说为无效的计时区
44	表明系统的一个监视计时器已到时（错误代码中所包含的附加信息将指出为哪个计时器）
45	应处于有效状态的监视计时器无效
46	计时器有一超出其量程的先行值
47	这个错误表明了处理器的内部 A/D 转换器的标准化测试失败此 A/D 是用来做安全输出测试的，因此必须被测试
48	功率放大器为发送信息控制输出功率。此错误表明超量程的发送功率会引起过电压轨道
49	功率放大监控器的标准化失败

39错误代表板卡故障

续表

错误代码	含 义
50	—
51	在 A/D 读入上无转换完成状态
52	转换工作的请求没被请求作业处理
53	转换作业许可未被处理
54	请求作业为无效系统状态
55	此代码表明一状态转换由备用变为在线或入口配置。当放弃未完的配置或由于连接失败引起备用单元转换离线单元失败会被作记录
56	用户已通过面板请求改变配置状态
57	有错误出现。当备用单元检测到在线单元不在使用而转换成在线单元时作记录
58	系统任务 CRC 与请求值不匹配
59	当检测任务 CRC 时系统模式故障
60	在同一时段轨道发送开始和停止的请求均有效
61	故障请求模式下轨道发送开始请求
62	其他配置请求有效的情况下配置任务完成指令有效
63	错误数据处理中两路径得出不同结果
64	在两数据包中本应相同的一些数据并不相同。这种错误常与噪声或功率问题有关联
65	PROM（可编程存储器）CRC 错误
66	RAM（随机存储内存）读/写错误
67	改变子循环执行处理过程时错误的子循环量
68	系统循环在 360 ms 内未完成时做记录
69	2 ms 中断之间的时间大于 2 ms 表明 irq 中断请求丢失
70	上电或面板正常复位
71	无关键错误记录时，内部看门狗引起系统复位
72	未知原因系统复位
73	栈底堆栈指针溢出
74	栈顶堆栈指针溢出
75	固定寄存器有错误数值

续表

错误代码	含 义	
76	已存的情况下尝试存CCR（芯片配置寄存器）值	
77	未保存的情况下尝试恢复CCR值	
78	CPS条件电源密码累计错误	
79	空缓冲区中无效值	
80	已给参数中误值	
81	进入控制区门户	
82	所给缓冲区指针超出量程	
83	DS（数据系统）比较错误	
84	QSPI（顺序串行外设接口）缓冲区中附加数据无多余空间	
85	轨道接受电平太高	
86	配置已成功完成	
87	—	
88	方向请求逻辑上与继电控制器的方向请求不匹配（方向继电器故障）	88、89错误代表继电器故障
89	方向继电器的监视器表明方向继电器于失效状态	
90	无效配置——系统处于非配置状态	
91	关键性错误发生后软件看门狗复位失效。系统将直接复位但无硬件复位时一些硬件注册将不能正确设置	

图3—54 更换板卡及方向继电器

步骤4 轨道电路的校准,参见轨道电路调谐步骤6~11。

修改主辅ATP模块内的PVID(列车永久编号)、车长、轮径

操作准备

实训设备及工具见表3—13。

表3—13　　　　　车载信号设备检修工具表

序号	名称	规格	单位	数量
1	主控钥匙		把	1
2	方孔钥匙		把	1
3	铅封钳		把	1
4	熔丝	3 A	卷	若干
5	铅封		个	若干
6	十字旋具	2# ×150 mm	把	1
7	一字旋具	6 mm ×150 mm	把	1
8	梅花旋具	T25 ×100 mm	把	1
9	数字万用表		个	1
10	矿灯		个	1
11	禁动牌		块	2

操作步骤

步骤1 列车挂禁动牌,如图3—55所示。

步骤2 检查司机室内车载ATC设备状态,目测检查车载ATC电源开关1和2在合上位置,如图3—56所示。目测检查ATP切除开关位置在"1"上,同时确认铅封和铅丝连接正常,如图3—57所示。

步骤3 检查车载状态显示单元工作情况。按压车载状态显示单元上的"出发测试"按钮,确认状态显示单元上的蜂鸣器呼叫,每位数码管的显示为"8",速度环上红色与绿色交替显示,没有任何缺位显示,同时各功能指示灯按照要求点亮,如图3—58所示。

图3—55　列车挂禁动牌

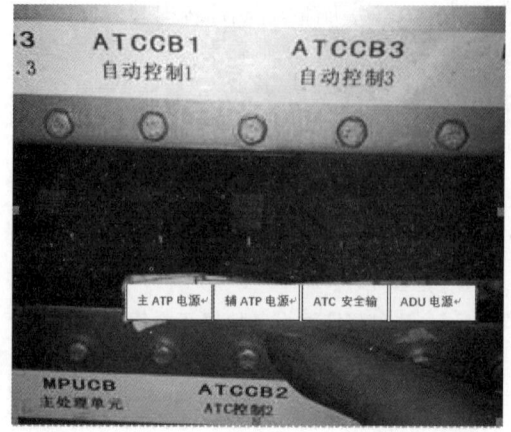

图 3—56　电源开关 1 和 2 在合上位置

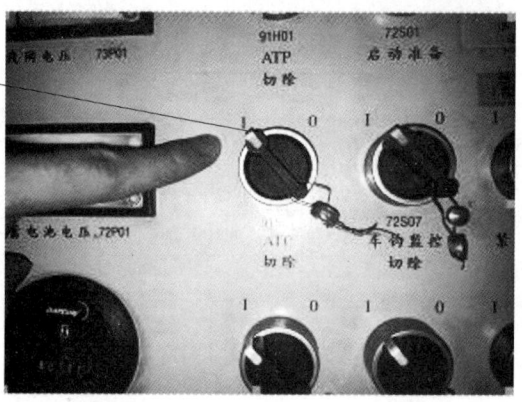

图 3—57　ATP 切除开关位置在 "1"

图 3—58　"出发测试" 按钮

按压车载状态显示单元上的"调光器"按钮,确认灯光显示有三种模式"暗亮"状态,如图3—59所示。

图3—59 "调光器"按钮

按压车载状态显示单元上的"显示模式"按钮,确认目标距离\车次号\目的地号列车长度可以互相转换,如图3—60所示。

图3—60 "显示模式"按钮

检查车载ATC机架内的每块板卡螺钉固定紧固,如图3—61所示。

打开主控制器钥匙,检查ATC机架内各CPU板无故障显示,如图3—62所示。

步骤4 关闭主控制器钥匙,设置车载ATC设备的上主ATP CPU板的轮径值。拨动主ATP CPU板上的MENU上的L/R键至Cfg菜单,再向下拨动UP/DOWN键进入Cfg菜单,如图3—63所示。

图3—61 板卡螺钉固定紧固　　图3—62 板卡螺钉固定紧固

步骤5 拨动主ATP CPU板上的MENU上的L/R键至EOSA和EOSB的轮径值菜单,如图3—64所示。

如果EOSA和EOSB的轮径值与要求不同,按照要求的轮径值设置车载ATC设备的轮径值。在Cfg/EOSA的菜单下,向下拨动主ATP CPU板上MENU上的UP/DOWN键,进入轮径值设定,如图3—65所示。

步骤6 拨动主ATP CPU板上的MENU上的L/R键至要求的轮径值(轮径值为770～840 mm,每挡为5 mm);选中相应的值,向下拨动主ATP CPU板上的MENU上的UP/DOWN键进入,菜单数值出现闪烁;向上拨动主ATP CPU板上的ACTION上的ACCEPT/REJECT键,进行确认,此时EOSA出现更改完毕的数值,如图3—66所示。

图3—63 拨动主ATP CPU板上的MENU上的L/R键

图3—64　EOSA 和 EOSB 的轮径值菜单

拨动主 ATP CPU 板上
MENU 上的 UP/DOWN 键

图3—65　设置车载 ATC 设备的轮径值

图3—66　EOSA 更改完毕数值

步骤7　拨动主 ATP CPU 板上的 MENU 上的 L/R 键至 EOSB 的轮径值菜单,如图3—67所示。重复以上步骤5~6,完成 EOSB 的数值设置。

步骤8　向上拨动主 ATP CPU 板上的 MENU 上的 UP/DOWN 键退出 Cfg 设置菜单。下面检查辅助 ATP CPU 板上的 EOSA 和 EOSB 值,拨动辅助 ATP CPU 板上的 MENU 上的 L/R 键至 Cfg 菜单,如图3—68所示。

图 3—67 完成 EOSB 的数值设置

图 3—68 确认 EOSA 和 EOSB 值一致

步骤 9　向下拨动辅助 ATP CPU 板上的 MENU 上的 UP/DOWN 键进入 Cfg 菜单，如图 3—69 所示。

图 3—69 进入 Cfg 菜单

拨动辅助 ATP CPU 板上的 MENU 上的 L/R 键至 EOSA 和 EOSB 的轮径值菜单，确认与所设置主 ATP CPU 板上的轮径数值一致；如果不一致，需重新设置一次主 ATP CPU 板的轮径值。

测出安全输入板 1 上各安全信息电压

操作准备

实训设备及工具同表 3—13。

操作步骤

步骤 1~3　同"修改主辅 ATP 模块内的 PVID、车长、轮径"项目步骤 1~3。

步骤 4　测量电压,关闭 ATP1 和 ATP2 电源,打开主控制器钥匙,如图 3—70 所示。

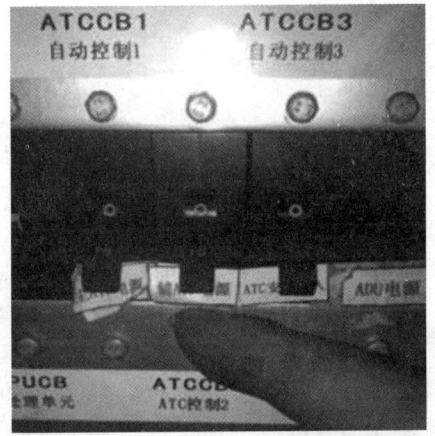

图 3—70　关闭 ATP1 和 2 电源

步骤 5　拆除 J2 A 航空插座,如图 3—71 所示。

步骤 6　根据图样查找航空插座接点并测量,如图 3—72 ~ 图 3—74 所示。

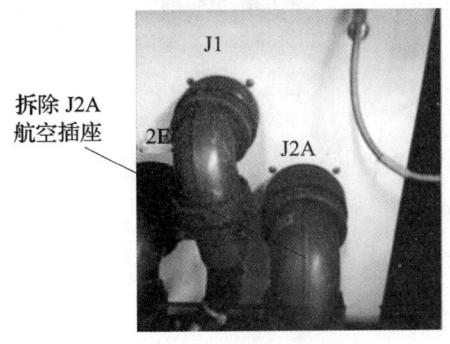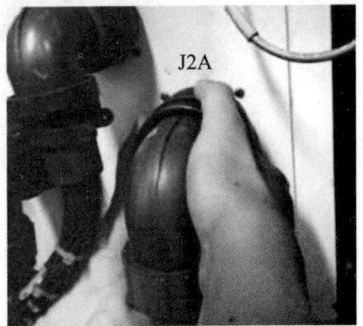

图 3—71　拆除 J2A 航空插座

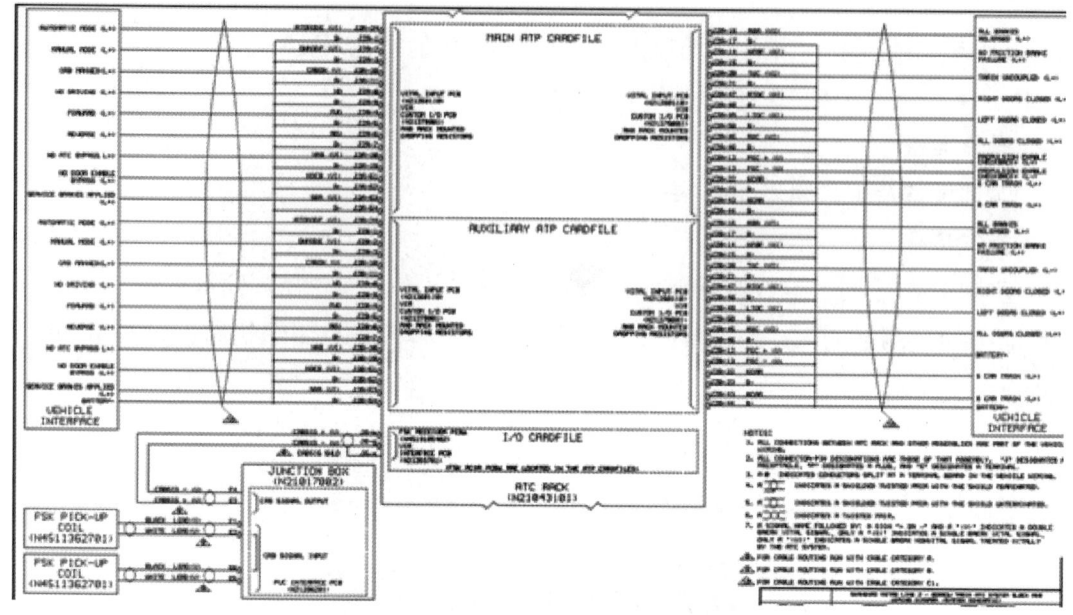

图 3—72 查找航空插座接点

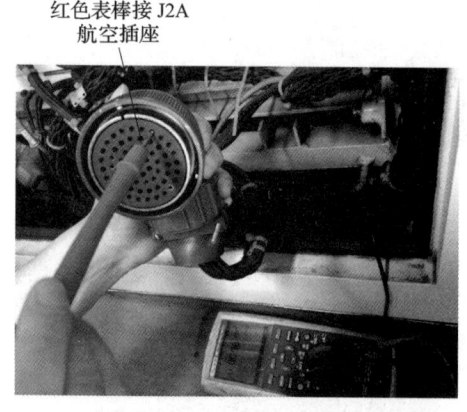

图 3—73 红色表棒接 J2A 航空插座

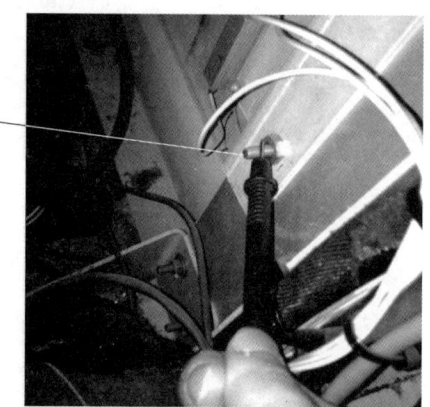

图 3—74 黑色表棒接地

步骤 7 检查图样上 FWD 信息在航空插座上的孔号，测量 FWD 信息，如图 3—75 所示。

步骤 8 检查图样上 6CAR 信息在航空插座上的孔号，测量 6CAR 信息，如图 3—76 所示。

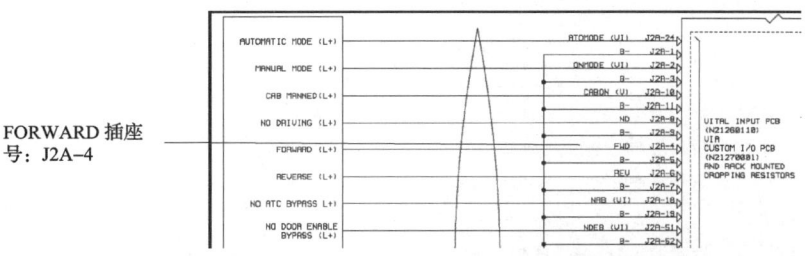

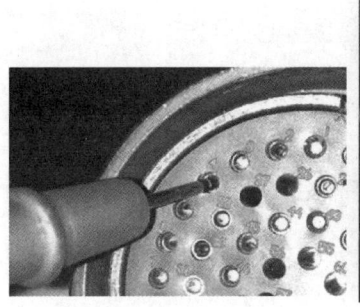

图 3—75　测量 FWD 信息

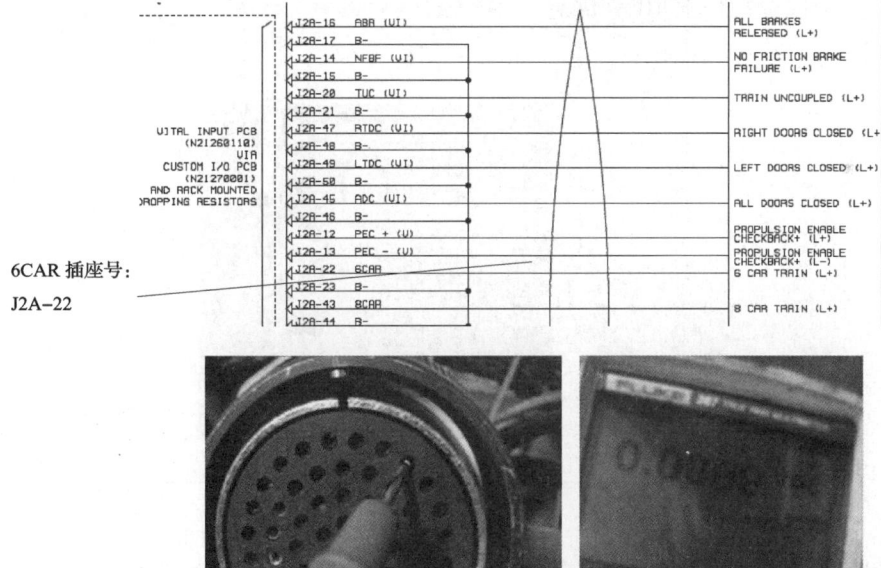

图 3—76　测量 6CAR 信息

步骤 9　检查图样上 8CAR 信息在航空插座上的孔号，测量 8CAR 信息，如图 3—77 所示。

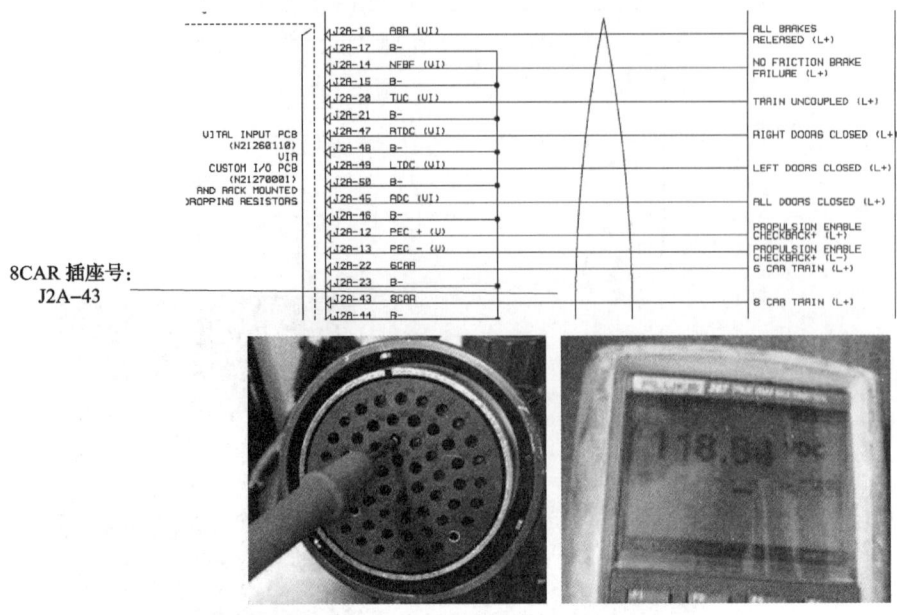

图 3—77 测量 8CAR 信息

步骤 10 检查图样上 REV 信息在航空插座上的孔号，将模式转换手柄放置 REV（限速向后）位置，测量 REV 信息，如图 3—78 所示。

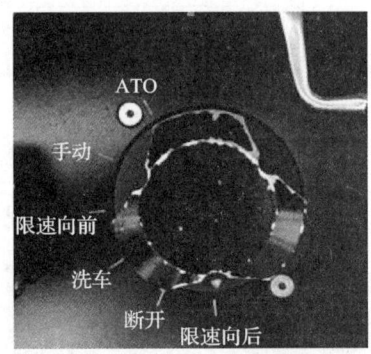

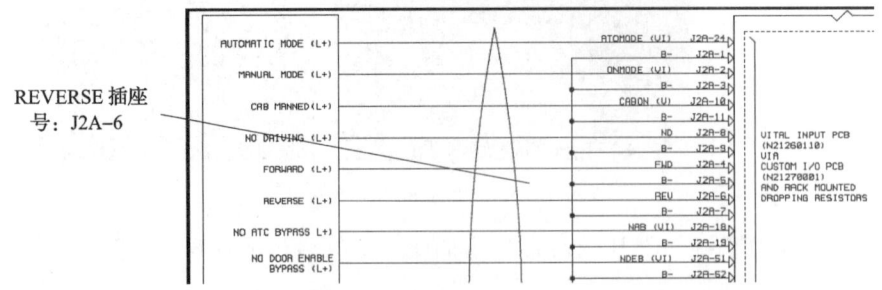

图 3—78 测量 REV 信息

步骤 11 检查图样上 AUTOMODE 信息在航空插座上的孔号，将模式转换手柄放置 ATO（自动）位置，测量 AUTOMODE 信息，如图 3—79 所示。

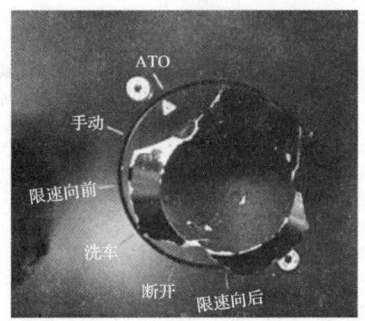

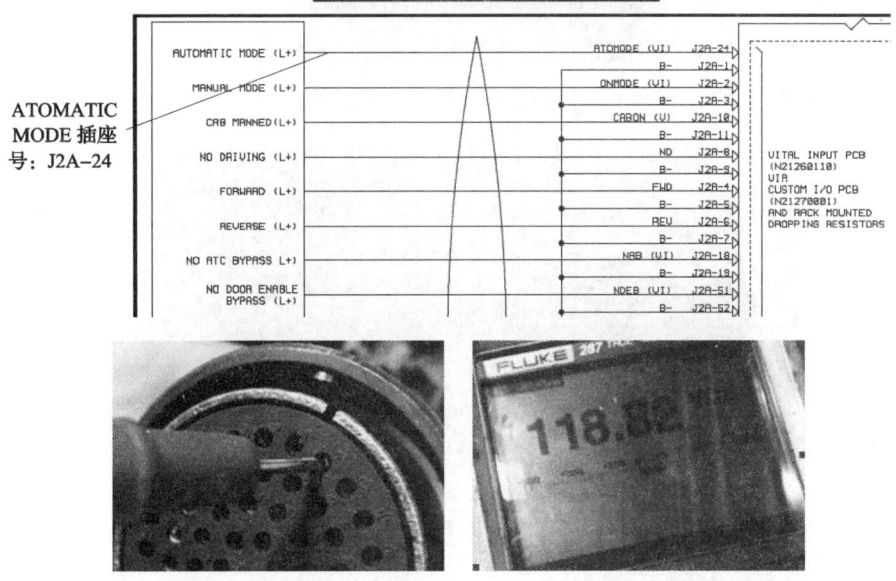

图 3—79 测量 AUTOMODE 信息

步骤 12　测量完毕，将航空插座安装好，如图 3—80 所示，听到"咔嗒"声。合上 ATP1 和 ATP2 电源，关闭主控制器钥匙，关闭设备柜门。

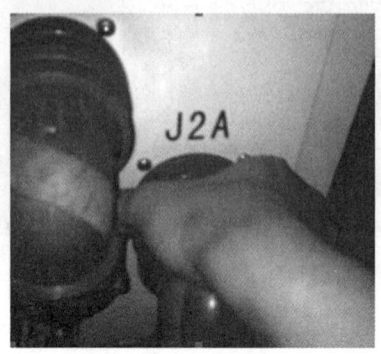

图 3—80　将航空插座安装好

测出车载 ATC 系统向车辆输出牵引制动量

操作准备

实训设备及工具同表 3—13。

操作步骤

步骤 1~3　同"修改主辅 ATP 模块内的 PVID、车长、轮径"项目步骤 1~3。

步骤 4　检查外围设备完整性。目测检查 ATP 接收线圈外观情况，检查有否缺损，各连接线连接是否牢固，确保可靠连接，如图 3—81 所示。

图 3—81　检查外围设备完整性

步骤5 目测检查 TWC 接收/发送天线外观情况，检查有否缺损，各连接线连接是否牢固，确保可靠连接，如图 3—82 所示。

步骤6 目测两根速度传感器外观情况，检查有否缺损，确保连接装置可靠连接，如图 3—83 所示。

步骤7 打开主控制器钥匙，输入司机编号和目的地编号；打开主控制器钥匙，将"DRIVER ID"拨至 001，将"DRIVER IDENTIFICATION"拨至 090 或 091，按压状态显示单元辅助盘的"ENTER"键，确认车载 ATC 机架内的 ATO 模块内的 ATO CPU 板上数码位"DRID"的显示为"001"，如图 3—84 所示。

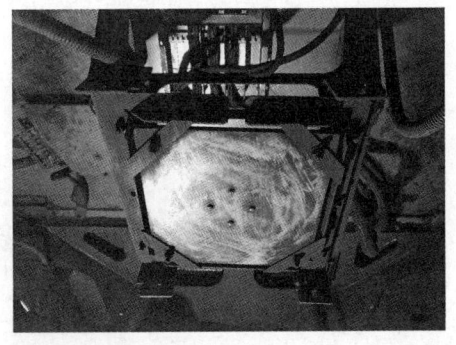

图 3—82 检查各连接线连接是否牢固

图 3—83 速度传感器外观情况

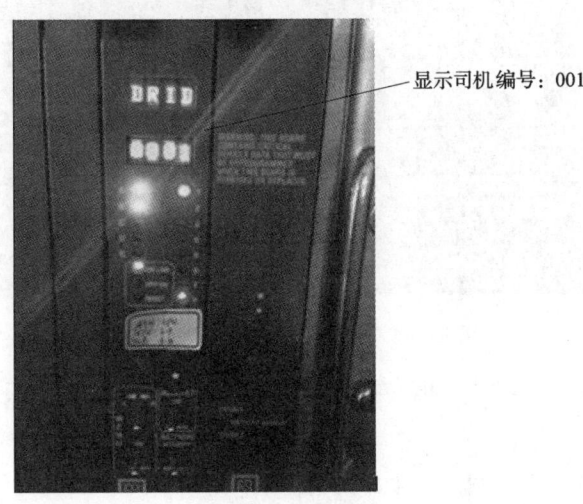

图 3—84 ATO 模块内 ATO CPU 板

步骤8 测量 PWRE 板的工作电压。拨动"左右开关"键将 ATO CPU 板的显示位拨至 PWRE 位置,如图3—85所示。

图3—85 测量 PWRE 板的工作电压

步骤9 将数字万用表的正极插至"+"位置,负极插至"-"位置,如图3—86所示。

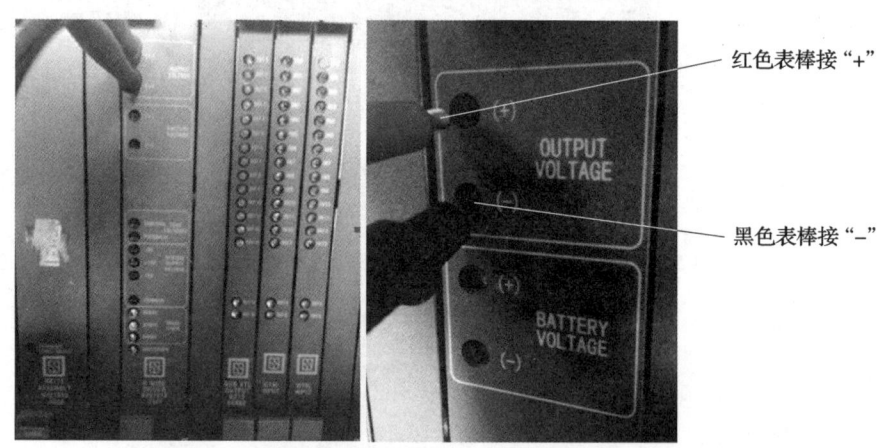

图3—86 正极插至"+"位置,负极插至"-"位置

步骤10 将模式手柄转换至 ATO 位置,按压 ADU 面板上列车出发按钮,如图3—87所示。

ATO CPU 板上显示"167",记下电压值。

ATO CPU 板上显示"228",记下电压值。

第3章 列车自动控制（ATC）系统

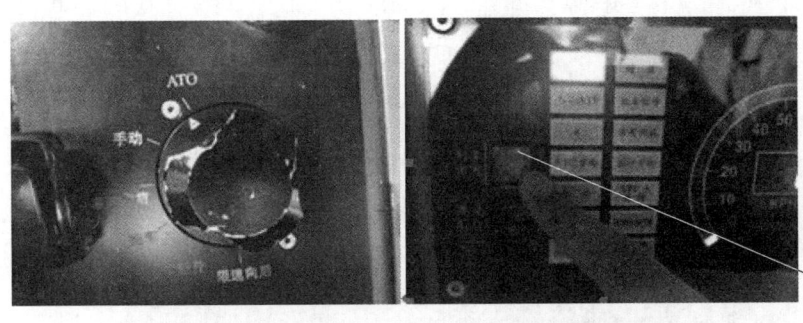

图 3—87 按压 ADU 面板上列车出发按钮

ATO CPU 板上显示 "28"，记下电压值。

步骤 11　测量完毕，关闭主控制器钥匙和设备柜车门。

用示波器测量 TWC 发送/接收板上发送接收电压值

操作准备

实训设备及工具同表 3—13。

操作步骤

步骤 1~6　同上一项目步骤 1~6。

步骤 7　将列车运行至 TWC 环线（请确认 TWC 天线勿停在 TWC 环线交叉位置上），打开主控制器钥匙，如图 3—88 所示。

图 3—88　将列车运行至 TWC 环线

步骤8 关闭 ATP1 和 ATP2 电源,拆除 TWC RX(发送)/TX(接收)板。插入扩展板,并在扩展板上插入 TWC RX/TX 板,如图3—89所示。

图3—89 拆除 TWC RX/TX 板

步骤9 合上 ATP1 和 ATP2 电源,并打开主控制器钥匙,如图3—90所示。

步骤10 测量 TWC TX/RX 板上的输入和输出电压值。从 TWC 接收/发送电路板上的 TP23(+)-TP31(GND)可测得接收信号:5 V 方波,如图3—91所示。

步骤11 从 TWC 接收/发送电路板上的 TP33(+)-TP31(GND)可测得发送信号:10 V 方波,如图3—92所示。

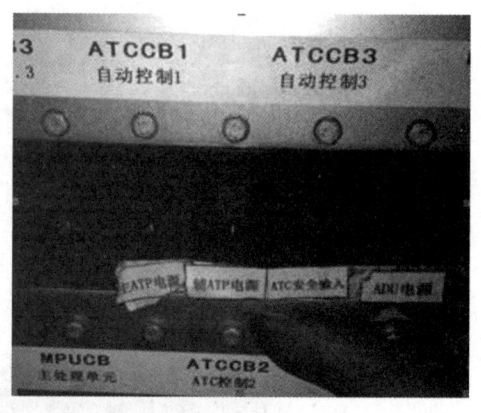

图3—90 合上 ATP1 和 ATP2 电源

红色表棒接 TP23

黑色表棒接 TP31

第 3 章
列车自动控制（ATC）系统

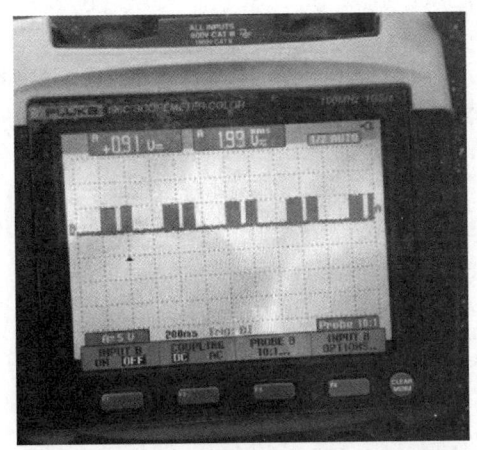

图 3—91　TWC TX/RX 板上的输入和输出电压值

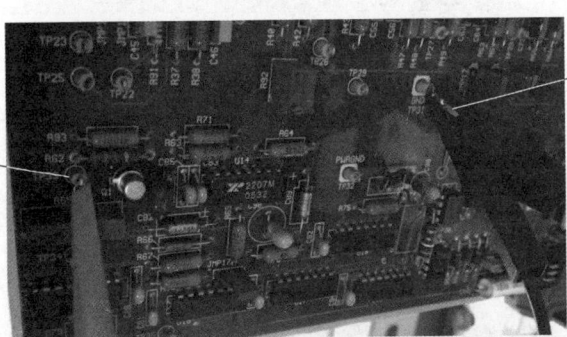

红色表棒接 TP33

红色表棒接 TP31

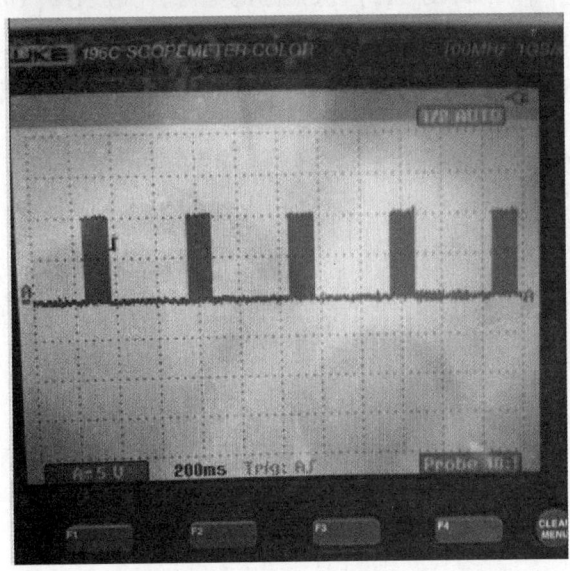

图 3—92　测量发送信号

159

步骤12 测量完毕，恢复作业。关闭 ATP1 和 ATP2 电源；拔出 TWC TX/RX 板和扩展板；将 TWC TX/RX 板恢复原来位置安装好；打开 ATP1 和 ATP2 电源，车载 ATC 设备显示正常；关闭主控制器钥匙和设备柜门。

GRS 静态测试模式下的超速点和制动检查

操作准备

实训设备及工具见表 3—14。

表 3—14　　　　　　GRS 车载信号检修工具表

序号	名称	规格	单位	数量
1	司机室主控钥匙		把	1
2	计算机		台	1
3	数据线		根	1
4	万用表	通用	个	1

操作步骤

步骤1 初始化系统测试设置，把机架上的电源开关放在"OFF"位置，如图 3—93 所示。

步骤2 移开机架上的 J6 插头，把测试插头 J5 插入 P6，如图 3—94 所示。

图 3—93　初始化系统测试设置

步骤3 将主控制器钥匙打开,将模式方向手柄放在"人工前行"位置,将主控制器放在"全常用制动"位置,如图3—95所示。

步骤4 打开机架电源,确认车辆ATP旁路开关在ATP位置把测试盘上的ATP选择开关放在ATP-1的位置,如图3—96所示。

图3—94 测试插头(在P5上)插入P6

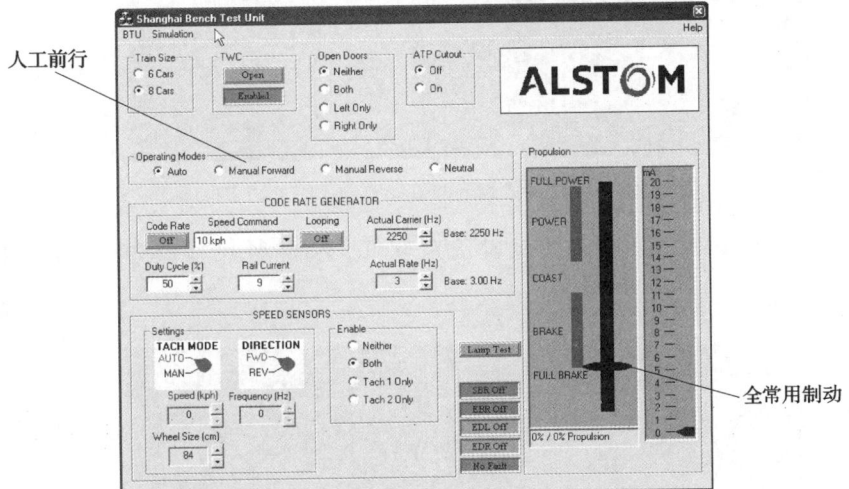

图3—95 步骤3

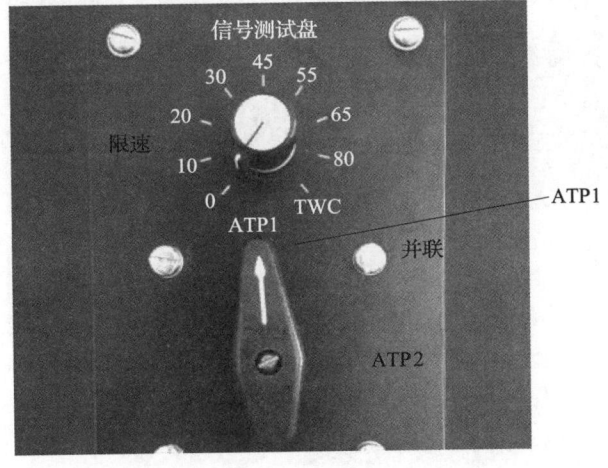

图3—96 选择开关放在ATP1

步骤5　将数据线连接在 ATO CPU 上的 PT1 端口上，如图 3—97 所示。

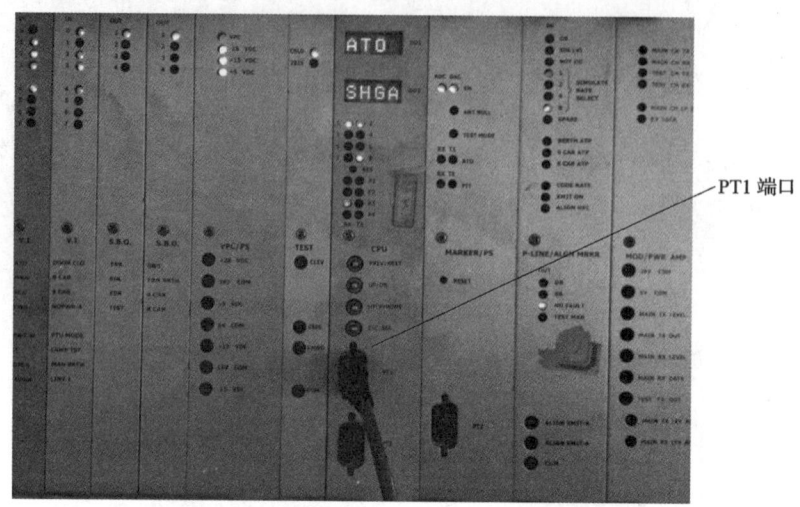

图 3—97　据线连接在 ATO CPU 上的 PT1

步骤6　打开 PTU（便携式调试设备）软件，将轮径尺寸设为最大值 840 cm，如图 3—98 所示。

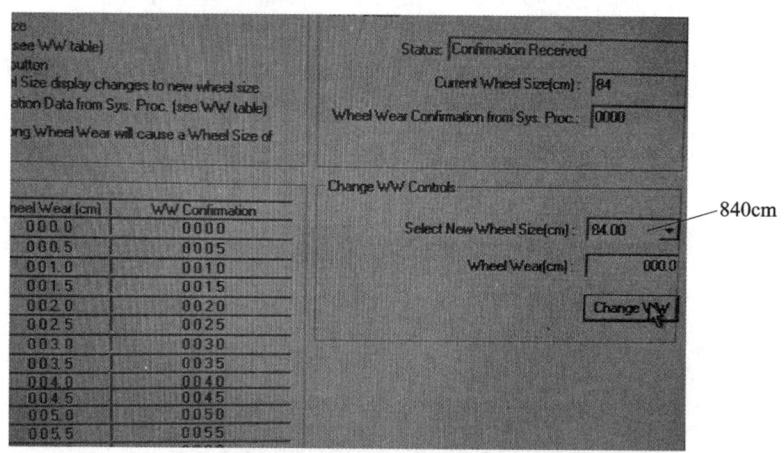

图 3—98　轮径尺寸设为最大值 840 cm

步骤7　超速点验证，初始化完成后，将显示如下：Close – In（慢速前行）指示灯点亮（在 ADU 上）；速度计显示速度 0 km/h，限速 20 km/h。用 PTU 提高模拟速度，直到超速告警响起，ADU 上的超速表示器点亮，如图 3—99 所示。

步骤8　Close – In 模式下的超速点为 20 km/h，频率为 232 Hz（+2 Hz/ – 12 Hz），如图 3—100 所示。

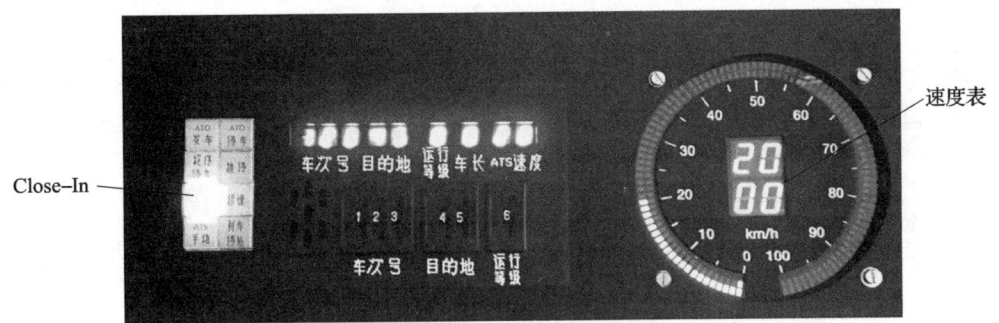

图 3—99　超速点验证

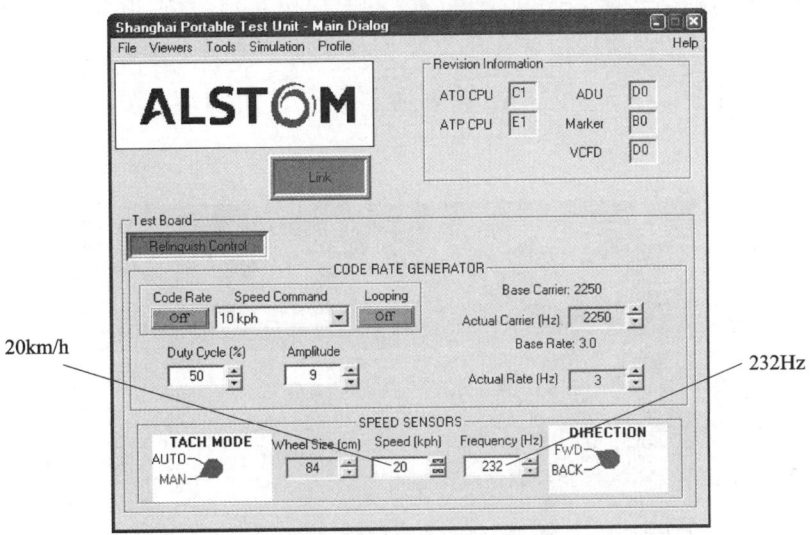

图 3—100　超速点

步骤 9　将模拟速度降为 0 km/h，通过将主控制器放在全常用制动位置来重置系统；用 PTU 模拟如下码率（见表 3—15），提高模拟速度并记录超速点。检查速度计上的限速指示器与收到的码率一致。

表 3—15　　　　　　　　　　PTU 模拟码率

码率设置 （km/h）	速度计限速指示 （km/h）	超速	
		频率（Hz）	速度（km/h）
10	10	127	11
20	20	266	23
30	30	382	33

续表

码率设置 （km/h）	速度计限速指示 （km/h）	超速	
		频率（Hz）	速度（km/h）
45	45	556	48
55	55	672	58
65	65	787	68
77	77	926	80

步骤 10　常用制动和紧急制动检查，设置模拟机车信号为 30 km/h，模拟速度为 0 km/h；将主控制器放在惰行位置，提高模拟速度直到超速告警响起和超速表示灯点亮，SBR 继电器落下，在 3 s 内把主控制器移到全常用制动位置，告警将消失，如图 3—101 所示。

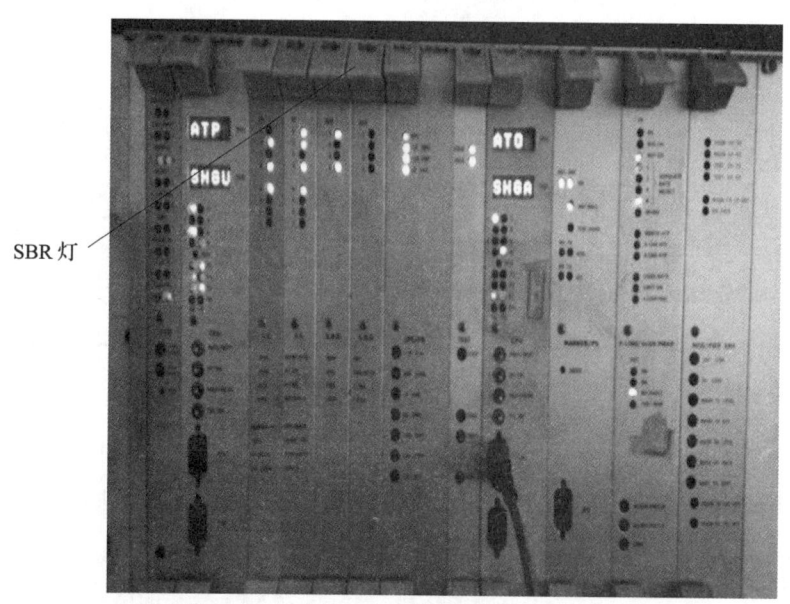

图 3—101　常用制动和紧急制动检查

步骤 11　降低模拟速度直到超速表示灯熄灭，SBR 继电器吸起。把主控制器从全常用制动移到惰行位置，提高模拟速度直到超速告警响起和超速表示灯点亮，SBR 继电器落下。

步骤 12　降低模拟速度到 15 km/h，SBR 继电器保持落下，超速告警保持，超速表示灯保持点亮。

步骤 13　降低模拟速度到 0 km/h，把主控制器移到全常用制动位置，SBR 继电器将吸起，超速表示灯将熄灭，告警也将消失。

步骤 14　设置模拟速度为 0 km/h，把主控制器移到牵引位置，在 10 s 内，SBR 继电器将落下，ATC 故障继电器将落下，车辆故障面板上的 ATC 表示灯将点亮。把主控制器移回全常用制动位置，ATC 故障继电器和 SBR 继电器将吸起。

步骤 15　把主控制器置于全常用制动位置，提高模拟速度直到超速，大约 3.4 s 后 EBR 继电器将落下。

步骤 16　降低模拟速度到 0 km/h，EBR 继电器将吸起。

轨旁无源标志线圈信息检测出错故障排除

操作准备

实训设备及工具同表 3—14。

操作步骤

步骤 1　打开主控制器钥匙和机架电源，将模式方向手柄放在手动向前位置，主控制器手柄放在全常用制动位置；核实系统初始化完毕；检查标志器数字信号处理/电源板 LED 灯状态，ANT NULL 状态灯点亮表示检测到轨旁标志器天线，如图 3—102 所示。

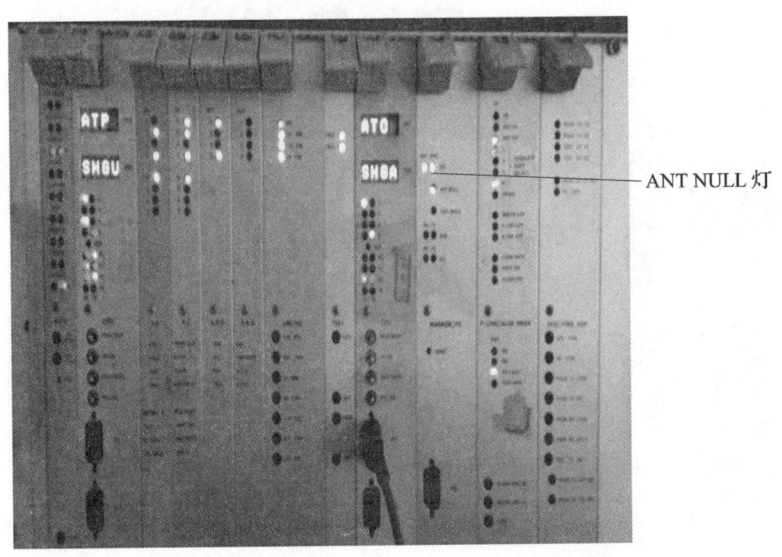

图 3—102　ANT NULL 状态灯点亮

步骤2　使用 7/16″ 扳手拧松固定标志天线调谐板的螺钉，如图 3—103 所示。

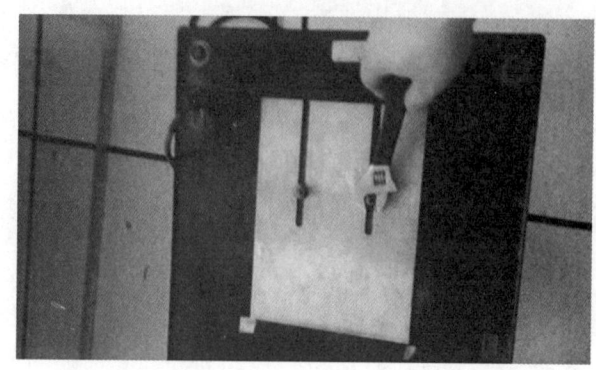

图 3—103　拧松固定标志天线调谐板螺钉

步骤3　在调谐板槽道内移动调谐板，直到标志器检测板上的 ANT NULL 指示灯点亮。

步骤4　从一个方向朝另一个方向缓慢地移动调谐板，直到 ANT NULL 指示灯熄灭。

步骤5　继续朝同一方向移动，直到 ANT NULL 指示灯点亮；朝相反方向缓慢移动调谐板，直到 ANT NULL 指示灯熄灭。保持调谐板在该位置，紧固调谐板螺钉。

步骤6　将数据线连接在标志器数字信号处理/电源板上的 PT 端口上，如图 3—104 所示。

步骤7　打开 Windows XP 下的超级终端，如图 3—105 所示。

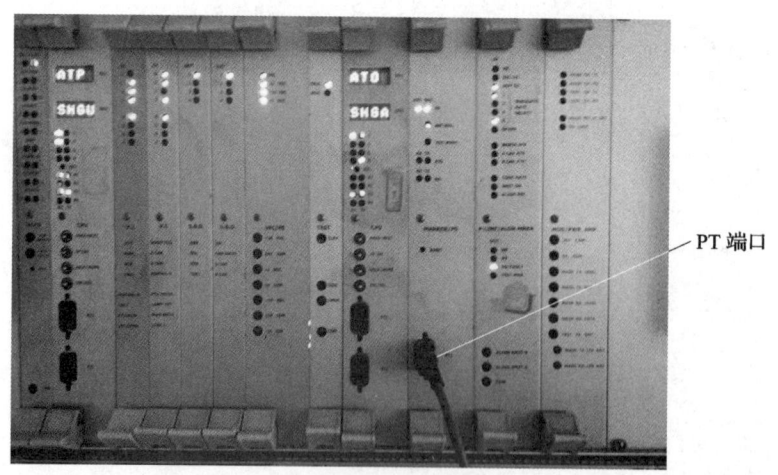

图 3—104　PT 端口

图 3—105 打超级终端

步骤 8 设置端口和波特率（19200），如图 3—106 所示。

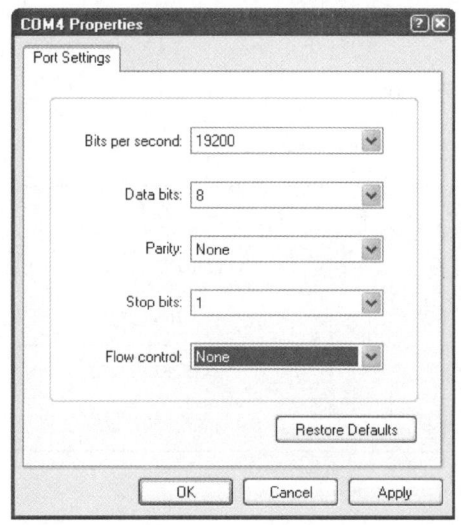

图 3—106 设置端口和波特率（19200）

步骤 9 将机架电源重新启动，查看标志线圈零位调整情况（会在超级终端显示），如图 3—107 所示。

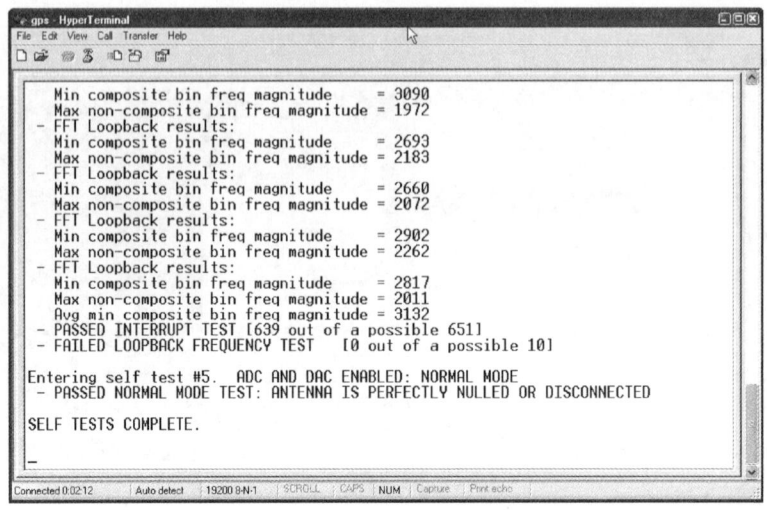

图 3—107 查看标志线圈零位调整情况

NVLE 新版 ATS 软件发布

操作准备

实训设备及工具见表 3—16。

表 3—16　　　　　　　　ATS 信号设备检修工具表

序号	名称	规格	单位	数量
1	NVLE 工作站	KONTRON/HP XW4600	台	1
2	LINUX 操作系统	RHEL5	套	1
3	USS_KIT 软件	KIT. SL2. 1. 21	套	1
4	标准键盘、鼠标	HP 标准键盘、鼠标套装	套	1

操作步骤

步骤 1　打开 C-SHELL（C 语言外壳）后输入密码 ATCSVC，用 ls 检查 KIT 文件是否在 atcsvc 文件夹中，如图 3—108 所示。

步骤 2　关闭 ASP 辅助启动进程：shutdown asp，如图 3—109 所示。

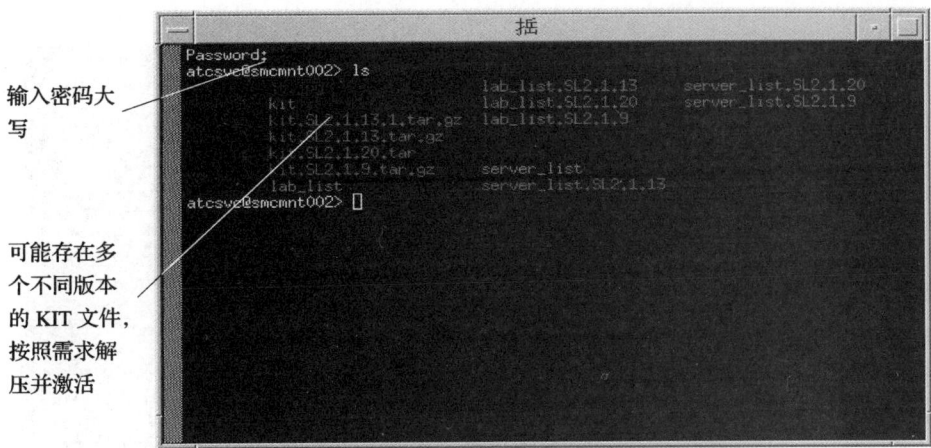

图 3—108　检查 KIT 文件

图 3—109　步骤 2

步骤 3　运行命令：tar xvf kit.SL2.1.××.tar.gz，如图 3—110、图 3—111 所示（如果××为 20，".gz"可不必输入）。

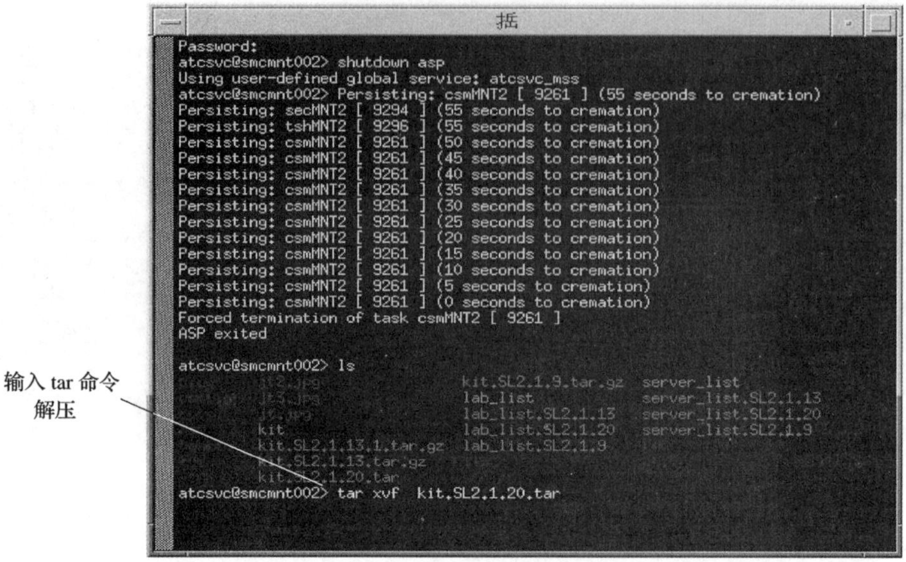

图 3—110　输入 tar 命令解压

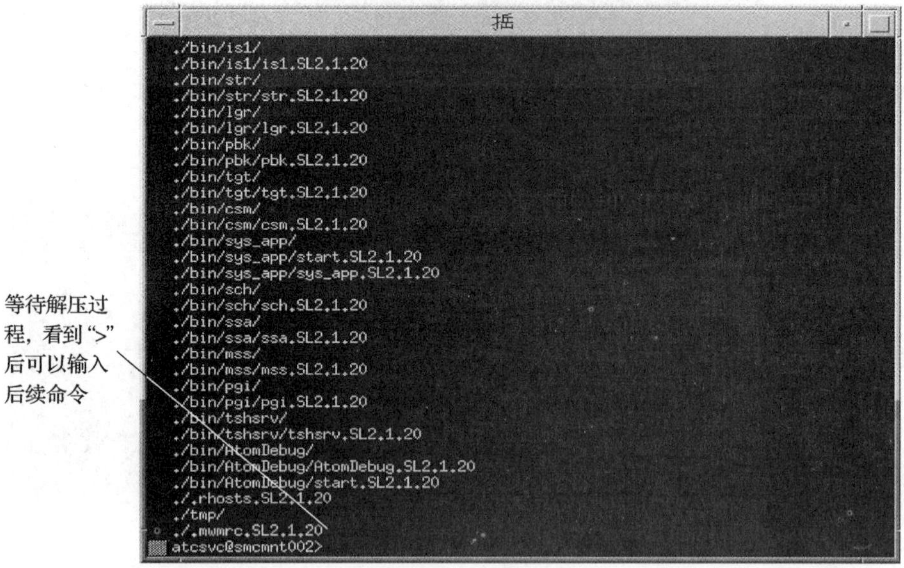

图 3—111　输入后续命令

步骤4 运行命令：activate SL2.1.××，如图3—112、图3—113所示。

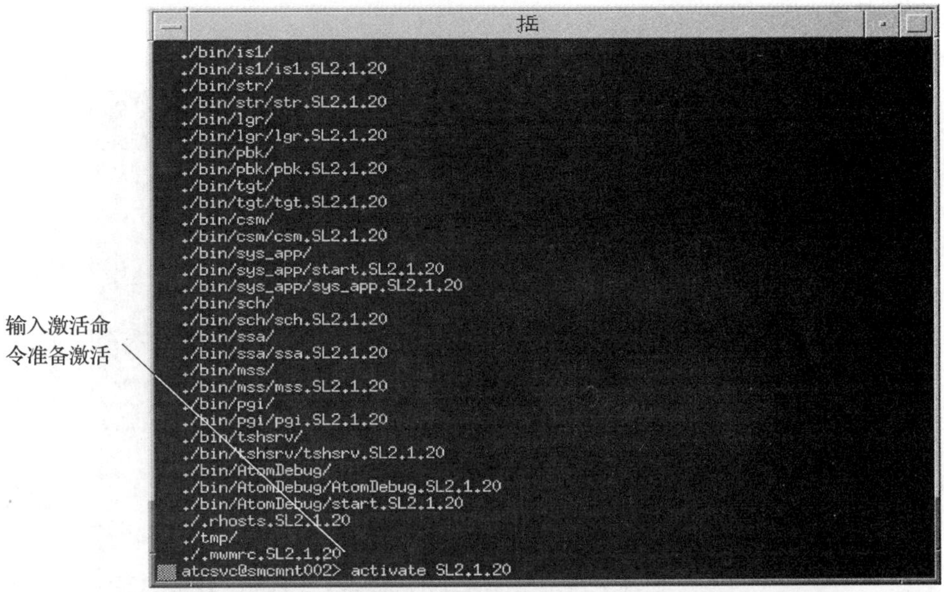

图3—112 输入激活命令

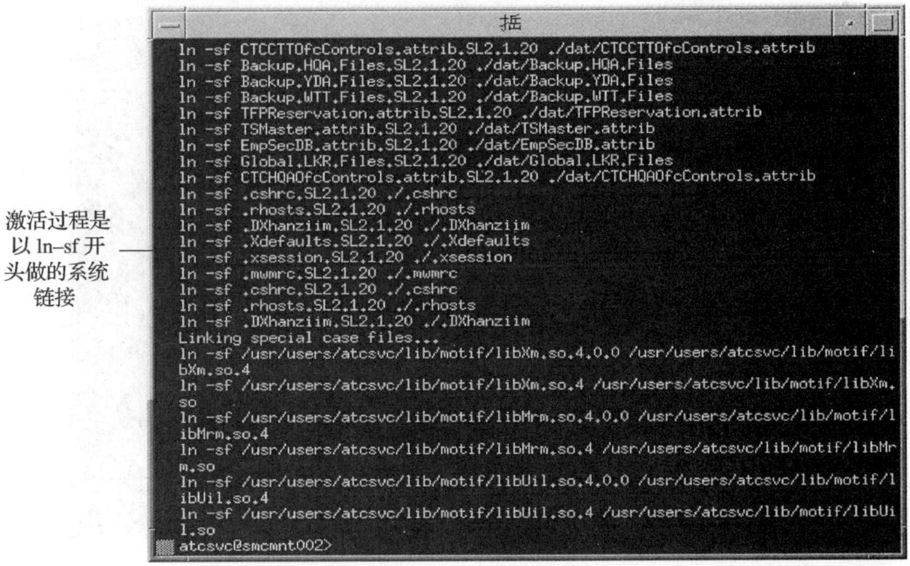

图3—113 以ln-sf开头做的系统链接

步骤5　运行命令：cd dat，运行命令：cold_start_files，如图3—114、图3—115所示。

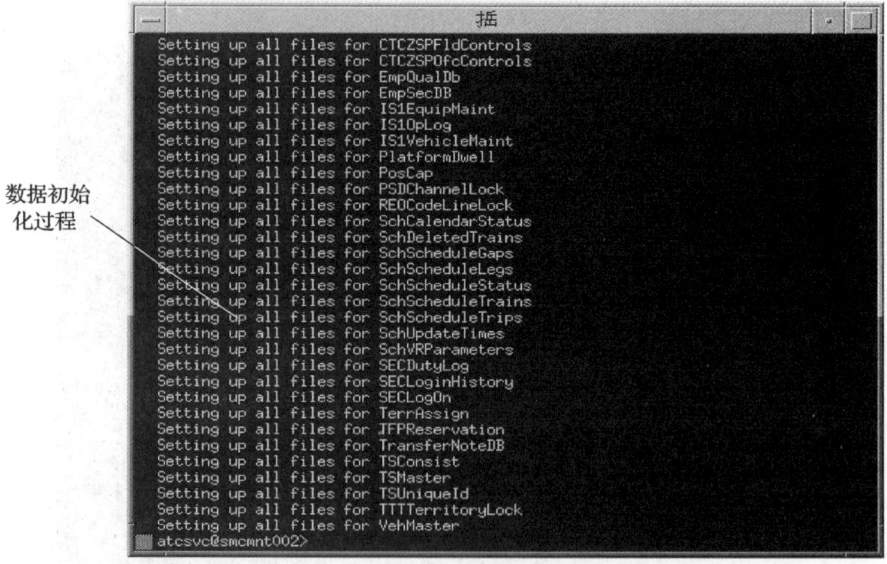

图3—114　cold_start进行数据初始化

图3—115　数据初始化过程

步骤6　运行命令：cd，运行命令：startup asp，如图3—116、图3—117所示。

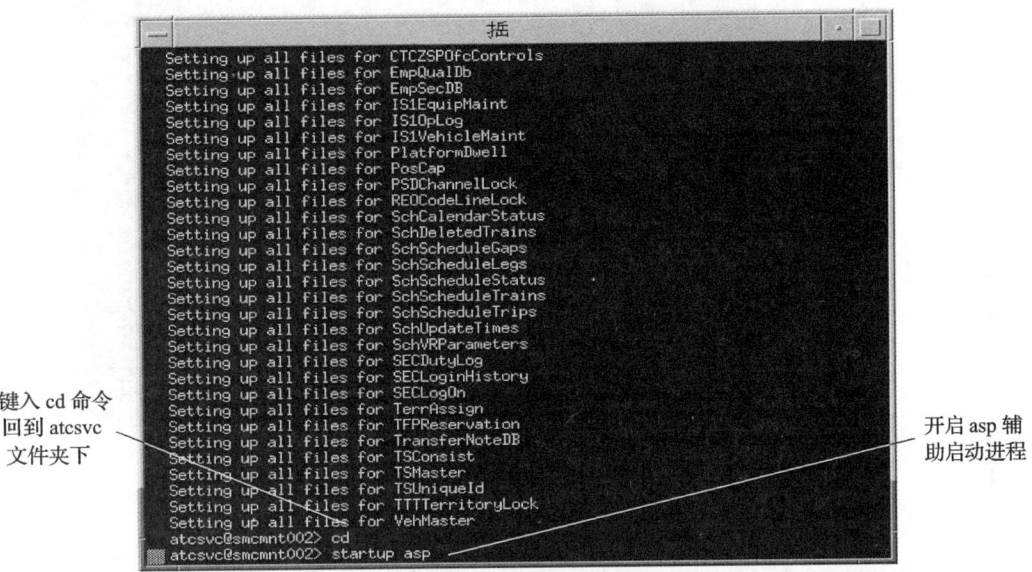

图3—116　开启asp辅助启动进程

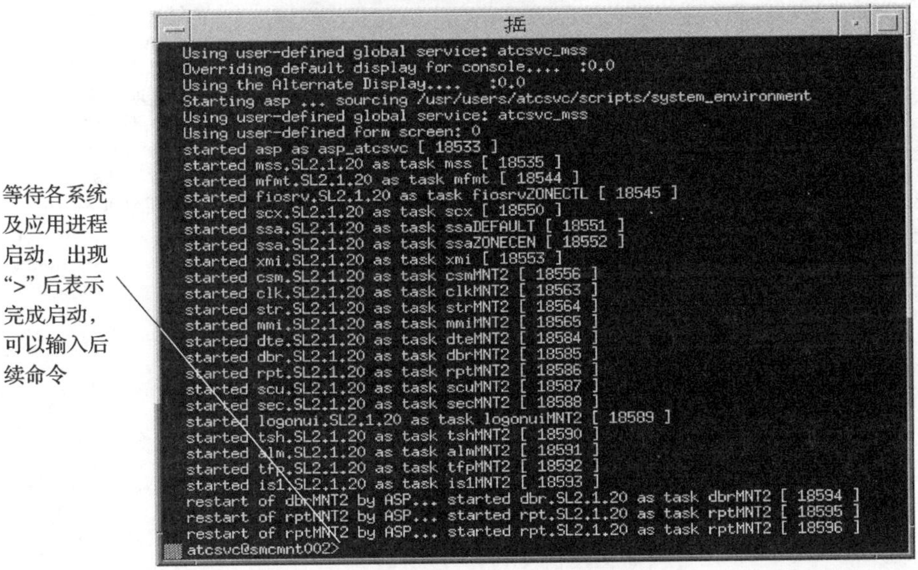

图3—117　输入后续命令

步骤7　进入目录，检查是否链接到最新版本，运行命令：cd bin/asp，如图3—118所示。

使用 cd 命令
进入 asp 文件夹

图 3—118　运行命令：cd　bin/asp

步骤 8　运行命令：ll，如图 3—119 所示。

键入 ll 命令后可以查看到 asp 辅助启动进程的链接，检查是否和之前激活的版本一致。一致说明激活成功，不一致说明激活了其他版本，需要重新激活

图 3—119　运行命令：ll

ATS 系统查看联锁报告

操作准备

实训设备及工具同表 3—16。

操作步骤

步骤1　登录 ATS 系统。在工作站"主菜单"中"访问控制"项，点选"登录"，如图3—120 所示。

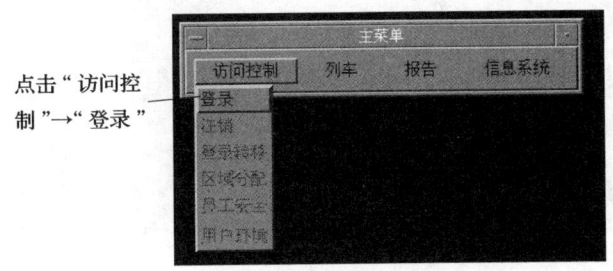

图 3—120　登录 ATS 系统

步骤2　在弹出的登录界面中选择"语言选择"为"中文"；选择"用户称号"为"维修员"；点击"执行"按键，如图 3—121 所示。

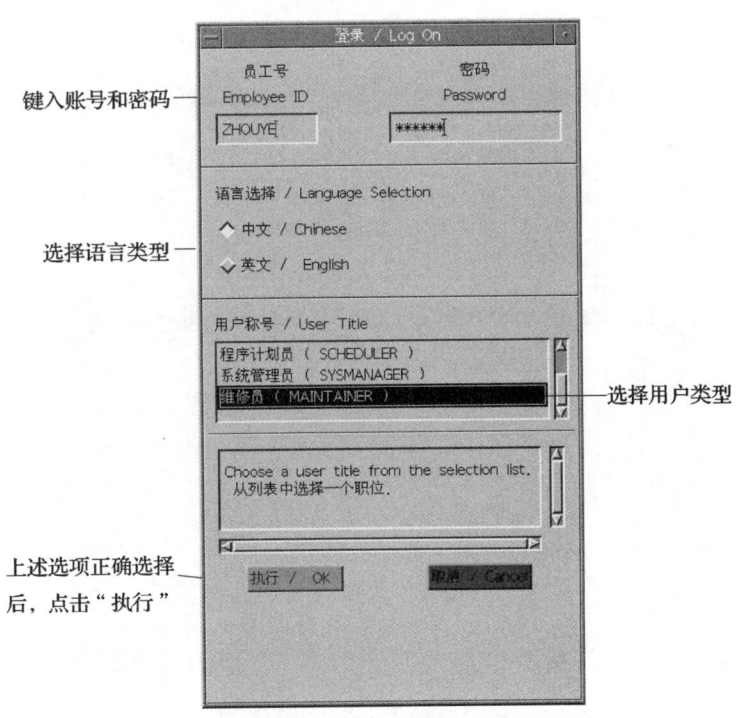

图 3—121　步骤 2

步骤3　填选查询条件。在工作站"主菜单"中"报告"项，点选"联锁报告"，如图 3—122 所示。

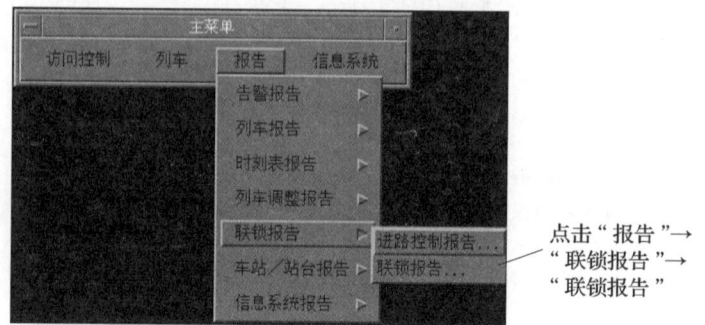

图 3—122　填选查询条件

步骤4　在弹出的查询界面中填写"开始日期"和"开始时间";填写"结束日期"和"结束时间";在"车站"栏内选择要选择的车站"人民广场";点击"显示"按键,如图 3—123 所示。

步骤5　查看联锁报告。查看联锁报告中的内容,如图 3—124 所示。

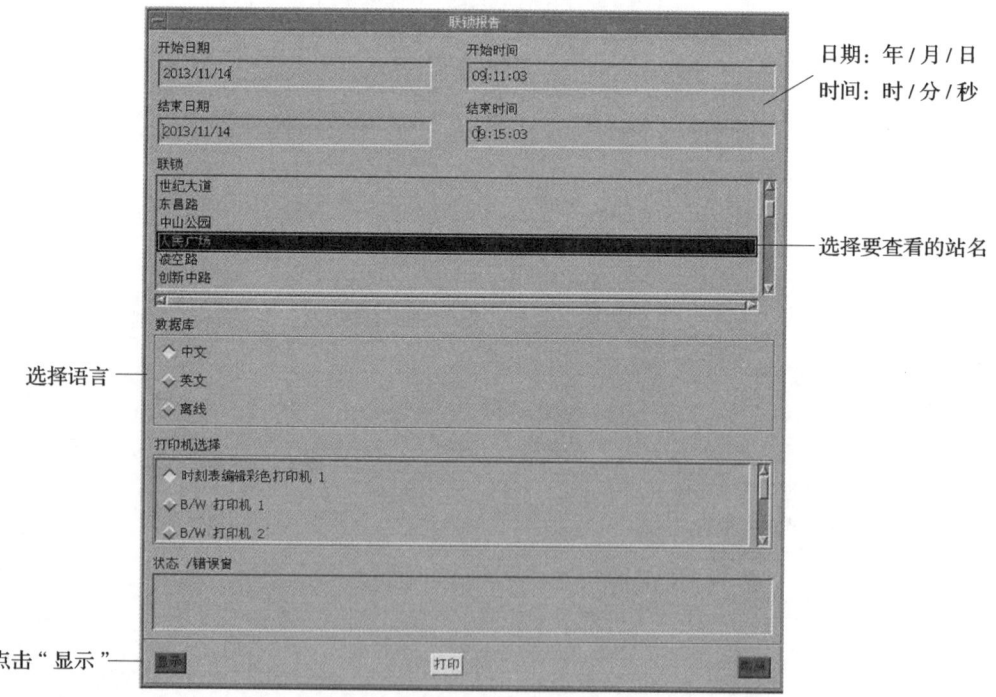

图 3—123　步骤4

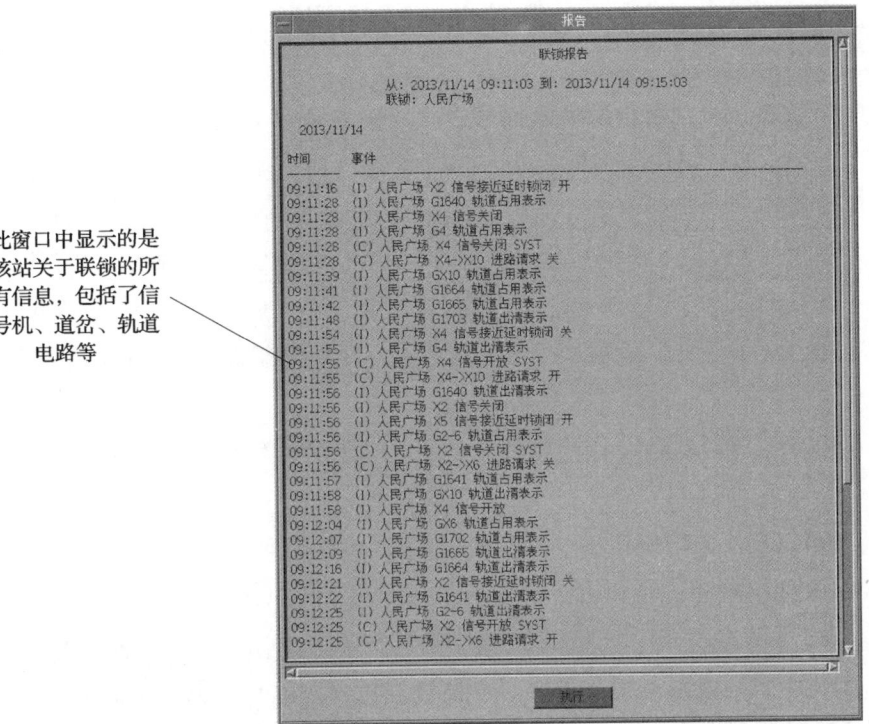

图 3—124　查看联锁报告

步骤 6　在工作站"主菜单"中"访问控制"项，点选"注销"，退出 ATS 人机界面，如图 3—125 所示。

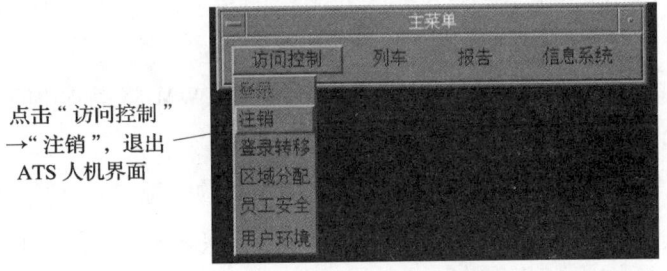

图 3—125　退出 ATS 人机界面

理论知识复习题

一、判断题（将判断结果填入括号中。正确的填"√"，错误的填"×"）

1. 将 GRS ATP 模块振荡板上的 S2 开关向上位置，为了禁止列车检测信号调制频率而只保留载频。（　　）

2. 当 GRS 功放板工作电压低于直流 24 V 时，CR9 工作电源指示灯会熄灭。
（　　）

3. GRS 350 m、150 m 无源标志线圈都由一对线圈组成，而 25 m 无源标志线圈是一个。（　　）

4. GRS ATO 模块接收/译码板的 R4 可变电阻顺时针转动用来调小放大器放大倍数。（　　）

5. 当司机按压关门按钮后，列车将停发 6 车或 8 车信息。（　　）

6. GRS 列车检测信号和机车信号的载波振荡器都直接连接到 +28 V 直流电源。
（　　）

7. AF904 轨道电路系统是列车自动监控系统（ATC）中的一部分。（　　）

8. AF904 轨道电路使用 250 波特速率的 BFSK（二进制相移键控）方式传送信息。
（　　）

9. AF 904 轨道电路的机车信号频率和轨旁列车检测频率是相同。（　　）

10. MicroLok Ⅱ 设备至少安装 1 个冗余单元。（　　）

11. ATC（USSI）系统中在道岔区列车检测是通过标准机车环线来实现的。
（　　）

12. AF904 轨道电路系统数字脉冲宽带调制器 PWM 将晶振频率波形等分 10 份，输出其中的 1~10 份形成 5%~95% 的运行周期。（　　）

13. AF904 轨道电路控制面板显示缩写 "Pwr" 的意思是输入脉冲宽度。（　　）

14. DTC921 轨道电路频率分为 F7~F14，每个频率分配 5 种轨道数据。（　　）

15. 在 GRS 车载设备中，机车信号接收子系统用于 ATP 模式，轨旁的机车信号信息通过 ATP 接收线圈耦合到列车上。（　　）

16. 在 GRS 车载设备中，溜车防护是防止在自动模式和人工模式下电动客车的无意识运动。（　　）

17. GRS 车载 ATC 设备以冗余方式工作时，当列车上行运行时，下行设备处于备

用状态。   (   )

18. 在 GRS 车载设备中，磨损后的车轮如不经轮径补偿电路处理，则速度计显示的速度比实际车速低。   (   )

19. 在 GRS 车载设备中，在人工模式下，ATP 切除是将旁路车载 ATP 系统的超速防护、制动保证等功能旁路。   (   )

20. 在 GRS 车载设备中，车门关闭信息是一个安全信息，当司机按压关门按钮后，系统在一定时间内检查车门是否全部关闭，否则将导致 EBR 落下，列车施加紧急制动。
                                                    (   )

21. 在 GRS 车载设备中，利用跳停功能系统，司机可连续设置两个以上站的跳停。
                                                    (   )

22. 在 GRS 车载设备中，人工驾驶列车时，如列车超速，司机在 3 s 内未把主控制器手柄拉到全常用制动位加以确认，ATP 子系统将自动施加常用全制动，直至车速低于 ATP 限速。   (   )

23. 在 GRS 车载设备中，当惰行模式有效时，列车一旦检测到惰行线圈，ATO 子系统不再加牵引进行惰行，直至检测到停站曲线或列车速度降到 30 km/h。 (   )

二、单项选择题（选择一个正确的答案，将相应的字母填入题内的括号中）

1. AF904 轨道电路相邻之间占用和命令的隔离通过（   ）种可用载频的交替使用来完成。

   A. 6   B. 7   C. 8   D. 9

2. AF904 系统构成简单而又高可靠的（   ）接口。

   A. 轨道 – 中央   B. 轨道 – 列车   C. 轨道 – 联锁   D. 轨道 – 道岔

3. AF904 轨道电路中，MicroLok Ⅱ 决定了（   ）位数据中的绝大多数信息。

   A. 35   B. 36   C. 37   D. 38

4. （   ）主要由位于 OCC 内的设备实现。

   A. ATS 功能   B. 联锁功能   C. 列车检测功能   D. PTI 功能

5. （   ）实现的是真正意义上的移动闭塞。

   A. 点式 ATC 系统

   B. 采用轨道电路的连续式 ATC 系统

   C. 用无线通道实现地 – 车数据传输的无线 ATC 系统

   D. 采用轨间电缆的 ATC 系统

6. 以下对 GRS 终端接收器功能描述正确的是（   ）。

A. 只发送列车检测信号　　　　　　B. 只接收列车检测信号

C. 只发送机车信号　　　　　　　　D. 只发送机车信号

7. GRS 码率板最多能产生（　　）个码率频率。

A. 6　　　　　B. 7　　　　　C. 8　　　　　D. 9

8. 使用（　　）、J5 测试孔来测量 GRS 音频轨道电路接收板的放大器输出。

A. J1　　　　　B. J2　　　　　C. J3　　　　　D. J4

9. GRS 25 m 无源标志线圈的设计频率是（　　）。

A. 130 kHz　　　B. 140 kHz　　　C. 150 kHz　　　D. 160 kHz

10. GRS ATO 模块双通道译码板有（　　）个指示灯。

A. 1　　　　　B. 2　　　　　C. 3　　　　　D. 4

11. AF904 轨道电路采用了（　　）接受轨道联锁系统传送的异步安全信息。

A. CPU　　　　　　　　　　　　　B. MCU（微控制器）

C. PLC（可编程逻辑控制器）　　　D. GPU（图形处理器）

12. AF904 轨道电路信号边频中较高的称为"MARK"，较低的称为（　　）。

A. "LOW"　　B. "CLEAR"　　C. "SPACE"　　D. "SET"

13. 在轨道电路一端传送，并在另一端接受的 FM（频率调制）载波信号，不仅用来传送机车信号，而且用于（　　）。

A. 列车对位　　B. 列车通信　　C. 列车检测　　D. 列车启动

14. 以下不是 AF904 轨道电路系统轨旁设备组成的是（　　）。

A. 轨道耦合单元　　　　　　　　　B. 线棒

C. 轨道环线　　　　　　　　　　　D. ATP 接收线圈

15. （　　）不是 AF904 轨道电路的 PCB（印刷电路板）。

A. 轨道电路控制 PCB　　　　　　　B. 辅助 PCB

C. 电源控制 PCB　　　　　　　　　D. RX/TX PCB

16. AF 904 轨道电路是（　　）轨道电路，它具有列车检测和机车信号发送双重功能。

A. 音频数字　　B. 音频模拟　　C. 数字报文　　D. 计轴器

17. MicroLok Ⅱ 一对负责 AF904 轨道电路，另一对负责（　　）。

A. 道岔动作　　B. 信号机显示　　C. 进路排列　　D. 联锁操作

18. （　　）是由软件控制的处理器，执行和速度码逻辑、轨道电路控制器相关的安全功能。

  A. 轨道 MicroLok 单元   B. 联锁 MicroLok 单元

  C. TWC 控制器   D. NVLE 工作站

19. ATC（USSI）系统中运用故障导向安全原则协助系统的安全运行，把速度限制强加给列车，保持列车间隔的功能是（　　）功能。

  A. ATO   B. ATP   C. ATS   D. TWC

20. （　　）不是 AF904 轨道电路系统提供的载频。

  A. 10.5 kHz   B. 11.5 kHz   C. 12.5 kHz   D. 18.5 kHz

21. Micro Lok Ⅱ 的故障－安全，（　　）起着关键的作用。

  A. CPU 板   B. VCOR（安全切断继电器）

  C. 电源板   D. 安全输出板

22. VCOR 继电器采用的是（　　）型。

  A. JPXC－1000   B. PN－150 B

  C. JYJXC－135/220   D. JPXC－1700

23. MicroLok Ⅱ 系统可以配置一个非安全编码系统通信，负责处理联锁与（　　）通信。

  A. 本站控制室   B. 邻站控制室   C. 中央控制室   D. 集中站控制室

24. DTC921 轨道电路在道岔侧线采用（　　）发送 SECEM 信息。

  A. 环线   B. S－BOND   C. 耦合电路   D. 无线

25. VPI2 型联锁的 VP（安全电源供应与检测模块）板的作用是（　　）。

  A. 通过故障安全电路检测 VP 的状态并给逻辑运算子系统提供信息

  B. 自动以及人工切换联锁主/备机

  C. 提供 110 V 电压

  D. 检查与确认 EVPD（安全电源驱动与控制）模块的电源是否允许，本地安全输出的重新检查

26. VPI2 型联锁的 AFM（安全电源切换模块）板的作用是（　　）。

  A. 通过故障安全电路检测 VP 的状态并给逻辑运算子系统提供信息

  B. 自动以及人工切换联锁主/备机

  C. 提供 110 V 电压

  D. 检查与确认 EVPD 模块的电源是否允许；本地安全输出的重新检查

27. VPI2 型联锁的 ELH（切换单元）板的作用是（　　）。

  A. 用于将信息解调为可工作信号

  B. 用于各网络 A/B 网络之间的转换，将所有的通信接口连接到正在工作的 ULE（逻辑模块单元）

  C. 用于提供 15 V 电源

  D. 用于自动以及人工切换联锁主/备机

28. DTC921 轨道电路发送 SECEM 信息的速率为（　　）。

  A. 300 bit/s B. 400 bit/s C. 500 bit/s D. 600 bit/s

29. 一旦 VPI2 型联锁的 FSFB（故障安全现场总线）网络故障则（　　）。

  A. 无法办理进路，并在 MMI（人员维护界面）显示双向箭头

  B. HMI（人机界面）黑屏

  C. 倒换到备机

  D. VPI2 断电

30. VPI2 型联锁的 FSFB 网络的冗余方式是（　　）。

  A. 采用 SDH（同步数字体系）以太网络，双环防断

  B. 采用信号网络与通信网络双联，双通道冗余

  C. 采用 A、B 两个网络，A、B 两个网络都是隔站相连

  D. 采用 A、B 两个网络，A、B 两个网络首尾相连

31. 以下用于 SECEM 网络的光纤调制解调器的为（　　）。

  A. CRSA2 B. LDOM C. ELH D. MODEM

32. 在 GRS 车载设备中，（　　）信息为安全输出板的输出信息。

  A. 超速报警 B. 列车停站 C. 门关闭信息 D. FAS 信息

33. 对于 GRS 车载设备，说法正确的是（　　）。

  A. 系统 CPU 板与 ATO CPU 板以并行方式进行通信

  B. 系统 CPU 板每 100 ms 一次以一种规定的方式检查系统的输入与输出，且在正确状态下，才产生正确的检查字给 VPC 板

  C. 系统 CPU 执行机车信号的译码并与实际车速相比较的功能

  D. 非安全输入信息允许错误信息

34. 对于 GRS 车载设备，每套车载设备有 2 只 ATP/TWC 接收线圈，以下说法正确的是（　　）。

  A. 电气串接用于叠加机车信号，同时抵消干扰信号

  B. 分别用于 ATP1 模块和 ATP2 模块

  C. 不叠加机车信号，但抵消干扰信号

D. 电气串接既不用于叠加机车信号，又不抵消干扰信号

35. 在 GRS 车载设备中，一旦发生溜车，车载 ATP 设备将施加（   ）。
    A. 全常用制动   B. 紧急制动   C. 惩罚性制动   D. 非惩罚性制动

36. 在 GRS 车载设备中，采用独立双通道式的速度传感器，其目的之一是（   ）。
    A. 可判断运行方向与系统设置是否一致
    B. 感应信息叠加
    C. 主、备用状态
    D. 判断列车停站

37. 在 GRS 车载设备中，车载标志器天线感应到地面无源标志器线圈时，（   ）说法正确。
    A. 只有 350 m 标志器线圈才能启动程序停站程序
    B. 所有无源标志器线圈都能启动程序停站程序
    C. 350 m、150 m 标志器线圈都能启动程序停站程序
    D. 8 m、AA 标志线圈都能启动程序停车

38. （   ）安装前不需要上载程序。
    A. FSK CPU 板   B. ATO CPU 板
    C. ATP CPU 板   D. TWC RX/TX 板

39. （   ）为 ATO CPU 板正确的开关位置。
    A. 1, 7 在 ON 上   B. 11 为负
    C. 2, 3, 8 在 OFF 上   D. 9, 10, 11, 12 为负

40. TWC RX/TX 板的工作电压为（   ）。
    A. 12 V   B. 15 V   C. 24 V   D. 30 V

41. 列车空转打滑超过（   ），ATO 将产生空转打滑报警。
    A. 2 s   B. 2.5 s   C. 3 s   D. 3.5 s

42. 车载 ATP 系统机车信号的解码最短时间应该是（   ），否则机车信号会丢失。
    A. 1 s   B. 1.75 s   C. 2 s   D. 2.75 s

43. ATC 向车辆的非安全输出信息，通过车载 ATC 机架背后的线缆连接器（   ）进行传输。
    A. J1   B. J2 B   C. J3   D. J4

44. ATC 向车辆的输出全常用制动缓解信息，通过车载 ATC 机架背后的线缆连接

器（　）进行传输。

　　A．J1　　　　B．J2B　　　　C．J3　　　　D．J4

45．ATC 向车辆的输出允许右/左门开（ERD/ELD）信息，通过车载 ATC 机架背后的线缆连接器（　）进行传输。

　　A．J1　　　　B．J2B　　　　C．J3　　　　D．J4

46．在调整 TWC RX/TX 板时，从 TWC RX/TX 板上的 TP23（+）－TP32（GND）可测得接收信号为（　）的方波。

　　A．3 V　　　B．5 V　　　C．7 V　　　D．10 V

47．在调整 TWC RX/TX 板时，从 TWC RX/TX 板上的 TP33（+）－TP31（GND）可测得发送信号为（　）的方波。

　　A．3 V　　　B．5 V　　　C．7 V　　　D．10 V

48．轨道电路数据库被加载在（　）中。

　　A．ETBB（电池）板　　　　B．FSK CPU 板
　　C．安全输入板　　　　　　D．PWIRE（P 线接口）板

49．ALSTOM 列车第二块继电器版故障可能发生的故障是（　）。

　　A．ATO 模式下经常上 EB
　　B．ATO 模式下冲出站台
　　C．ATO 模式下自动停车
　　D．ATO 模式下实际速度限速 60 km/h

50．西门子列车列车正线运行经常发生冲出站台现象，可能是由于（　）继电器板引起。

　　A．REL011_1　　B．REL011_2　　C．REL011_3　　D．RPS

51．ALSTOM 列车 CSS（安全输出）板上 SF5 灯位灭，应该更换（　）继电器板。

　　A．REL011_1　　B．REL011_2　　C．REL011_3　　D．DDU

52．列车发生无法读取信标，则首先考虑的板卡故障为（　）故障。

　　A．CTC　　　B．CUC012　　　C．CBK　　　D．CUC012A

53．当车载 ATC 无法接收轨道电路信息时，则首先考虑的板卡故障为（　）故障。

　　A．CTC　　　B．CUC012　　　C．CBK　　　D．CUC012A

54．当 ALSTOM 列车列车 ATO 模式下经常冲出站台，首先观察的板卡灯位为

(　　)。

    A. CMR 板（车辆接口电路板）的 SF6 和 SF7 灯位

    B. CSS 板上的 A1 到 A6 灯位

    C. CBK 板（码位发生器与定位电路板）的 AT 灯位

    D. CMR 板的 SF1 SF2 SF4 SF5 灯位

理论知识复习题答案

一、判断题

1. √　2. ×　3. √　4. ×　5. √　6. ×　7. ×　8. ×　9. √
10. ×　11. ×　12. ×　13. ×　14. ×　15. ×　16. √　17. ×　18. ×
19. √　20. √　21. ×　22. ×　23. √

二、单项选择题

1. C　2. B　3. C　4. A　5. C　6. B　7. D　8. A　9. D
10. B　11. B　12. C　13. C　14. D　15. D　16. A　17. D　18. A
19. B　20. D　21. A　22. B　23. C　24. A　25. D　26. B　27. B
28. C　29. A　30. C　31. B　32. B　33. B　34. A　35. B　36. A
37. C　38. D　39. B　40. C　41. C　42. D　43. A　44. A　45. C
46. B　47. D　48. B　49. A　50. C　51. B　52. C　53. A　54. D

第 4 章

信号电源及电缆

学习目标

- ☑ 掌握信号电源屏的技术指标
- ☑ 了解不间断电源 UPS 的技术指标
- ☑ 了解城轨电缆线路特性
- ☑ 熟悉城轨防雷设备的测量技术

第4章
信号电源及电缆

知识要求

4.1 信号电源概述

4.1.1 信号电源屏的技术指标

轨道交通信号电源屏技术标准主要参照铁路标准，先后有 TB 1528—84《信号电源屏技术条件》，TB/T 1528—1994《铁路信号电源屏通用技术条件》，TB/T 1528—2002《铁路信号电源屏》等配套标准。目前为 TB/T 1528.1~7《铁路信号电源屏》系列标准和《铁路信号智能电源屏技术条件（暂行)》（运基信号〔2005〕458号）。

1. 信号电源屏技术标准

（1）输入电源。电源屏应有两路独立的交流电源供电，两路输入电源允许偏差范围，单相电压 AC176~253 V，三相电压 AC304~437 V，频率 49.5~50.5 Hz，三相电压不平衡度≤5%，电压波形失真度≤5%。

（2）输入电压供电方式及转换方式。两路市电电源同时向电源屏供电，当任一路电源断电时，另一路自动承担全部负荷供电。无论何种供电方式，两路电源的切换时间（包括自动或手动）不大于 0.15 s。

（3）电气参数。

1）额定工作电压。电源屏常用的额定工作电压优选值为：输入回路 AC 220 V、

380 V；输出回路 AC 380 V、220 V、110 V、24 V、DC 24 V、48 V、220 V。

2）额定功率。电源屏常用的额定功率优选值为：2.5、5、10、15、20、25、30、50、60 kV·A。

（4）悬浮供电及隔离供电。电源屏的交流、直流输出电源应采用对地绝缘的悬浮供电，输出电源端子对地绝缘电阻应符合要求。

电源屏的各种采用隔离供电的方式，并应根据系统要求合理分束，分别提供各路供电电源。

（5）三相电源供电及相序检测。电源屏供给各种负荷的容量应合理分配，当输入为三相交流电源时，各相的负荷应力求平衡。当车站装有三相交流转辙机时，电源屏的三相交流输出电源供电，必须设置相序检测装置，在三相断相或错相时发出报警信号。

（6）不间断供电。对于有不间断供电要求的场合，应设置不间断供电电源，一般要求为 0.5 h。

（7）过流、短路保护。

1）电源屏的各供电回路电源、各功能模块必须具有过流及短路保护功能。

2）电源屏的雷电防护应满足以下要求：①电源屏防雷元件的选择应考虑将雷电感应过电压限制到被防护电源屏的冲击耐压水平以下；②防雷元器件不应影响被防护电源屏的正常工作；③采用多级防护时，多级防护元件要合理配置；④被保护电源屏与防护元件间的连线应尽量短，防护电路的配线与其他配线应分开，其他设备不应借用防雷元件的端子。

3）电源屏防雷系统应统筹考虑，雷电防护器件可设在电源屏外。

（8）保护接地。

1）电源屏的变压器铁芯、电流互感器的二次回路、电动机以及其他金属外壳部件应在电气上相互连接，并连接至保护接地端子。

2）电源屏的保护电路可由单独设置的保护导体或可导电的结构件构成，接地端子与各保护接地的接触电阻值应 ≤0.1 Ω。

3）所有电路元件的金属外壳须用金属螺钉与已经接地的金属构件良好搭接。

4）保护导体应能承受设备在运输、安装时所受的机械应力以及在短路故障时所产生的机械应力和热应力，其接地连续性不能破坏。

5）保护接地端子应设置在便于接线之处，不得兼作他用，并且当外壳或任何可拆卸的部件移去时应保持电器与保护接地导体之间的连接，保护接地端子螺钉应不小于 M6，保护接地端子不允许连接到三相电源的中性线上。

（9）温升。电源屏的绝缘、元器件、端子、操作手柄的温升不应超过规定的限值。

（10）介电性能。

1）绝缘电阻。在温度为 15~35℃，相对湿度为 45%~80% 的气候条件下，电源屏输入、输出端子对地的正常绝缘电阻应不小于 25 MΩ。

2）电源屏额定冲击耐受电压应按规定执行。

3）工频耐压试验电压应按规定的要求进行。

（11）噪声。在额定输入电压及额定负载的条件下，电源屏的整机噪声不超过 65 dB。

（12）指示灯、指示仪表、报警。

1）指示灯。

①电源屏应设置清晰可见的指示灯，包括两路电源有电表示、两路电源中工作电源表示、主屏工作表示和备用屏电表示（采用主备屏工作方式的电源屏）、各种输出电源正常工作状态指示、输出电源故障指示。

②指示灯应安装在电源屏前面板或模块前面板显著位置。

③指示灯的颜色规定为：白色，输入回路工作、工作状态显示、输出回路工作；红色，输入有电、电源故障。

2）指示仪表。电源屏应设置两路电源输入电压、整机输入电流、各主要回路输出电压电流的指示仪表。仪表应安装在电源屏前面板显著位置。仪表精度不低于 2.5 级。

3）报警。电源屏应设灯光、音响报警。对于两路输入电压转换报警是向控制台提供主副电源工作状态。对输出电源故障、三相电源断相、三相电源错序（有相序要求的输出回路）、稳压（调压）装置故障设音响报警。

（13）智能化检测。智能化电源屏应具备的功能包括：电源屏实时测试数据，故障信息处理、事故追忆、声光报警及紧急呼叫，电源屏输入、输出电压变化的日、月、年曲线，日常报表管路及历史数据保存，监测系统的远程组网及故障诊断，模块工作状态监测等。

（14）寿命和可靠性。电源屏内的关键部件，如接触器、继电器、断路器、开关等，其机械寿命和电寿命应符合 GB/T 14048 和相应产品标准的规定，变压器的电寿命应为 15 年。

UPS 的 MTBF（平均无故障时间）为 3 000 h，高频开关电压的 MTBF 为 65 000 h。

（15）冗余及维护。电源屏各供电电压必须设有备用，当任一模块回路出现故障或进行维修时，应能转换至备用供电回路，继续保持供电。可采用如下备用方式：1 + 1 主备方式，每一供电电压均设有一条备用回路；$n + 1$ 主备方式，n 个供电回路共用一条备用回路。电源屏应便于维护,易于在线维修及更换故障部件。

2. 智能化电源屏技术参数

上海城轨智能化电源屏主要使用模块有:H型、E型、F型、D型、T型等模块,主要模块的输入输出特性见表4—1~表4—6。

表4—1　　　　　　　模块DHXD-D1、E、F2、H的输入特性表

序号	项目	指标	备注
1	输入电压	AC 154~286 V	
2	输入电流	≤26 A/8 A/5 A	D1/E/F2
3	输入交流频率	(50±5) Hz	
4	功率因数	≥0.99	
5	效率满载时	≥90%/≥85%/≥85%/≥90%	D1/E/F2/H

表4—2　　　　　　　模块DHXD-D1的输出特性表

序号	项目	指标	备注
1	额定电压	DC 220 V	
2	额定电流	16 A	
3	开机输出电压上升时间	3~8 s	
4	纹波系数	≤0.1%	
5	稳压精度	-0.5%~0.5%	

表4—3　　　　　　　模块DHXD-EDC 24 V的输出特性表

序号	项目	指标	备注
1	额定电压	DC 24 V	
2	额定电流	22 A	
3	开机输出电压上升时间	3~8 s	
4	纹波系数	≤0.5%	
5	稳压精度	-2%~2%	

表4—4　　　　　　　模块DHXD-EDC 60 V的输出特性表

序号	项目	指标	备注
1	额定电压	DC 24~60 V	24~60 V连续可调
2	额定电流	2 A	
3	开机输出电压上升时间	3~8 s	
4	纹波系数	≤0.5%	
5	稳压精度	-1%~1%	

表 4—5　　　　　　　　　模块 DHXD – F2 的输出特性表

序号	项目	指标	备注
1	额定电压	DC 24 ~ 60 V	24 ~ 60 V 连续可调
2	输出功率	120 W	
3	开机输出电压上升时间	3 ~ 8 s	
4	纹波系数	≤ 0.1%	
5	稳压精度	– 1% ~ 1%	带载 10% ~ 100% 测量

表 4—6　　　　　　　　　模块 DHXD – H 的输出特性表

序号	项目	指标	备注
1	额定电压	AC 220 V	
2	额定电流	6.5 A	
3	开机输出电压上升时间	3 ~ 8 s	
4	纹波系数	≤ 0.1%	
5	稳压精度	– 3% ~ 3%	

3. 信号电源屏绝缘电阻

（1）绝缘电阻。在温度为 15 ~ 30℃，相对湿度为 45% ~ 80% 的气候条件下，整机输入、输出端子对地的正常绝缘电阻值应不小于 25 MΩ。经过交变湿热试验后，其潮湿绝缘电阻不小于 1 MΩ。

（2）绝缘耐压。在大气压力不低于 84 kPa 时，整机的输入、输出端子对地间的正常绝缘耐压：$U \leqslant 60$ V，50 Hz/500 V/1 min，无击穿或闪络现象；60 V $< U \leqslant$ 220 V，50 Hz/1 000 V/1 min，无击穿或闪络现象；220 V $< U \leqslant$ 380 V，50 Hz/1 200 V/1 min，无击穿或闪络现象。如升高试验电压 25% 时，可缩短试验时间至 1 s，无击穿或闪络现象；重复试验时，试验电压为原电压的 75%，历时 1 min，应无击穿或闪络现象。

4.1.2　不间断电源 UPS

1. UPS 设备工作参数

以三相输入三相输出为例。

UPS 输入：电压 [380 ± (380 × 15%)] V（可调）；频率 [50 ± (50 × 5%)] Hz（可调）；功率因数 > 0.95。

UPS 输出：电压 $[380±(380×1\%)]$ V；电压稳定度 ±1%（静态）；频率应 $[50±(50×1\%)]$ Hz；功率因数 ≥0.8。

其他指标：动态 ±3%（阶跃负载 0→100%→0）；恢复到 ±1% 应 ≤20 ms；峰值因数 ≥3:1；线性负载失真度 <2%；非线性负载失真度 <5%；整机效率 >92%；过载能力：125% 过载 >10 min，150% 过载 >1 min；MTBF ≥200 000 h；噪声 <50 dB（A）；工作温度 -10~40℃；工作湿度 0~95%。

2. UPS 设备充放电要求

（1）技术指标。阀控式密封铅酸蓄电池的技术指标包括安全性能、额定容量、蓄电池放电电流、放电终止电压、放电温度和蓄电池的实际容量等。不同使用年限、不同规格、不同厂家、不同浮充电压值的蓄电池，不应在同一个直流供电系统中使用。

1）安全性能。安全性能指标不合格的蓄电池是不可接受的，其中影响最大的是爆炸和漏液。爆炸和漏液的发生主要与蓄电池的内压、结构、工艺设计（比如安全阀失效）及应当禁止的不正确操作有关。

2）额定容量。为了表示蓄电池的蓄电能力，定义了蓄电池的额定容量。额定容量是蓄电池制造的时候，规定蓄电池在一定的放电条件下应该放出的最低限度的电量，其单位为安时（Ah）。使用条件不同，蓄电池能够放出的容量也不同。

3）蓄电池放电电流。一般所说的蓄电池放电电流所指的就是蓄电池放电率，针对蓄电池放电电流的大小分别有时间率和电流率。放电时间率是指在一定的放电条件下放电到终止电压的时间长短。依据 IEC 标准，放电率分别为 20 小时率、10 小时率、5 小时率、3 小时率、2 小时率、1 小时率和 0.5 小时率等（小时率用 HR 表示）。以不同的放电率得到的蓄电池的容量会不同。阀控式密封铅酸蓄电池放电标准规定 3 小时与 1 小时放电率的放电电流分别是 10 小时率放电电流的 2.5 倍和 5.5 倍。

4）放电终止电压。放电电流不同，终止放电电压也不相同。随着放电的进行，蓄电池的端电压会逐步下降。在 25℃ 条件下放电到能够再次反复充电使用的最低电压称为放电终止电压。放电率不同，放电终止电压也不相同。一般为 10 小时率放电的终止电压多数为 1.8 V/单格，以 2 小时率放电的终止电压一般为 1.75 V/单格。低于这个电压时，虽然可以放出稍微多一点的电量，但是容易形成再次充电的容量下降，所以除非特殊情况，不要放电到终止电压。

5）放电温度。蓄电池在低温时的放电容量小，高温时的容量大，为了统一放电容量就规定了放电温度。由于浮充电流增大、板栅腐蚀加速、产生氢气的电位降低等原因，蓄电池寿命随着温度升高而缩短。

6）蓄电池的实际容量。蓄电池的实际容量反应蓄电池实际存储电量的多少，单位用安时（Ah）表示。安时数越大，则蓄电池的容量就越大。在使用过程中，蓄电池的实际容量会逐步衰减。

充放电流过大，将使极板上的活性物质变化处于表面，蓄电池容量则降低很多。除了充放电会影响蓄电池容量外，环境温度也是影响蓄电池放电容量的一个重要因素。环境温度与放电容量的关系如图4—1所示。

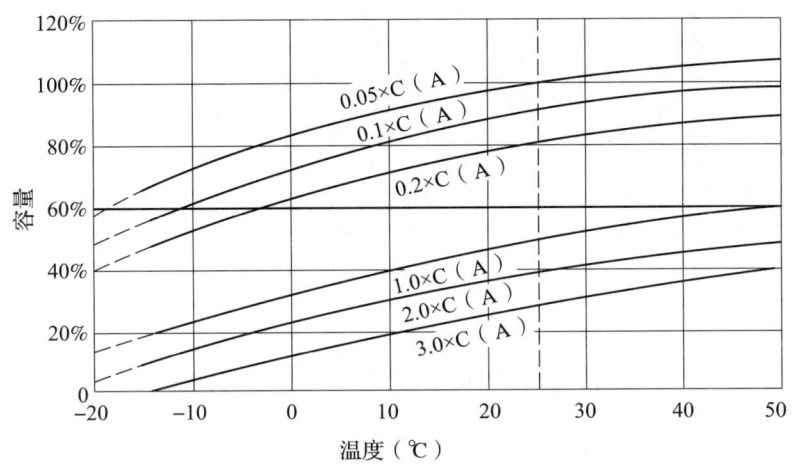

图4—1　环境温度与放电容量的关系

7）内阻。蓄电池的内阻是指电流流过蓄电池内部时所受的阻力，铅酸蓄电池的内阻很小，需要用专门的仪器才可以测得到比较准确的结果。一般所指的蓄电池内阻是充电态内阻，即蓄电池充满电时的内阻。与之对应的是放电态内阻，放电中的内阻变化不太稳定，如图4—2所示。蓄电池的内阻越大，蓄电池自身消耗掉的能量越多，其使用效率越低。内阻很大的蓄电池在充电时发热很厉害，使蓄电池的温度急剧上升，对蓄电池和充电器的影响都很大。随着蓄电池使用次数的增多、环境温度的下降蓄电池内阻都会增加。所以要使用好蓄电池，必须根据当地的气候条件，针对实际情况，掌握其使用规律。蓄电池的充电必须根据不同情况选择适当的方法并正确的使用充电设备，这样才能提高蓄电池的容量，延长蓄电池的使用寿命。

8）循环寿命。循环寿命是指蓄电池可经历的重复充放电次数。蓄电池的寿命和容量成反比关系，循环寿命还与充放电条件密切相关，一般充电电流越大（充电速度越快），循环寿命越短，蓄电池循环寿命特性，如图4—3所示。铅酸蓄电池可以应付短时间的大电流放电，这时候放电深度不深。小电流放电时，即便放电深度稍微深一些，

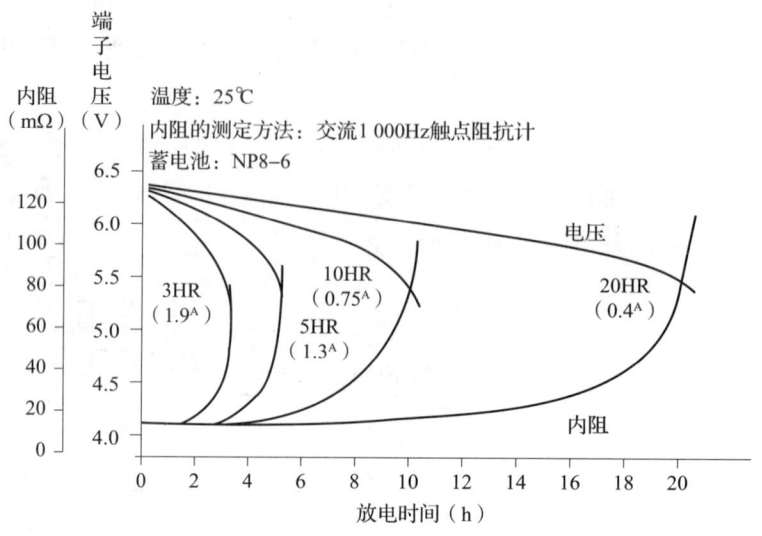

图 4—2　放电中的内阻变化

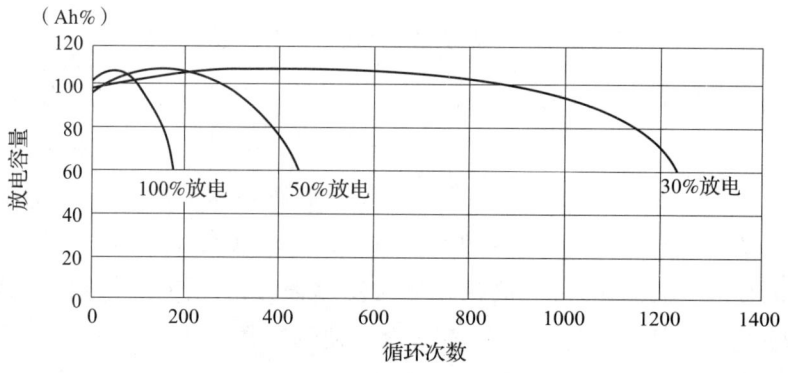

图 4—3　循环寿命特性

对蓄电池的寿命影响也不大。蓄电池最怕连续大电流深度放电。影响铅酸蓄电池寿命的因素有极板的内在因素，诸如活性物质的组成、晶型、孔隙率、极板尺寸、板栅材料和结构等；也取决于一系列外在因素，如放电电流密度、电解液浓度和温度、放电深度、维护状况和储存时间等。

9）放电深度。放电深度是指使用过程中放电到什么程度开始停止，100%深度指放出全部容量。若放电深度过大，会严重损害蓄电池，对蓄电池的容量等电性能及循环寿命极为不利。蓄电池放电终了时,电解液浓度低,内阻大,产生的热量多。过放电时,极板上的硫酸铅会形成大而硬的结晶体,不能被充分还原,将进一步增大内阻,使蓄电池的充电恢复能力变得极差,甚至无法恢复。

10）荷电保持能力。蓄电池荷电保持能力是指在开路状态下,蓄电池储存的电量在一定环境条件下的保持能力。自放电主要是由蓄电池材料、制作工艺、储存条件等多反面的因素决定的。通常温度越高,自放电率越大。蓄电池有一定程度的自放电属于正常现象。一般在温度越高和比重越大时,自放电量也越大。在正常情况下,蓄电池每存放一天,容量减小2%左右,超过此值则属不正常。

11）高率放电性能。高率放电性能即大电流放电能力,主要和蓄电池的材料及制作工艺有关。蓄电池电解液的比重几乎与放电量成正比例,因此,根据蓄电池完全放电时的比重及10%放电时的比重,即可推算出蓄电池的放电量。铅酸蓄电池的电解液比重会随温度变化而变化,电解液比重以20℃时的比重为标准,因此比重计上的读数必须换算为20℃时的标准比重。比温度变化1℃时,则比重变化0.000 7,因此,在测量比重的同时必须测量温度,测温时应使用棒状酒精温度计。

12）蓄电池的额定电压。国家标准规定的蓄电池电压值为额定电压。铅酸蓄电池每格电压值为2 V,蓄电池电压是把3格隔槽（约2.1 V）串联在一起而构成6.3 V（标称为6 V的蓄电池）,串联6格就为12.6 V（标称为12 V的蓄电池）。该电压值是在完全充电的状态下且端子间没构成电路时的电压（开路电压）。蓄电池的电动势和硫酸浓度成正比,并受温度影响。放电时的电压与放电电流和蓄电池内阻有关,放电电流越大,电压下降的越多。放电到0 V后,即使再充电也不能恢复原来的性能。所以,依放电电流的多少规定了相应的停止放电电压,以避免放电至低于该电压。另外,按规定放电到停止电压后搁置一段时间,其开路电压便恢复到和硫酸浓度相应的电压。

13）电解液。电解液是由高纯度硫酸和纯水组成的无色透明的稀硫酸,它和阴、阳极板起化学作用,把化学能转化成电能,同时在蓄电池内部起导电作用。电解液的比重在标准温度20℃下定为1.28。

阀式密封电池宜放在有空调的机房（机房有定期通风装置）,机房温度不超过30℃。密封电池需经常检查的项目有端电压,连接处有无松动、腐蚀现象,电池壳有无渗漏和变形和极柱,以及安全阀周围是否有酸雾酸液逸出。

通过电源集中监控系统对的总电压、电流、单体电压、温度进行监控,并定期对电池组进行测量。通过电池监测仪了解电池充放电曲线和性能,发现故障及时处理。密封电池在使用前不需要进行充电,但应进行补充充电。阀式密封电池如遇下列情况之一，应采用均充电压以限流恒压方式充电：浮充电压有两只低于 2.18 V/只；放出了 20% 以上额定容量；搁置时间超过了 3 个月；全浮充运行已达 3 个月。

（2）浮充电。浮充电是一种连续、长时间的恒电压充电方法。浮充电电压略高于涓流充电，足以补偿蓄电池自放电损失并能够在电池放电后较快地使蓄电池恢复到接近完全充电状态，又称连续充电。这种充电方式主要用于电话交换站、不间断电源（UPS）及各种备用电源。电池放电后用浮充电压充电能在一定时间内恢复到接近满容量，更长时间则可恢复至满容量。

随着蓄电池放置时间越长，蓄电池中的电量会逐渐减少，这是由于蓄电池具有自放电的特性所造成的。为了平衡由于电池自放电造成的容量损耗，需要对蓄电池进行一种连续地、长时间的恒电压充电。

通信电源所用的电池组一般为普通的铅酸蓄电池，铅酸蓄电池的浮充电压与电池所选用的电解液浓度有一定的关系。通常从蓄电池的说明书里可找到所购电池的浮充电压参数。

（3）均衡充电。均衡充电就是均衡电池特性的充电，是指在电池的使用过程中，因为电池的个体差异、温度差异等原因造成电池端电压不平衡，为了避免这种不平衡趋势的恶化，需要提高电池组的充电电压，对电池进行活化充电。

均衡充电一般以 2.35 V 左右的较高电压进行。

均衡充电会对阀控式电池造成损害。均衡充电电压对于大多数电池来说，都是较高的浮充电压。此时，大多数正常电池都处于过充电状态。不能复合的气体在电池内部形成一定的压力，压力超过安全控制阀阀值时，阀门打开，气体从控制阀中排出。在以前的电池维护中，伴随着均衡充电的过程是进行电池比重的调整，也就是说采用添加蒸馏水的办法补充水量，以保持电池的均衡性。但对于免维护电池，在现有的维护制度下是不加水的，这样一来，将不可避免造成电池的失水、电池干枯。

（4）放电试验要求。蓄电池组容量的测量视情况不同可用下列三种方式进行。

1）离线式测量法。将脱离供电系统的蓄电池充满电后静置 1~24 h，在环境温度为（25±5）℃的条件下开始放电，放电开始前应测蓄电池的端电压，放电期间应测记蓄电池的放电电流、时间及环境温度，放电电流波动不得超过规定值的 1%，放电期间应测蓄电池的端电压及室温，测量时间间隔为：10 小时率放电 1 h，3 小时率放电 0.5 h，1 小时率放电 10 min。在放电末期要随时测量，以便准确地确定达到放电终止电压的时间。放电电流乘以放电时间即为蓄电池组的容量。放电结束后，要对蓄电池组充电，充入电量应是放出电量的 1.2 倍。

2）在线式测量法。在供电系统中，关掉整流器，由蓄电池组放电供给通行设备，在蓄电池组放电中找出蓄电池组中电压最低、容量最差的一只电池来作为容量试验的对象。打开整流器对蓄电池组进行充电，等蓄电池组充满电后稳定 1 h 以上，在放电时找出最差的那只电池进行 10 小时率放电试验。放电前后要测记该电池的端电压、温度、放电时间和室温。以后每隔 1 h 测记一次，放电快到终止电压时，应随时测记，以便准确记录放电时间。放电时间乘以放电电流即为该组电池的容量。当室温不是 25℃ 时，应换算成 25℃ 时的容量。放电试验结束后，用充电机对该电池进行充电，恢复其容量，根据测记的数据绘制放电曲线。

3）核对性容量试验法。为了能随时掌握蓄电池的大致容量，进行核对性放电试验是必要的。在直流供电系统中，关掉整流器，让蓄电池对通信设备供电，蓄电池组放电前后要测记每只电池的端压、温度、比重、室温和放电时间。放出额定容量的 30% ~ 40%。放电结束后，要对蓄电池充电，充入电量应是放出电量的 1.2 倍，根据测记的数据作出放电曲线，留作以后再次测试时比较。

4）注意事项。上述三种蓄电池的容量试验方法，是日常维护中常用的方法。但无论哪种方法，在做容量试验时都要防止市电停电，备用发电机组应处于良好状态。

4.2 信号电缆线路和防雷设备

4.2.1 信号电缆特性

1. 信号电缆使用特性

电缆的使用环境温度为 -45 ~ +60℃，敷设的环境温度不低于 -10℃。电缆导体的长期工作温度应不超过 70℃。铝护套电缆具有良好的屏蔽性能，综合护层有一定的屏蔽性能，可用于铁路电气化区段的干线或强电干扰地区，可用于室外直埋。

2. 电缆盒的端子编号

方向盒端子，面对信号楼以"1"点钟位置为 1 号端子，按顺时针方向依次编号。终端电缆盒端子从基础开始，顺时针方向依次编号。

3. 信号电缆的使用事项

（1）电缆路径的选择应符合下列要求。

1）相关两设备间距离较短。

2）通过股道及障碍物较少。

3）施工维护方便。

4）避开线路和其他建筑物的改、扩建处。

5）避免在道岔的岔尖、辙叉心和钢轨接头处穿越股道。

(2) 普通护套电缆应在环境温度不低于 -5℃ 时敷设，耐寒护套应在环境温度不低于 -10℃ 时敷设。若急需在 -20℃ 以下时敷设电缆，普通电缆应预先加热。

(3) 电缆可敷设在任何水平差的沟、槽、管等内。应分清电缆 A、B 端顺向布放；电缆的弯曲半径不得小于电缆外径的 15 倍。

(4) 平行于轨道敷设的直埋电缆距最近钢轨轨底边缘应满足下列要求。

1）在线路外侧，不得小于 2 m；如路基宽度不够时，在保证轨底边缘与电缆间斜面距离不小于 2 m 的情况下，可减至不小于 1.7 m。

2）在线路间，不得小于 1.6 m；若线路间距 4.5 m，此项距离可减至不小于 1.5 m。

(5) 直埋电缆与公路平行敷设时，电缆应埋设在距公路面边沿、排水沟边沿不小于 1 m。

(6) 电缆沟应平坦，沟内无石块和杂物。电缆埋设深度，距地面不得小于 700 mm；石质地带，不得小于 500 mm。

(7) 电缆设电缆槽防护时，应符合设计要求，其埋深为盖顶面距地面 200～300 mm。槽内电缆应排列整齐，互不交叉。

4.2.2　信号防雷的测量技术

1. 信号设备防雷测量方法

(1) 金属陶瓷放电管测量。陶瓷放电管用陶瓷密闭封装，内部由两个或多个带间隙的金属电极，充以惰性气体氩气、氖气构成，当加到两电极端的电压达到使气体放电管内的气体击穿时，气体放电管开始放电，由高阻抗变成低阻抗，使浪涌电压迅速短路至接近零电压，并将过电流释放入地，从而对后续电路起到保护作用。当浪涌电压消失后，陶瓷放电管熄灭恢复到高阻抗状态，等待下一次动作。陶瓷放电管常用于多级保护电路中的第一级或前两级，起泄放雷电暂态过电流和限制过电压作用。

(2) 压敏电阻器压敏电压的测量。对压敏电阻器，测量它的标称电压：通过规定持续时间的脉冲电流（一般为 1 mA，持续时间一般小于 400 ms）时压敏电阻器两端的电压值。

2. 信号设备接地测量方法

接地与防雷是供电系统重要的两个组成部分，在进行接地设计前，应掌握当地土壤电阻率的实测数据，包括土壤结冰厚度、化学成分、地下水深度及其所含成分，降雨量情况，雷暴日及雷电活动情况，建筑物防爆及放火的等级，用电设备的性质和接地要求等。

（1）接地的作用。

1）在通信站（段）中。蓄电池组的一端接地可减少由于用户线路对地绝缘不良时引起的串扰。通信设备的金属外壳和电缆金属护套及隔离线的屏蔽接地，能减少电磁感应和杂音干扰。

2）在电话和电报信号回路和直流远距离供电中，利用大地完成回路。

3）在交流系统中，三相四线制的中性点接地，以便在发生接地故障时迅速将设备切断。

4）将电源设备的不带电金属部分接地或接零，可防止设备故障时，发生维护人员触电事故，保证人身安全。

5）装设防雷电保护接地，可防止因雷击产生的过电压危及人身安全和击毁设备。

（2）接地系统的组成。接地系统由地线系统和接地装置（或电极系统）构成。地线系统是指各连接地线（包括接地母线、垂直主干地线和互相"搭接"的接地导线），接地装置包括接地引入线和地下接地电极。

1）大地。大地是一个电阻非常低、电容量非常大的物体，拥有吸收无限电荷的能力，而且在吸收大量电荷后仍能保持电位不变，因此适合作为电气系统中的参考电位体。

2）接地体。接地体作为与大地之间电气连接的导体，应具有良好的导电性能及土壤亲和性。

3）接地引入线。接地引入线指主接地母线与接地体之间的连接线。接地引入线应作绝缘防腐处理，在其出土部位应有防机械损伤措施，且不宜与暖气管道同沟布放。

4）接地排。接地排一般是说装在设备上连接接地体的铜牌和沿着配电房墙壁装的镀锌扁铁。45 mm（宽度）×4 mm（厚度）或 50 mm×5 mm，长度按需求设计。前者根据设备接地桩孔与接地体的接地桩孔装设，后者一般沿墙装在距离地面 200~300 mm 高度，如图 4—4 所示。

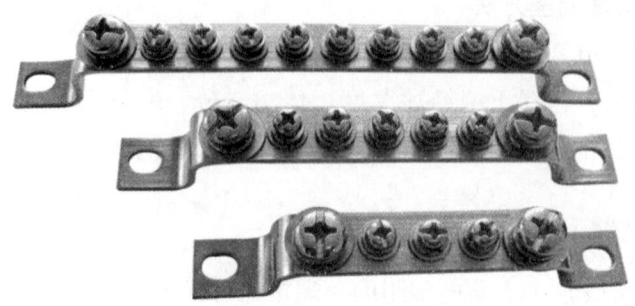

图 4—4 接地排示意图

5）接地配线。接地配线是设备与接地箱连接的导线，使用黄绿线。配置时一般考虑：设备与接地箱之间的距离及机械强度来配置导线的线径平方。换接电缆引入楼内时，电缆应采用铜芯，截面不小于 95 mm^2。

（3）接地电阻。各种接地的接地电阻阻值见表4—7。

表4—7 接地电阻标准表

地点	分设室外接地体阻值（Ω）			合设室外接地体阻值（Ω）
	联合接地	保护接地	防雷接地	
车站	1~4	10	10	1

接地方式有工作接地、保护接地、防雷接地、防静电接地、重复接地及事故接地。前五种是由于工作中需要采取的安全措施；而最后一种是因设备绝缘破坏等原因造成的故障接地，是应避免发生的，需要采取必要措施，加以防止。

1）工作接地：在正常或故障情况下为了保证电气设备可靠运行，必须把电力系统中某一点接地，称为工作接地。如电网中变压器或发电机的中性点直接接地或经电阻、电抗器接地。接地电阻小于 4 Ω。

2）保护接地：将在故障情况下可能呈现危险的对地电压的金属外壳或构架等接地装置与大地可靠连接，这种电气连接称为保护接地。接地电阻小于 4 Ω。

3）防雷接地：将避雷针、避雷线、避雷网、避雷带的避雷装置的接闪器，引下线与接地装置组成防雷接地。接地电阻应不大于 10 Ω。

4）防静电接地：最简单的办法，只要将一段电线或铁链条放在地上，其接地电阻不大于 1 000 Ω，静电的积累就不会产生。

5）重复接地：将零线上的一处或多处通过接地装置与大地再次连接，称为重复接地。

技能要求

电源输出中断告警故障处理

操作准备

实训设备及工具见表4—8。

表4—8　　　　　　　　　电源检修工具表

序号	名称	规格	单位	数量	备注
1	万用表	FLUKE187	只	1	
2	电源屏及图纸	PZ系列	套	1	鼎汉
3	十字旋具		套	1	
4	一字旋具		套	1	
5	断路器（空气开关）采集板		块	1	鼎汉
6	采集线		根	1	鼎汉
7	（低压）断路器（空气开关）		只	1	ABB

操作步骤

步骤1　判断故障告警可能产生的原因：

（1）断路器（空气开关）因过载、短路或自身故障断开。

（2）采集线虚接。

（3）采集线脱落。

（4）采集板故障。

（5）采集线因某种原因断裂。

步骤2　根据故障现象准备排除故障可能需要的工具及备件。

（1）工具（万用表、螺钉起子一套等）。

（2）电源屏设备相应的图纸资料。

（3）断路器（空气开关）采集板。

（4）采集线。

（5）同型号的断路器（空气开关）。

步骤3　排除故障操作，如图4—5所示。

图 4—5　排除故障操作

（1）检查故障输出的断路器（空气开关），排除故障嫌疑。

（2）检查断路器（空气开关）上的采集线连接是否牢固无虚接。

（3）检查采集线是否断裂。

（4）测量采集板上该路输出是否有采集电压。

（5）如有采集电压初步判断为采集板故障，更换采集板看故障是否消除。

（6）如未测得采集电压，进一步查找电压未采集到的原因并排除故障。

理论知识复习题

一、判断题（将判断结果填入括号中。正确的填"√"，错误的填"×"）

1. 正常情况下蓄电池组处于浮充备用状态，在交流输入失电的情况下，蓄电池向后级系统提供能量。　　　　　　　　　　　　　　　　　　　　　　　　（　　）

2. 电源屏根据其容量分为大型电源屏，容量 10 kV·A 以上；中型电源屏，容量 5 kV·A 以上；小型电源屏，容量 2.5 kV·A 以上。　　　　　　　　　　（　　）

3. 鼎汉 PDZ 智能型综合电源屏系统可分为主回路、防雷、智能监测三大功能板块，采样"H"型切换系统。　　　　　　　　　　　　　　　　　　　　　（　　）

4. UPS 可分为动态式 UPS 和静态式 UPS，静态式 UPS 根据供电方式可分为在线式、后备式及线上交互式。　　　　　　　　　　　　　　　　　　　　（　　）

5. 蓄电池组的容量判定是以状况最差的那一节蓄电池的容量值为标准，当蓄电池实际容量下降到原额定容量的 80% 以下时，蓄电池组进入急剧衰退期。（　　）

6. 信号电缆绝缘电阻测试，即测试芯线对地绝缘电阻。（　　）

7. 铁路信号电缆的使用环境温度为 -40~60℃，长期工作温度应不超过 70℃。（　　）

8. 干线电缆的防雷保护系统接地电阻宜小于 4Ω，困难地区不应大于 6Ω。（　　）

9. 电气化区段干线电缆的屏蔽地线接地电阻应小于 5Ω；在通信站应小于 10Ω。（　　）

10. 全程电缆测量即测量全程电缆芯线与大地间的绝缘。（　　）

二、单项选择题（选择一个正确的答案，将相应的字母填入题内的括号中）

1. 电源屏引入两路交流电源，屏内转换断电时间应不大于（　　）。
   A. 0.15 s　　　B. 1 s　　　C. 0.2 s　　　D. 0.25 s

2. 输入电源屏的交流电源应在（　　）范围内变化。
   A. 5%~-10%　　　　　　B. 15%~-20%
   C. 10%~-15%　　　　　D. 5%~-15%

3. 输入电源屏的交流电源经稳压（调压）后的允许波动范围应不超过（　　）。
   A. ±5%　　　B. ±10%　　　C. ±3%　　　D. ±2%

4. 大站电源屏容量至少为（　　）。
   A. 10 kV·A　　B. 15 kV·A　　C. 20 kV·A　　D. 25 kV·A

5. 两路电源（　　）转换采用中性点位移电路。
   A. 断相　　　B. 逆相　　　C. 断电　　　D. 欠压

6. UPS 可分为（　　）UPS。
   A. 立式和机架式　　　　　B. 塔式和模块式
   C. 动态式和静态式　　　　D. 新式和旧式

7. 智能化电源屏的效率较高，在 20% 负载时，效率（　　）。
   A. ≥95%　　B. ≥90%　　C. ≥85%　　D. ≥80%

8. 整流器输出端均加有 RC 波涌吸收电路，以防止整流元件（　　）击穿。
   A. 过电压　　B. 过电流　　C. 漏电压　　D. 欠压

9. 当温度为 -5~40℃，相对湿度为 90%，电源系统的输入、输出端子单线对地间的绝缘电阻应不小于（　　）。

　　　　A. 2 MΩ　　　　B. 3 MΩ　　　　C. 1 MΩ　　　　D. 0.5 MΩ

10. 继电器电源、站间联系电源采用（　　）冗余热备工作方式配置。
　　　　A. 2+1　　　　B. 1+1　　　　C. $N+1$　　　　D. $N+M$

11. 目前主要应用的 UPS 是（　　）UPS。
　　　　A. 动态式　　　B. 静态式　　　C. 内燃机式　　　D. 交互式

12. UPS 电池充放电电流一般以 C 来表示，C 的实际值与电池（　　）有关。
　　　　A. 电压　　　　B. 电流　　　　C. 容量　　　　D. 电容

13. UPS 在无市电输入的情况下，接入的负载容量远（　　）它的最大输出负载容量而处于开启状态情况下，会造成电池的深度放电。
　　　　A. 小于　　　　B. 大于　　　　C. 等于　　　　D. 不大于

14. 电池放电后应及时再充电，未充饱的电池再放电，会导致电池容量降低甚至损坏，所以必须配置适宜的（　　）。
　　　　A. 充电器　　　B. 逆变器　　　C. 整流器　　　D. 变压器

15. 禁止（　　）、不同规格、不同型号、不同种类的蓄电池在同一 UPS 系统中使用。
　　　　A. 不同厂家　　B. 不同生产线　C. 不同生产批次　D. 不同颜色

16. （　　）不同厂家、不同规格、不同型号、不同种类的蓄电池在同一 UPS 系统中使用。
　　　　A. 允许　　　　　　　　　　　B. 禁止
　　　　C. 在某些情况下允许　　　　　D. 在某些情况下禁止

17. UPS 可分为动态式 UPS 和静态式 UPS，静态式 UPS 根据（　　）可分为在线式、后备式及线上交互式。
　　　　A. 供电方式　　B. 配置方式　　C. 设备架构　　D. 输入方式

18. 蓄电池组的容量判定是以（　　）蓄电池的容量值为标准，当蓄电池实际容量下降到原额定容量的 80% 以下时，蓄电池组进入急剧衰退期。
　　　　A. 随意一节　　　　　　　　　B. 状况最差的那一节
　　　　C. 状况最好的那一节　　　　　D. 平均状况

19. 蓄电池组的容量判定是以状况最差的那一节蓄电池的容量值为标准，当蓄电池实际容量下降到原额定容量的（　　）以下时，蓄电池组进入急剧衰退期。
　　　　A. 70%　　　　B. 75%　　　　C. 80%　　　　D. 90%

20. 蓄电池组的容量判定是以状况最差的那一节蓄电池的容量值为标准，当蓄电池实际容量下降到原额定容量的 80% 以下时，蓄电池组进入（　　）。

  A. 正常使用期　　B. 不可使用期　　C. 衰退期　　D. 急剧衰退期

21. 铁路信号电缆的使用环境温度为（　　），长期工作温度应不超过 70℃。

  A. −60～60℃　　B. −50～60℃　　C. −40～70℃　　D. −40～60℃

22. 铁路信号电缆的使用环境温度为 −40～60℃，长期工作温度应不超过（　　）。

  A. 50℃　　B. 60℃　　C. 70℃　　D. 80℃

23. 普通信号电缆适用于额定电压（　　）及以下传输铁路信号、音频信号或自动信号装置的控制电路。

  A. 交流 500 V 或直流 1 000 V　　B. 交流 600 V 或直流 1 000 V

  C. 交流 500 V 或直流 1 200 V　　D. 交流 600 V 或直流 1 200 V

24. 全程电缆绝缘电阻测量的标准是大站不低于（　　），区间及小站不低于 1 MΩ。

  A. 0.5 MΩ　　B. 0.75 MΩ　　C. 1 MΩ　　D. 2 MΩ

25. 全程电缆绝缘电阻测量的标准是大站不低于 0.75 MΩ，区间及小站不低于（　　）。

  A. 0.5 MΩ　　B. 0.75 MΩ　　C. 1 MΩ　　D. 2 MΩ

26. 全程信号电缆芯线（包括连接的设备，但电子设备除外）与大地间的绝缘电阻值不得小于（　　）。

  A. 1 MΩ　　B. 2 MΩ　　C. 3 MΩ　　D. 4 MΩ

27. 在维修更换电缆时，电缆芯线间、每芯线对地间的绝缘电阻不小于（　　）。

  A. 1 000 MΩ/km　　B. 2 000 MΩ/km

  C. 3 000 MΩ/km　　D. 4 000 MΩ/km

28. 敷设音频信号设备的电缆时，须采用（　　）。

  A. 层绞型电缆和对绞型电缆

  B. 对绞型电缆

  C. 综合扭绞型电缆和星绞型电缆中的扭绞线对

  D. 星绞型电缆中的扭绞线对和对绞型电缆

29. 电气化区段干线电缆的屏蔽地线接地电阻应小于（　　）；在通信站应小于（　　）。

  A. 5 Ω；10 Ω　　B. 4 Ω；1 Ω　　C. 2 Ω；2 Ω　　D. 3 Ω；2 Ω

30. 与电气化铁路平行接近长度超过（　　）时，其主干电缆（或平行接近段）

两端应设电缆屏蔽接地。

A. 1 km　　　　B. 2 km　　　　C. 3 km　　　　D. 4 km

31. 电缆与高压输电线铁塔、电力杆（包括拉线）在土壤电阻率（　　）时，电缆与大树允许最小间距为 25 m。

A. ≤100 Ω·m　　　　　　　　B. 101～500 Ω·m

C. ＞500 Ω·m　　　　　　　　D. ≤500 Ω·m

理论知识复习题答案

一、判断题

1. √　2. √　3. √　4. √　5. √　6. ×　7. √　8. ×　9. ×
10. ×

二、单项选择题

1. A　2. B　3. C　4. A　5. A　6. C　7. B　8. A　9. C
10. B　11. B　12. C　13. A　14. A　15. A　16. B　17. A　18. B
19. C　20. D　21. D　22. C　23. A　24. B　25. C　26. A　27. C
28. C　29. B　30. B　31. C

理论知识考试模拟试卷及答案

城轨信号工（三级）理论知识试卷

注 意 事 项

1. 考试时间：60 min。
2. 请首先按要求在试卷的标封处填写您的姓名、准考证号和所在单位的名称。
3. 请仔细阅读各种题目的回答要求，在规定的位置填写您的答案。
4. 不要在试卷上乱写乱画，不要在标封区填写无关的内容。

	一	二	总分
得分			

得 分	
评分人	

一、判断题（第1题~第30题，将判断结果填入括号中，正确的填"√"，错误的填"×"；每题1分，共30分）

1. 高架线路铺设于城市高架桥面之下。（　　）
2. 远动的定义是远方操作与控制。（　　）
3. TETRA（泛欧集群无线电）系统支持移动台之间或调度台与移动台之间的选呼，当处于选呼状态时，仅通话双方可以听到通信内容。（　　）
4. 在考虑满足客流需求、适应城市发展的城市轨道交通网络时，应正确选用车辆的类型。（　　）
5. 安全和危险都是人们对生产、生活中是否可能遭受健康损害和人身伤亡的综合认识。（　　）
6. 轨道交通安全管理的目的是"保障乘客的人身安全"。（　　）
7. 出段（场）信号机采用三显示机构，红、绿、白灯。（　　）
8. 灯泡是色灯信号机光源，采用直线双丝铁路信号灯泡。（　　）

9. ZD 型转辙机电动机的励磁绕组和电枢绕组采用并联方式。（　　）

10. ZD(J)9 型系列电动转辙机有着安全可靠的机内锁闭功能，因此既可适用于联动内锁道岔，又可适用于分动外锁道岔；既适用于单点牵引，又适用于多点牵引；安装时，既能角钢安装，又能托板安装。（　　）

11. 轨道电路 RX/TX 板子上从 V.TX 发出的波形是方波，从 V.OUT 出来的波形是正弦波。（　　）

12. 计轴受扰区段复位是同时按下复位按钮并旋转复位钥匙，保持 20 s 再同时放手。（　　）

13. 速度码的计算不属于 VPI 联锁系统的主要功能。（　　）

14. 人机界面模块（MMI）是 VPI 与操作员之间的接口。（　　）

15. 在 VPI 系统的印制电路板上测得的电压范围为 4.75～5.25 V。（　　）

16. 上海轨交 2 号线 DTS 系统中安全和非安全数据通信使用相同的网络公共通道。（　　）

17. DTC921 轨道电路一旦被占用，轨道电路将调制 400 bit/s 的 SECEM 报文。（　　）

18. 切换管理子系统用于提供安全输出电压，提供自动倒切控制。（　　）

19. VPI2 型联锁的 FSFB 网络用于 ATC 间的通信。（　　）

20. iLOCK 型联锁是一套双系热冗余的 2 乘 2 取 2 联锁系统。（　　）

21. 车站值班员的操作直接发送给联锁系统；联锁系统把联锁运算后的相关表示信息送至 HMI 上显示。（　　）

22. 当信号机主灯丝断了时，信号机断丝标识符将显示稳定红色。（　　）

23. 存在防护进路的车站，在列车占用站台轨道区段 55 s 后，道岔自动解锁。（　　）

24. ATS 系统回放支持最大的时间跨度为 24 h。（　　）

25. 可以通过 Telnet 命令登录到路由器来检查配置是否正确。（　　）

26. 在 GRS 车载设备中，ATC 故障继电器的一个触点输入司机列车信息显示器，以提供一个故障显示信息。（　　）

27. 在 USSI 车载设备中，英文缩写 CCU 在车载中代表的含义中央处理单元。（　　）

28. 在 USSI 车载设备中，英文缩写 EB 在车载中代表的含义紧急制动。（　　）

29. 电源屏根据其容量分为大型电源屏，容量 10 kV·A 以上；中型电源屏，容量

5 kV·A 以上；小型电源屏，容量 2.5 kV·A 以上。   （   ）

30. 电气化区段干线电缆的屏蔽地线接地电阻应小于 5 Ω；在通信站应小于 10 Ω。
                                                                           （   ）

得 分	
评分人	

二、单项选择题（第 31 题~第 90 题，选择一个正确的答案，将相应的字母填入题内的括号中；每题 1 分，共 60 分）

31. 城市轨道交通线路两曲线间的夹直线应不小于（   ）。
    A. 10 m   B. 20 m   C. 30 m   D. 50 m

32. 限界主要有车辆限界、（   ）、建筑限界和受电弓限界。
    A. 隧道限界   B. 车站限界   C. 站台限界   D. 设备限界

33. 每公里轨道对迷流收集网的泄漏电阻值要求大于（   ）。
    A. 10 Ω   B. 20 Ω   C. 30 Ω   D. 40 Ω

34. 当主电路发生短路、（   ）、牵引电动机环火等故障时，高速断路器能快速切断主电源。
    A. 断路   B. 接触不良   C. 高压   D. 过载

35. 屏蔽门最初的设立原因是（   ）。
    A. 防止乘客跳入轨道   B. 防止物品掉落
    C. 节能   D. 减少人员配置

36. 列车自动监控是指（   ）。
    A. ATS   B. ATP   C. ATO   D. ATC

37. 通过（   ）可以了解图示机器或部件的工作原理、安装关系以及零件的拆装顺序等。
    A. 设备安装图 B. 简单零件图 C. 平面布置图 D. 配线图

38. 信号机的设置位置按照（   ）确定。
    A. 建筑限界   B. 设备限界   C. 触网限界   D. 车辆限界

39. 根据继电器（   ）电路中的连接方式，继电电路可分为串联、并联和串并联三种基本形式。
    A. 线圈   B. 时间特性   C. 触点   D. 电路特性

40. 继电器的触点数量不能满足电路要求时，应设（   ）。

A. 并联电路　　　B. 复示继电器　　　C. 辅助组合　　　D. 辅助继电器

41. 高柱和矮型透镜式色灯信号机又各有（　　）之分。

　　A. 单机构　　　B. 双机构　　　C. 三机构　　　D. 无机构

42. ZYJ7-GZ 式液压转辙机锁闭杆上的限位块与锁闭框间的间隙为（　　）。

　　A. (2±0.5) mm　　　　　　B. (3±0.5) mm
　　C. (4±0.5) mm　　　　　　D. (5±0.5) mm

43. 电动机电枢旋转后，切割磁力线就像发电机一样于电枢中产生（　　）。

　　A. 高电压　　　B. 大电流　　　C. 感应电势　　　D. 感应电流

44. 转辙机按动作速度分类，快动时间的标准为（　　）。

　　A. 0.4 s 以下　　B. 0.6 s 以下　　C. 0.8 s 以下　　D. 1.2 s 以下

45. ZDJ9 型系列电动转辙机的起动片尖端与速动片上平面间隙，保证在（　　）范围内。

　　A. 0~4 mm　　B. 0~0.8 mm　　C. 0~0.3 mm　　D. 0.3~0.8 mm

46. 在调整状态，对轨道继电器来说，它从钢轨上接收到的电流（　　），它的工作就越可靠。

　　A. 越小　　　B. 越大　　　C. 保持固定值　　　D. 为零

47. 转辙机齿条块上的削尖齿和（　　）上的圆弧构成内部锁闭。

　　A. 表示杆　　　B. 动作杆　　　C. 锁闭齿轮　　　D. 减速器

48. 复式交分道岔活动心轨电动转辙使用的基础角钢长约（　　）。

　　A. 3 600 mm　　B. 3 800 mm　　C. 4 000 mm　　D. 4 200 mm

49. （　　）不是列车分路电阻大小的影响因素。

　　A. 钢轨上分路的车轴数　　　　　B. 轨道上有无运行列车
　　C. 列车的运行状态　　　　　　　D. 轮缘的装配质量和磨损程度

50. 受电端至室内分线盘有开路故障，如果受电端电压已送到通向室内的电缆芯线，但是室内分线盘处测不到电压，则可判断为（　　）故障。

　　A. 送电端保险丝断开　　　　　　B. 电缆线路短路或混线
　　C. 电缆线路断路　　　　　　　　D. 防雷元件短路

51. AF904 轨道电路频率调谐用比该频率的小（　　）的单频调谐。

　　A. 200 Hz　　B. 400 Hz　　C. 500 Hz　　D. 1 000 Hz

52. Modem 板上的 3 个 MOD（调制）灯位全灭则表明此为（　　）的轨道区段。

　　A. F7　　　B. F8　　　C. F9　　　D. F10

53. 轨道数据通过信标从轨旁发送给列车，发送给列车的数据有（　　）。
    A. 前车速度   B. 屏蔽门控制信息
    C. 前车距离   D. 信号机点灯状态

54. 有源应答器有单独的外部电源，可以实现车地的（　　）通信。
    A. 单向   B. 反向   C. 顺向   D. 双向

55. （　　）为列车提供精确的绝对位置参考点。
    A. 应答器（信标）   B. 轨道电路
    C. 信号机   D. 计轴

56. STIB-DL信标的功能包括（　　）和车地接收功能。
    A. 移动列车初始化功能   B. 静止列车初始化功能
    C. 列车重新定位功能   D. 列车轮径校验功能

57. 在编制电气集中联锁表时，对于防护道岔位置在反位时，在其道岔号码外加（　　）符号。
    A. { }   B. [( )]   C. ( )   D. 〈 〉

58. （　　）不是站内轨道电路的划分原则。
    A. 有信号机的地方必须设置绝缘节
    B. 满足行车、调车作业效率的提高
    C. 一个轨道电路区段的道岔不能超过3组
    D. 车站平面图美观、简洁

59. 信号工作人员检修作业及处理故障时严禁甩开（　　）条件，借用电源动作设备。
    A. 必要   B. 联锁   C. 已知   D. 需要

60. 在转线作业过程中，车列总是在牵出的中途而折返的，其中使用的解锁方式称为（　　）。
    A. 正常解锁   B. 延时解锁   C. 中途折返解锁   D. 故障解锁

61. （　　）不是信号机开放需满足的技术条件。
    A. 把敌对信号机（包括迎面敌对信导）锁在关闭位置
    B. 未办理取消进路和人工解锁进路
    C. 进站、进路、出站以及调车信号机都应有防止自动重复开放的功能
    D. 信号机由禁止显示改为允许显示

62. CASCO（卡斯柯）公司VPI系统中，冗余网络的中的每个通信前置机COMPC

分别与联锁机以（　　）协议进行通信。

  A. ISO/OSI   B. TCP/IP   C. DataTrain8   D. 以上均不是

63. 在 ALSTOM VPI2 系统中，从左到右 4 块 EHICOM 板（安全通信板）的名称分别是（　　）。

  A. EHICOM ATC、EHICOM DMS、EHICOM N/R、EHICOM NET

  B. EHICOM DMS、EHICOM ATC、EHICOM N/R、EHICOM NET

  C. EHICOM DMS、EHICOM N/R、EHICOM ATC、EHICOM NET

  D. EHICOM DMS、EHICOM NET、EHICOM ATC、EHICOM N/R

64. 在 SDM（维护诊断单元）上 FSFB 网络显示有（　　）节点。

  A. 00-14   B. 00-15   C. 00-13   D. 00-12

65. 在自动闭塞的每个闭塞分区的分界处设立（　　）信号机。

  A. 进站   B. 出站   C. 通过   D. 预告

66. 移频自动闭塞以（　　）作为传送信息的通道而以移频信号的形式传送低频控制信息。

  A. 两根钢轨   B. 绝缘节

  C. 负极性脉冲信号   D. 正极性脉冲信号

67. （　　）实现的是真正意义上的移动闭塞。

  A. 点式 ATC 系统

  B. 采用轨道电路的连续式 ATC 系统

  C. 用无线通道实现地－车数据传输的无线 ATC 系统

  D. 采用轨间电缆的 ATC 系统

68. GRS ATO 模块双通道译码板有（　　）个指示灯。

  A. 1   B. 2   C. 3   D. 4

69. AF904 轨道电路中，MicroLok Ⅱ 决定了（　　）位数据中的绝大多数信息。

  A. 35   B. 36   C. 37   D. 38

70. （　　）不是 AF904 轨道电路的 PCB。

  A. 轨道电路控制 PCB   B. 辅助 PCB

  C. 电源控制 PCB   D. RX/TX PCB

71. MicroLok Ⅱ 系统可以配置一个非安全编码系统通信，负责处理联锁与（　　）通信。

  A. 本站控制室   B. 邻站控制室   C. 中央控制室   D. 集中站控制室

72. 两个 AF904 轨道电路需要配置（　　）块 PCB 板。
    A. 3　　　　　　B. 2.5　　　　　　C. 5　　　　　　D. 6

73. CASCO 工作站上站台蓝色表示（　　）。
    A. 无列车停靠　　　　　　　　　B. 列车正在停站
    C. 本站跳停　　　　　　　　　　D. 扣车

74. CASCO ATS 系统每隔（　　）左右进行一次全数据传送。
    A. 1 min　　　B. 3 min　　　C. 5 min　　　D. 10 min

75. 接近触发进路（　　）。
    A. 是自动进路　　　　　　　　　B. 不是自动进路
    C. 与车站控制有关　　　　　　　D. 与 TWC 有关

76. 接近触发进路与（　　）有关。
    A. 轨旁设备　　B. 中央　　　C. 车站控制　　D. TWC

77. 对 ALSTOM 系统终端模式描述不正确的是（　　）。
    A. 相应信号机设为连续通过信号机
    B. 当列车占用自动信号机的触发轨道后，联锁设备自动排列出进入岔区的第一条进路，开放信号机
    C. 当列车踏入折返区段轨道电路 45 s 后，并且第一条进路解锁，第二条进路（折返进路）可以被排列
    D. 列车顺序出清折返进路所有轨道电路后，折返进路自动解锁，信号关闭，完成一次折返

78. 在 GRS 车载设备中，运行等级 1 的定义为（　　）。
    A. ATS 限速为 ATP 限速的 65%　　　B. ATS 限速为 ATP 限速的 75%
    C. ATS 限速即为 ATP 限速　　　　　D. ATS 限速为 ATP 限速的 55%

79. 在 GRS 车载设备中，如果列车处于运行状态，而系统检测到车门被打开，将发生（　　）。
    A. FAULTR（故障显示继电器）、SBR、EBR 落下
    B. FAULTR 吸起，SBR、EBR 落下
    C. FAULTR、SBR 吸起，EBR 落下
    D. FAULTR 落下，SBR、EBR 吸起

80. 当列车处于惰行或 ATO 没有控制状态运行时，在非安全继电器板上的 E14（+）-C28（-）或 C8（+）-C28（-）可测得电压值为（　　）。

A. DC 10.65 V 左右　　　　　　　　B. DC 8.99 V 左右

C. DC 7.75 V 左右　　　　　　　　D. DC 1.16 V 左右

81. 车载 ATC 系统有（　　）个数字滤波器。

　　A. 1　　　　B. 2　　　　C. 3　　　　D. 4

82. 车载 ATC 系统"0"速检测时，最小移动速度为（　　）。

　　A. 0.2 km/h　　B. 0.4 km/h　　C. 0.6 km/h　　D. 0.8 km/h

83. ALSTOM 列车 CSS 板上 SF5 灯位灭，应该更换（　　）继电器板。

　　A. REL011_1　　B. REL011_2　　C. REL011_3　　D. DDU

84. ALSTOM 列车某列车月检时发现 F9 熔丝彻底烧毁，以下对当时故障现象表述正确的是（　　）。

　　A. 列车 ATC 的紧急制动时缓时不缓解

　　B. 列车仅常用制动无法缓解

　　C. ATC 紧急制动不能缓解但常用制动能缓解

　　D. 列车 ATC 的紧急制动无法缓解

85. 西门子列车某列车 OMAP 数据显示 "Canal EF CTC：0000 0001 b"，则表示（　　）。

　　A. 该列列车当前车头有 Pick–up Coil 损坏

　　B. 列车所在的当前轨道未被占用

　　C. 列车当前经过的轨道电路频率为 F1

　　D. 列车当前经过 S–BOUND

86. 目前主要应用的 UPS 是（　　）UPS。

　　A. 动态式　　B. 静态式　　C. 内燃机式　　D. 交互式

87. UPS 可分为动态式 UPS 和静态式 UPS，静态式 UPS 根据（　　）可分为在线式、后备式及线上交互式。

　　A. 供电方式　　B. 配置方式　　C. 设备架构　　D. 输入方式

88. 在在线式 UPS 电源中，各部分正常工作情况下，负载得到的是由（　　）输出的高质量的正弦波电源。

　　A. 稳压器　　B. 变压器　　C. 逆变器　　D. 整流器

89. 在温度为 150～300℃，相对湿度为（　　）的气候条件下，PQX 信号电源屏整机输入、输出端子对地的正常绝缘电阻值应不小于 25 MΩ。

　　A. 45%～80%　　B. 5%～95%　　C. 20%～80%　　D. 50%～70%

90. 电缆与高压输电线铁塔、电力杆在土壤电阻率（　　）时,光（电）缆与大树允许最小间距为 20 m。

  A. ≤100 Ω·m   B. 101~500 Ω·m

  C. >500 Ω·m   D. ≤500 Ω·m

得　分	
评分人	

三、多项选择题（第 91 题~第 95 题,选择二个及以上正确的答案,将相应的字母填入题内的括号中；每题 2 分,共 10 分）

91. 复式交分道岔电动转辙机的安装方式有（　　）等类型。

  A. 岔尖部分双转辙器左侧   B. 岔尖部分双转辙器右侧

  C. 辙叉部分非活动心轨   D. 辙叉部分活动心轨

  E. 以上都是

92. AF904 轨道电路系统接收器通过比较预定门限电平和轨道 ID 号,对（　　）判断显示为轨道电路被列车分路。

  A. 很低的电平   B. 错误数据

  C. 很低的电流   D. 正确数据

  E. 很高的电平

93. 以下对 SECEM 区段描述正确的是（　　）。

  A. 上海轨交 3 号线一期共有 6 个 SECEM 区段,分别是：石龙路、宜山路（三）、中山公园、火车站、虹口足球场、江湾

  B. 上海轨交 3 号线北延伸共有 3 个 SECEM 区段,分别是：长江南路、水产路、江杨北路

  C. 上海轨交 3 号线北延伸共有 4 个 SECEM 区段,分别是：长江南路、水产路、铁力路、江杨北路

  D. 上海轨交 4 号线非共线段共有 5 个 SECEM 区段,分别是：宜山路（四）、大木桥路、蓝村路、杨树浦路、临平路

94. 在 GRS 车载设备中,在确认地面轨道电路正常发码后,速度计红指针显示为零,故障原因可能为（　　）。

  A. ATP 线圈断路   B. 放大滤波板有故障

  C. 电源故障   D. 安全输入板故障

E. 速度传感器故障

95. UPS 是能够提供（　　）的电源供应的重要内部设备。

A. 动态　　　　　　　　　　B. 持续

C. 稳定　　　　　　　　　　D. 不间断

E. 可靠

城轨信号工（三级）理论知识试卷答案

一、判断题（第1题~第30题，将判断结果填入括号中，正确的填"√"，错误的填"×"；每题1分，共30分）

1. ×   2. ×   3. √   4. √   5. √   6. ×   7. √   8. √   9. ×
10. √   11. √   12. ×   13. ×   14. √   15. √   16. √   17. ×   18. √
19. ×   20. √   21. ×   22. √   23. √   24. √   25. √   26. √   27. ×
28. √   29. √   30. ×

二、单项选择题（第31题~第90题，选择一个正确的答案，将相应的字母填入题内的括号中；每题1分，共60分）

31. C   32. D   33. A   34. D   35. C   36. A   37. A   38. A
39. C   40. B   41. A   42. B   43. C   44. C   45. D   46. B
47. C   48. B   49. B   50. C   51. B   52. A   53. D   54. D
55. A   56. B   57. B   58. D   59. B   60. C   61. D   62. C
63. B   64. A   65. C   66. A   67. C   68. B   69. C   70. D
71. C   72. C   73. C   74. B   75. A   76. A   77. A   78. C
79. A   80. D   81. B   82. B   83. B   84. D   85. D   86. B
87. A   88. C   89. A   90. B

三、多项选择题（第91题~第95题，选择二个及以上正确的答案，将相应的字母填入题内的括号中；每题2分，共10分）

91. ABD   92. AB   93. ABD   94. ABD   95. BCD

操作技能考核模拟试卷

注 意 事 项

1. 考生根据操作技能考核通知单中所列的试题做好考核准备。
2. 请考生仔细阅读试题单中具体考核内容和要求，并按要求完成操作。
3. 操作技能考核时要遵守考场纪律，服从考场管理人员指挥，以保证考核安全顺利进行。

注：操作技能鉴定试题评分表及答案是考评员对考生考核过程及考核结果的评分记录表，也是评分依据。

国家职业资格鉴定
城轨信号工（三级）操作技能考核试题单

试题 1

试题代码：1.1.1

试题名称：50 Hz 相敏轨道电路一送二受轨道电压调整测试

考核时间：30 min

配分：30 分

试题 2

试题代码：2.1.1

试题名称：静态测试模式下的超速点和制动检查

考核时间：30 min

配分：25 分

试题 3

试题代码：3.1.1

试题名称：继电器正反向保持力的调整

考核时间：30 min

配分：25 分

试题 4

试题代码：4.1.4

试题名称：NVLE 新版 ATS 软件发布

考核时间：30 min

配分：20 分

城轨信号工（三级）
试题单

试题代码：1.1.1

试题名称：50 Hz 相敏轨道电路一送二受轨道电压调整测试

考核时间：30 min

1. 操作条件

（1）50 Hz 相敏轨道电路一送二受区段一个。

（2）BG5 – D 型变压器电压调整表。

2. 操作内容

（1）联系登记要点。

（2）根据 BG5 – D 型变压器电压调整表调整电压至标准范围，使二元二位轨道继电器能可靠吸起，正确设置送端及二个受端限流电阻阻值。

（3）用万用表测量送电端变压器二次侧、限流、轨面电压。

（4）分路灵敏度试验，确认设备正常，撤销记录。

3. 操作要求

（1）正确掌握 50 Hz 相敏轨道电路工作原理。

（2）能正确掌握一送二受轨道电路调整步骤。

（3）能正确调整送电端变压器输出电压，能正确设置两个受电端限流电阻阻值，并使两个受电端轨道电压均衡。

（4）会做轨道电路分路灵敏度试验。

城轨信号工（三级）
试题评分表

试题代码及名称		1.1.1 50 Hz 相敏轨道电路一送二受轨道电压调整测试		考核时间				30 min	
评价要素		配分	等级	评分细则	评定等级				得分
					A	B	C	D	E	
1	联系登记要点：在车控室向车站值班员联系讲清作业内容、作业地点、作业时间，经行调同意，并在施工登记簿上登记，经车站值班员签字后，方可进入现场作业	5	A	正确做好联系登记工作						
			B	漏一项						
			C	漏两项						
			D	漏两项以上						
			E	未答题						
2	调整受端限流电阻：根据一送二受轨道电路特性，调整两个受端限流电阻阻值（阻值越小越好），使两个受电端电压均衡（用万用表测量）	5	A	调整后使两个受电端限流电阻，使两个受端电压均衡						
			B	漏一项						
			C	漏两项						
			D	漏两项以上						
			E	未答题						
3	调整送端电压：根据 BG5－D 型变压器电压调整表调整送端电压，使受端电压达到标准范围 16~18 V；正确设置送电端限流电阻（阻值>3/4 处）	10	A	能正确设置送电端限流电阻阻值						
			B	漏一项						
			C	漏两项						
			D	漏两项以上						
			E	未答题						
4	验证：正确使用万用表测量送电端变压器二次侧、限流、轨面电压；用 0.06 Ω 封线做分路灵敏度试验，确认设备正常	5	A	能正确使用万用表并完成电气特性测试、分路灵敏度试验						
			B	漏一项						
			C	漏两项						
			D	漏三项及以上						
			E	未答题						

续表

评价要素		配分	等级	评分细则	评定等级					得分
					A	B	C	D	E	
5	安全生产：（1）工具、仪表完好无损；（2）操作时工具、仪表摆放统一整齐；（3）考试结束工作场地清洁卫生良好；（4）遵守安全规章	5	A	完全做到安全生产						
			B	漏一项						
			C	漏两项						
			D							
			E	未答题						
合计配分		30		合计得分						

考评员（签名）：

等级	A（优）	B（良）	C（尚可）	D（差）	E（未答题）
比值	1.0	0.8	0.6	0.2	0

"评价要素"得分＝配分×等级比值。

城轨信号工（三级）
试题单

试题代码：2.1.1

试题名称：静态测试模式下的超速点和制动检查

考核时间：30 min

1．操作条件

安装 CABMATIC Ⅲ 车载系统的电动列车或实验室 ATC 测试台。

2．操作内容

（1）静态测试模式下的设置。

（2）用 PTU 设置轮径。

（3）超速点测试。

（4）全常用制动和紧急制动检查。

（5）安全生产。

3．操作要求

（1）正确进行静态测试模式下的初始化设置。

（2）正确使用 PTU 进行超速点测试。

（3）完成全常用制动和紧急制动检查。

（4）设备恢复。

城轨信号工（三级）
CHENGGUI XINHAOGONG

城轨信号工（三级）试题评分表

试题代码及名称			2.1.1 静态测试模式下的超速点和制动检查	考核时间			30 min	
评价要素	配分	等级	评分细则	评定等级				得分
				A	B	C	D	E	
1 初始化系统设置（具体见表后）	5	A	设置正确						
		B	错一项						
		C	错两项						
		D	错二项以上						
		E	未完成						
2 超速点验证（具体见表后）	5	A	步骤正确						
		B	错一项						
		C	错两项						
		D	错两项以上						
		E	判断不正确						
3 常用制动和紧急制动检查（具体见表后）	10	A	正确完成检查						
		B	错一项						
		C	错两项						
		D	错两项以上						
		E	未完成						
4 安全生产：（1）工具、仪表完好无损；（2）操作时工具、仪表摆放统一整齐；（3）考试结束工作场地清洁卫生良好；（4）遵守安全规章	5	A	完全做到安全生产						
		B	漏一项						
		C	漏两项						
		D							
		E	未答题						
合计配分	20		合计得分						

考评员（签名）：

等级	A（优）	B（良）	C（尚可）	D（差）	E（未答题）
比值	1.0	0.8	0.6	0.2	0

"评价要素"得分 = 配分 × 等级比值。

1. 初始化系统测试设置

（1）把机架上的电源开关放在"OFF"位置。

（2）移开机架上的 J6 插头，把测试插头 J5 插入 P6。

（3）将主控制器钥匙打开。

（4）将模式方向手柄放在人工前行位置。

（5）将主控制器放在全常用制动位置。

（6）打开机架电源。

（7）确认车辆 ATP 旁路开关在 ATP 位置。

（8）把测试盘上的 ATP 选择开关放在 ATP1 的位置。

（9）将数据线连接在 ATO CPU 上的 PT1 端口上。

（10）打开 PTU 软件，将轮径尺寸设为最大值 840 mm。

2. 超速点验证

（1）初始化完成后，将显示如下：

1) Close – In（慢速前行）指示灯点亮（在 ADU 上）。

2) 速度计显示速度 0 km/h，限速 20 km/h。

（2）用 PTU 提高模拟速度，直到超速警告响起，ADU 上的超速表示器点亮。

（3）Close – In 模式下的超速点为 20 km/h，频率为 220 ~ 234 Hz。

（4）将模拟速度降为 0 km/h，通过将主控制器放在全常用制动位置来重置系统。

（5）用 PTU 模拟如下码率，提高模拟速度并记录超速点。检查速度计上的限速指示器与收到的码率一致。

码率设置 （km/h）	速度计限速指示 （km/h）	超速	
		频率（Hz）	速度（km/h）
10	10	127	11
20	20	266	23
30	30	382	33
45	45	556	48
55	55	672	58
65	65	787	68
77	77	926	80

3. 常用制动和紧急制动检查

（1）设置模拟机车信号为 30 km/h，模拟速度为 0 km/h。

（2）将主控制器放在惰行位置，提高模拟速度直到超速告警响起和超速表示灯点亮，SBR 继电器落下，在 3 s 内把主控制器移到全常用制动位置，告警将消失。

（3）降低模拟速度直到超速表示灯熄灭，SBR 继电器吸起。

（4）把主控制器从全常用制动移到惰行位置，提高模拟速度直到超速告警响起和超速表示灯点亮，SBR 继电器落下。

（5）3 s 后降低模拟速度到 15 km/h，SBR 继电器保持落下，超速告警保持，超速表示灯保持点亮。

（6）降低模拟速度到 0 km/h，把主控制器移到全常用制动位置，SBR 继电器将吸起，超速表示灯将熄灭，告警将消失。

（7）设置模拟速度为 0 km/h，把主控制器移到牵引位置，在 10 s 内，SBR 继电器将落下，ATC 故障继电器将落下，车辆故障面板上的 ATC 表示灯将点亮。把主控制器移回全常用制动位置，ATC 故障继电器和 SBR 继电器将吸起。

（8）把主控制器置于全常用制动位置，提高模拟速度直到超速，大约 3.4 s 后 EBR 继电器将落下。

（9）降低模拟速度到 0 km/h，EBR 继电器将吸起。

（10）设备恢复。

城轨信号工（三级）
试题单

试题代码：3.1.1

试题名称：继电器正反向保持力的调整

考核时间：30 min

1. 操作条件
（1）XAJ-6 继电器测试台。
（2）JYJXC-135/220 继电器。
（3）相关工具。

2. 操作内容
（1）准备工作。
（2）拆卸、清洁 JYJXC-135/220。
（3）正反向保持力的调整。
（4）继电器的封装。

3. 操作要求
（1）正确使用工具，拆卸 JYJXC-135/220 继电器。
（2）熟练使用 XAJ-6 继电器测试台。
（3）测试 JYJXC-135/220 继电器正反向转极值。
（4）排除 JYJXC-135/220 继电器正反向保持力异常。

城轨信号工（三级）试题评分表

试题代码及名称			3.1.1 继电器正反向保持力的调整	考核时间			30 min		
评价要素	配分	等级	评分细则	评定等级					得分
				A	B	C	D	E	
1 准备工作（一字旋具、测力计、调整钳、塞尺、六角扳手）	5	A	正确						
		B	缺少一件工具						
		C	缺少两件工具						
		D	缺少两件工具以上						
		E	不合格						
2 拆卸、清洁JYJXC-135/220（使用调整钳、麂皮、毛刷、砂纸）	5	A	正确						
		B	缺一项						
		C	缺两项						
		D	缺两项以上						
		E	不合格						
3 调整正反向保持力（测力计测试位置准确、保持力标准的判断、保持力的调整）	10	A	正确						
		B	缺一项						
		C	缺两项						
		D	缺两项以上						
		E	不合格						
4 继电器的封装（清洁外罩、一字旋具、封印）	5	A	正确						
		B	缺一项						
		C	缺两项						
		D	缺两项以上						
		E	不合格						
合计配分	25		合计得分						

考评员（签名）：

等级	A（优）	B（良）	C（尚可）	D（差）	E（未答题）
比值	1.0	0.8	0.6	0.2	0

"评价要素"得分＝配分×等级比值。

城轨信号工（三级）试题单

试题代码：4.1.4

试题名称：NVLE 新版 ATS 软件发布

考核时间：30 min

1. 操作条件

（1）NVLE 工作站一台。

（2）USS KIT 软件一套。

2. 操作内容

（1）将 USS 软件解压。

（2）安装 USS 软件。

（3）进行进程检查。

3. 操作要求

（1）按要求进行安装。

（2）操作流程清晰、正确。

（3）文明生产。

城轨信号工（三级）
试题评分表

试题代码及名称			4.1.4 NVLE 新版 ATS 软件发布		考核时间			30 min	
评价要素		配分	等级	评 分 细 则	评定等级				得分
					A	B	C	D	E	
1	解压 USS 软件包	5	A	正确						
			B	漏一项						
			C	漏两项						
			D	漏两项以上						
			E	未答题						
2	安装 USS 软件包	5	A	正确						
			B	漏一项						
			C	漏两项						
			D	漏两项以上						
			E	未答题						
3	cold_start 正确，检查 USS 最新软件版本号	5	A	正确						
			B	漏一项						
			C	漏两项						
			D	漏三项						
			E	未答题						
4	安全生产：(1) 工具、仪表完好无损；(2) 操作时工具、仪表摆放统一整齐；(3) 考试结束工作场地清洁卫生良好；(4) 遵守安全规章	5	A	完全做到安全生产						
			B	漏一项						
			C	漏两项						
			D							
			E	未答题						
合计配分		20		合计得分						

考评员（签名）：

等级	A（优）	B（良）	C（尚可）	D（差）	E（未答题）
比值	1.0	0.8	0.6	0.2	0

"评价要素"得分＝配分×等级比值。